本书系 2023 年度浙江省哲学社会科学规划课题———"高校思想政治工作'□□□范式'研究———基于场域理论的探索"（项目编号：23GXSZ064YBM）、□□□□□般规划课题（高校）"基于互动仪式链理论的高校思政课堂教学改革路径研究"□□□□、浙江开放大学 2023 年高等教育教学改革项目"场域视阈下思政课教学'学习中心范式'探索"（项目编号：XJG202311）、湖州职业技术学院2023年度第二批高层次人才专项课题"生态场域中的精神富有实现路径研究———以湖州市为例"（项目编号：2023ZS16）、浙江省高职教育"十四五"第一批教学改革项目"大中小学思想政治教育实践教学一体化建设的'三元多维'模式研究（项目编号：jg20230198）的阶段性研究成果。

高校思政课教学场域中的在场性构建

龚凌燕◎著

河海大学出版社
HOHAI UNIVERSITY PRESS

·南京·

图书在版编目(CIP)数据

高校思政课教学场域中的在场性构建 / 龚凌燕著.
南京：河海大学出版社，2024.8. -- ISBN 978-7-5630-9252-9

Ⅰ.G641

中国国家版本馆 CIP 数据核字第 20247DC281 号

书　　名	高校思政课教学场域中的在场性构建
书　　号	ISBN 978-7-5630-9252-9
责任编辑	杜文渊
文字编辑	徐小双
特约校对	李　浪　杜彩平
装帧设计	徐娟娟
出版发行	河海大学出版社
地　　址	南京市西康路1号(邮编:210098)
电　　话	(025)83737852(总编室)　(025)83722833(营销部)
经　　销	江苏省新华发行集团有限公司
排　　版	南京布克文化发展有限公司
印　　刷	广东虎彩云印刷有限公司
开　　本	700毫米×1000毫米　1/16
印　　张	12.5
字　　数	230千字
版　　次	2024年8月第1版
印　　次	2024年8月第1次印刷
定　　价	68.00元

目录
PREFACE

引言 …………………………………………………………… 001
 一、研究的缘由与意义 …………………………………… 003
  （一）研究缘由 ………………………………………… 003
  （二）研究意义 ………………………………………… 005
 二、国内外研究现状 ……………………………………… 007
  （一）国内研究综述 …………………………………… 008
  （二）国外研究概况 …………………………………… 023
  （三）研究综述述评 …………………………………… 028
 三、研究思路与方法 ……………………………………… 029
  （一）研究思路 ………………………………………… 029
  （二）研究内容 ………………………………………… 030
  （三）研究方法 ………………………………………… 031
 四、创新之处与不足之处 ………………………………… 032
  （一）本研究的创新之处 ……………………………… 032
  （二）本研究的不足之处 ……………………………… 033

第一章 高校思政课教学场域相关概念与理论剖析 ………… 035
 一、"场域"的语义分析与发展概述 …………………… 037
 二、高校思政课教学场域的概念界定 …………………… 039
  （一）高校思想政治教育的基本涵义 ………………… 039
  （二）场域的构成要素 ………………………………… 041
  （三）高校思政课教学场域的涵义 …………………… 046
 三、布尔迪厄场域理论剖析 ……………………………… 054
  （一）布尔迪厄场域理论与马克思主义的理论联系 …… 054

（二）马克思主义理论的场域意蕴分析 ·············· 056
　四、高校思政课教学场域的运行机制与主要特征 ·············· 060
　　（一）高校思政课教学场域的运行机制 ·············· 060
　　（二）高校思政课教学场域的主要特征 ·············· 063

第二章　高校思政课教学场域中行动者的在场状态与困境 ·············· 067
　一、高校思政课教学场域中大学生在场状态评价量表的结构描述 ·············· 069
　　（一）投入的相关理论 ·············· 069
　　（二）大学生在场状态量表结构的描述 ·············· 072
　二、高校思政课教学场域中大学生在场状态的情况描述与相关分析 ·············· 074
　　（一）大学生在场状态的调查过程 ·············· 074
　　（二）大学生在场状态基本情况的数据分析 ·············· 075
　　（三）信度检验分析 ·············· 081
　　（四）大学生在场状态的人口学分析 ·············· 082
　　（五）大学生在场状态的相关分析与回归分析 ·············· 083
　三、高校思政课教学场域中大学生的在场困境 ·············· 084
　　（一）大学生的学习动机不足引发到场困境 ·············· 085
　　（二）大学生的学习精力不足引发参与困境 ·············· 087
　　（三）大学生的学习专注不足引发投入困境 ·············· 089
　四、高校思政课教学场域中教师的在场状态与困境 ·············· 091
　　（一）高校思政课教学场域中教师的在场概况 ·············· 091
　　（二）高校思政课教学场域中教师的投入状况 ·············· 095
　　（三）高校思政课教学场域中教师的在场困境 ·············· 097

第三章　高校思政课教学场域中行动者在场困境的归因分析 ·············· 099
　一、复杂多变的国际局势对于场域结构、文化资本及学习主体的影响 ·············· 101
　　（一）全球化使高校思政课教学场域的结构趋于复杂 ·············· 101
　　（二）文化多样化加剧高校思政课教学场域中的文化资本竞争
　　　　·············· 102
　　（三）社会信息化易使学习主体迷失在网络的虚拟世界 ·············· 102
　二、社会转型对高校思政课教学场域的影响 ·············· 104
　　（一）社会结构转变使高校思政课教学场域的构建更为复杂 ·············· 105

（二）社会群体分化增加了高校思政课教学场域中行动者的差异性 …… 106

　　（三）"物化意识"使高校思政课教学场域的价值导向受到干扰 … 108

三、高校思政课教学场域自身的影响因素 …… 110

　　（一）高校思政课教学场域中行动者的主体性有待激发 …… 110

　　（二）高校思政课教学场域中"迟滞"现象凸显 …… 113

　　（三）高校思政课教学场域中的文化资本吸引力亟待增强 …… 114

　　（四）大学生日益增长的学习体验需要难以得到满足 …… 115

第四章　高校思政课教学场域构建的时代要求 …… 117

一、"新时代"：高校思政课教学场域构建的历史定位 …… 119

　　（一）我国社会主要矛盾的新变化决定高校思政课教学的主要任务 …… 119

　　（二）我国社会共同目标的新动向决定高校思政课教学的目标指向 …… 121

　　（三）国际环境的新趋势使高校思想政治教育面临新的挑战 …… 121

二、"新思想"：高校思政教学场域中文化资本的重要内容 …… 122

　　（一）习近平新时代中国特色社会主义思想是马克思主义中国化最新成果 …… 122

　　（二）习近平新时代中国特色社会主义思想是大学生成长成才的指导思想 …… 124

　　（三）习近平新时代中国特色社会主义思想蕴含富有时代色彩的中国精神 …… 125

三、"共同体"：构建高校思政课教学场域的理念遵循 …… 125

　　（一）"共同体"强调事物之间的客观关系 …… 126

　　（二）"共同体"关注实践活动的整体力量 …… 127

　　（三）"共同体"有助于置身其中的成员投入场域 …… 128

四、"新表达"：高校思政课教学场域互动的话语范本 …… 130

　　（一）学理性话语 …… 130

　　（二）生活化话语 …… 131

　　（三）国际化话语 …… 132

第五章　高校思政课教学场域的在场性构建策略 ……133

一、树立高校思政教学场域育人理念 ……135
（一）明确构建高校思政课教学场域的目的 ……135
（二）运用建构主义学习理论进行场域构建 ……137
（三）打造高校思政课教学"共同体" ……141

二、增加高校思政课教学场域吸引力 ……145
（一）丰富高校思政课教学场域中的文化资本 ……145
（二）改善高校思想政治教育话语方式 ……147
（三）优化高校思想政治教育文化资本的传播路径 ……150

三、激发高校思政理论课教学的主体力量 ……152
（一）高校思政课教学主体的基本特征 ……153
（二）塑造高校思政课教学场域中大学生的主体性 ……155
（三）推动高校思政课教学场域中的主体性对话 ……159

四、加强高校思政课教学场域中的惯习引导 ……164
（一）引导大学生完善学习惯习 ……165
（二）引导教师转变教育惯习 ……169
（三）引导高校思政课教学行动者塑造信任惯习 ……173

五、增强高校思政课教学场域中的幸福感 ……173
（一）强化高校思政课教学行动者的马克思主义幸福观 ……174
（二）注重高校思政课教学行动者需要的正当性 ……176
（三）增强高校思政课教学行动者的自我效能感 ……177

结语 ……180

参考文献 ……183

附录 ……186

引言

随着中国特色社会主义进入新时代,国家对高校思想政治工作提出了更高的要求:"加强学校思想政治工作,加快构建学校思想政治工作体系,实施时代新人培育工程,完善青少年理想信念教育齐抓共管机制,培养德智体美劳全面发展的社会主义建设者和接班人……要构建共同推进思想政治工作的大格局。"[①]这一要求蕴含着多重场域中的在场性构建问题,要协调这些关系,形成合力,则需要运用合适的理论工具厘清关系、分析现象、解决问题。因此,本研究将以教学关系的辩证统一作为出发点和落脚点,运用"场域"这一理论工具,阐述和分析高校思想政治理论课教学的主要目的、基本要素、实际效果与改进策略。思想政治教育对于大学生思想观念的完善、政治素养的提高、道德品质的修养起着不可或缺的作用,然而,当前高校思政课教学面临着诸多挑战,有来自自身的困境,也有源自外部的冲击。如何引导大学生形成符合社会所要求的思想观念、政治素质及道德修养,以帮助他们在即将步入的社会场域之中拥有更为完善的实践策略,使他们更自主自觉地投身于社会实践活动之中,既关涉高校思政课教学的实践价值,也是当前高校思想政治教育面临的主要课题。

---

① 新华社. 中共中央 国务院印发《关于新时代加强和改进思想政治工作的意见》[EB/OL].(2021-07-12)[2023-10-21]. https://www.gov.cn/zhengce/2021/07/12/content_5624392.htm?eqid=e-6cfaed5000012e8000000026459d8ab.

一、研究的缘由与意义

高校思政课教学场域中的在场性构建研究是在高校思想政治教育的理论范畴和实践领域内,运用场域理论对具体历史方位中的高校思想政治理论课教学进行探究、分析与反思,把握高校思政课教学场域的特点,厘清高校思政课教学场域与"元场域"之间的关系,以关系视角看待高校思政课教学在新的历史方位下面临的挑战与机遇,汲取习近平新时代中国特色社会主义思想这一最新理论成果,探寻高校思政课教学场域中的在场性构建策略,促使师生双方都能发挥自身主体性作用,投入教学场域并彰显自身的在场性。

(一)研究缘由

1. 对高校思政课教学效果进行反思

作为一名高校思想政治教育的一线工作者,在从教多年的时间里,一直在思考一个问题:怎样才能增强高校思政课教学的效果?相信这也是广大高校思想政治教育工作者心中长期存在的一个问题。每当置身于教育情境之中,面对某些学生心不在焉的学习行为、消极敷衍的学习态度,不禁开始对自己的教学能力进行诘问:为什么有的学生无法投入教育过程,反应如此冷漠?为什么教师备课充分、全心投入,有时还是无法触动大学生的精神世界?为什么有的学生身处课堂却又置身其外,表现出"在场的缺席"状态?如何才能推进高校思政课教学场域中的在场性构建,进而改善教学效果?在这一系列疑问当中不断进行反思,笔者发现并没有现成的答案。导致当前高校思政理论课教学效果不如人意也绝非教师或学生某一个方面的问题,解决当前的高校思政课教学场域的"在场"问题需要综合考虑多方因素。那么,如何整合各方面的因素以提高教育效果?这就需要运用场域理论工具将以上这些问题纳入实践框架进行综合考虑。

社会场域理论认为"对置身于一定场域中的行动者(知识分子、艺术家、政治家,或建筑公司)产生影响的外在决定因素,从来也不直接作用在他们身上,而是只有先通过场域的特有形式和力量的特定中介环节,预先经历了一次重新形塑的过程,才能对他们产生影响"[1]。高校思政理论课教学效果的实现同样如此,国家主流意识形态要对大学生产生影响,也需要通过教学场域的特有形式和力量的特定中介。然而,随着知识传播途径的多样化,教育场域中的关键

---

[1] 布尔迪厄,华康德. 反思社会学导引[M]. 李猛,李康,译. 北京:商务印书馆,2015:132.

因素——文化资本,在师生之间已不再如以往那般存在明显差别,甚至在某些方面,大学生所掌握的文化资本显得更具优势。而场域中的另一类行动者——教师,业已形成适应以往场域结构的惯习,有的教师仍采用以往的教育范式来应对已然发生变化的教学场域,因此,难免产生各种各样的"在场"困境。

2. 运用"场域理论"探析高校思想政治教育

"高校思想政治工作关系高校培养什么样的人、如何培养人以及为谁培养人这个根本问题。要坚持把立德树人作为中心环节,把思想政治工作贯穿教育教学全过程,实现全程育人、全方位育人,努力开创我国高等教育事业发展新局面。"[1]这不仅强调了高校思想政治理论课在高等教育当中的重要位置,并且对高校思政课教学提出了更高的时代要求。如何才能将全程育人、全方位育人落到实处?这就需要一个能够把握高校思政理论课教学复杂关系的研究视角与分析框架,布迪厄[2]的"场域理论"为此提供了较为合适的理论工具。"如何实现全方位育人涉及高校思想政治教育的场域问题。"[3]高校思想政治教育的目的是以社会发展需要、党和国家的奋斗目标以及受教育者精神世界发展需要为主要依据的,其根本目的是要不断提高大学生的思想道德素质,提高他们认识世界改造世界的能力,为中国特色社会主义建设和实现共产主义而努力奋斗。马克思主义人学理论是思想政治教育的哲学基础和指导思想,而马克思主义人学理论对人的本质、价值、需要和发展进行了深刻而具体的分析,它既揭示了人作为社会存在的特殊价值,又指明了人类解放的路径和人类发展的走向。高校思想政治教育归根结底是为了培养人、塑造人,然而,当前高校思想政治教育存在着很大程度的重认知轻实践的现象,作为教育过程的"知情意行"完整体系,常常被偏重知识内容传输的教学模式所割裂。因此,要达成高校思想政治教育的育人目标,需要构建和完善高校思政课教学场域,引导大学生发挥主体作用,塑造自身惯习,通过思想政治教育文化资本、符号资本等资源优势的掌握,成为符合社会化要求的社会成员,将自身禀性与社会属性有机统一,自主自律地参与包括生产活动及与之相关的一系列社会实践活动,并在这些活动中实现自我价值。

3. 直面高校思想政治教育的时代机遇与挑战

不同的时代赋予教育不同的时代担当,不同时代之中的教育回应不同时代

---

[1] 习近平.把思想政治工作贯穿教育教学全过程 开创我国高等教育事业发展新局面[EB/OL].人民网(2016-12-09)[2023-09-23]. http://cpc.people.com.cn/n1/2016/1209/c64094-28936173.html.

[2] 布迪厄,又译作布尔迪厄,即法国社会学家皮埃尔·布尔迪厄(1930—2002),本书在引用文献时,为尊重译本版权,两种译法都会出现。

[3] 邢盈盈.论高校思想政治教育场域的分离与融合[J].喀什大学学报,2019,40(2):82-86.

的召唤。高校思想政治教育尤其如此，作为高校思想政治教育主渠道的思想政治理论课"承担着对大学生进行系统的马克思主义理论教育的任务，是巩固马克思主义在高校意识形态领域指导地位、坚持社会主义办学方向的重要阵地，是全面贯彻党的教育方针、落实立德树人根本任务的主干渠道和核心课程，是加强和改进高校思想政治工作、实现高等教育内涵式发展的灵魂课程"①。"新时代"的到来，要求高校思想政治教育在中国特色社会主义新时代的历史方位中，"进一步巩固马克思主义在高校意识形态领域的指导地位，坚持社会主义办学方向，全面贯彻党的教育方针，加强新时代高校思想政治理论课建设，全面推动习近平新时代中国特色社会主义思想进教材进课堂进学生头脑，培养担当民族复兴大任的时代新人"②。这就是新时代高校思想政治教育的时代担当，其具体要求是在"新时代"的历史方位中实现"有虚有实、有棱有角、有情有义、有滋有味"的思想政治教育，增强高校思想政治教育时代特征，回应"新时代"要求。

  高校思政课教学场域是国家元场域的子场域之一，在"新时代"历史方位下的构建过程中，投身其中的行动者能否真正置身于"新时代"国家场域，既取决于行动者的投入意愿，也取决于行动者的惯习与主体性，当然，在场性还会受到其他场域的影响。在高校思政课教学场域之中，文化资本的基础性作用虽然仍未改变，但行动者之间掌握文化资本的悬殊差距已不再明显，同时，惯习的适配性也有待提高。这些在很大程度上影响着行动者的"到场"意愿。另一方面，新时代历史方位中的元场域衍生出诸多子场域，这些"小世界"已不像以往那样界限分明，而是很容易突破时空限制，随着行动者的行动意愿的变化，可能从一个"子场域"转向另一个"子场域"。以往进入一个特定场域需要付出既定的成本，从某种程度上来说，个体要成为场域中的行动者需要"争夺"场域之中的位置，而当下，某些社会"子场域"为了占有行动者的主体性，运用诸多方法诱使他们卷入其中。因而，高校思政课在场性构建的问题就显得尤为重要，并且，这种关于场域"争夺"的变化已成为高校思政课教学场域构建所面临的挑战。

（二）研究意义

  从学科领域的从属来看，高校思政理论课教学场域的问题突破了教育学科的边界，已经触及社会学的领域。因此，高校思政课教学场域的"在场性"构建，既有助于推动高校思想政治教育理论的发展，也有益于落实高校思想政治教育

---

①② 教育部.新时代高校思想政治理论课教学工作基本要求[EB/OL].(2018-4-12)[2023-07-17]. http://www.gov.cn/zhengce/zhengceku/2018-12/31/content_5443368.htm.

的社会现实诉求。

1. 理论意义

首先,高校思政课教学场域研究能够丰富马克思主义人学理论。思想政治教育与马克思主义人学理论存在着千丝万缕的联系。其一,思想政治教育是以"人"为对象的实践科学,而马克思主义人学理论是"关于现实的人及其历史发展的科学",因此,前者有赖于后者作为指导思想和理论基础;其二,思想政治教育的出发点和落脚点都是实现人的自由而全面的发展,而人的自由而全面的发展也是马克思主义人性理论的立论前提和终极目的;其三,思想政治教育的有效实施是以把握受教育者的现实需要为前提的,而人的需要是马克思主义人学理论的主题之一。马克思主义人学理论揭示了人的本质取决于社会关系,以及自由自觉的实践活动(劳动)是人的类本质。然而,这些社会关系是如何起作用的呢?社会关系与实践又存在着什么样的内在联系?布尔迪厄的场域理论所依托的场域、惯习、资本等概念将社会关系对于人的本质的作用过程进行了描绘和阐释,并在某种程度上论述了社会关系与实践之间的关联。

其次,高校思政课教学场域研究能够推动"场域理论"在思想政治教育领域的具体化发展。社会科学领域的场域理论肇始于19世纪末的西方国家,在心理学领域具有代表性的是由考夫卡所提出的心理场域,在社会学领域最具代表性的即布尔迪厄的社会场域理论。直至20世纪90年代中叶,社会场域理论才引起我国学者的关注,并由此开始引介大量的外文文献,翻译作品层出不穷,也有不少学者开始运用布尔迪厄的场域理论来分析中国的现实问题,教育学领域开始出现关于场域理论的研究成果,这些研究归根到底是为了提高教育的实效性,实现育人的最终目的。随着社会转型的深化和科学技术的进步,教育领域面临着多种挑战和多重困境,单一维度的研究固然有益,但不足以解决当前教育领域的诸多问题。然而,就现有的研究成果来看,场域理论的运用还并不充分,并且鲜有结合中国特色社会主义的现实加以本土化。因此,高校思政课教学场域研究将结合中国的具体社会现实,在马克思主义理论的指导下对场域理论加以运用。

最后,高校思政课教学场域研究可以为"三全育人"提供一定的理论借鉴。"三全育人"即全员育人、全程育人、全方位育人,是中共中央、国务院《关于加强和改进新形势下高校思想政治工作的意见》提出的坚持全员全过程全方位育人的要求:"高校要把立德树人作为根本任务,融入思想道德教育、文化知识教育、社会实践教育各环节,把思想政治工作贯穿教育教学全过程,把思想价值引领贯穿教育教学全过程和各环节,形成教书育人、科研育人、实践育人、管理育人、服务育人、文化育人、组织育人长效机制。"高校思政课教学场域研究以关系主义的视角来探寻思想政治工作在教育教学过程中的规律,全员、全程和全方位本身就是本研究的题中应有之义。

2. 实践意义

第一,高校思政课教学场域研究有助于提高思想政治教育的实效性。通过对文化资本的关注,高校思想政治教育的内容将更为丰富更具吸引力,也更能体现出教师的文化资本优势,从而进一步提高思想政治教育的吸引力;通过对惯习引导的关注,大学生主观能动性将持续有效地发挥出来,致力于高校思想政治教育的实施过程之中,并且所塑造的惯习能够跃迁到其他社会场域,彰显高校思想政治教育的长效机制。通过对场域构建的关注,高校思政课教学场域中的行动者在场域持续运行的同时,还能够通过强化惯习、增强主体性、丰富文化资本等行动策略来巩固和完善高校思政课教学场域。

第二,高校思政课教学场域研究能为教学的实施提供新的思路。不容置疑,高校思想政治教育的最终目的是立德树人,而在高校思政课教学场域之中,立德树人的指向即为大学生社会属性的塑造。高校思政课教学场域所涉及的社会关系、教育内容等等都与大学生毕业后面临的社会环境密切相关,高校思政课教学场域框架下的社会关系是社会场域中关系样态的缩影,而其教育内容则是一系列社会关系的具体阐释与理论抽象。社会属性的塑造必然要考虑当前中国的社会关系模式以及社会关系之间的矛盾,遵循矛盾运行的规律,进行人的社会属性的塑造。如此方能实现人的思想观念、政治观点与道德规范与社会要求的一致性。

第三,场域研究有助于推动高校思政课教学时代使命与教育目标的整合。高校思政课教学场域是一个既涉及时间又涉及空间的社会实践活动架构,作为国家场域的子场域,承担着立德树人的重任,而在不同的时代条件下,立德树人的要求不尽相同。当前,中国特色社会主义已经进入新时代,在新的历史方位中,国家的发展对每一个青年提出新的要求——肩负时代使命与历史责任,为中华民族伟大复兴而奋斗。因此,高校思想政治教育在"新时代"国家场域中的位置更为凸显,这推动着高校思想政治教育承担的责任与其地位相一致,同时也促进培育时代新人的目的与高校思想政治教育目标相契合。

二、国内外研究现状

高校思想政治教育自出现以来,学界围绕着这一问题取得了诸多研究成果,尤其是改革开放之后,随着我国思想领域的多元化冲击不断发生,高校思想政治教育需要应对此起彼伏的问题或挑战,如何提高教学效果成为思想政治教育领域研究的热点问题。而场域在西方已经是一个广为关注的主题,具有较为成熟的理论基础。随着中外学术文化交流的日益频繁,场域理论也逐渐进入我国研究者的视野,出现了丰硕的研究成果,其中,关于教学场域的研究尤为显著,这为本研究提供了大量的可供借鉴的学术观点。

(一)国内研究综述

在国内研究方面,尽管高校思政课教学场域的研究兴起至今才十年左右的时间,但关于高校思想政治教育的研究由来已久,研究成果丰富,结合本研究的研究目的,国内研究综述将围绕三个主题进行文献回顾:其一是教育场域研究;其二是高校思想政治教育的目的与效果研究;其三是场域理论脉络下的高校思想政治教育研究。其中,前两个主题关乎高校思政课教学场域的基本概念、理论基础、内在逻辑及时代变化,第三个主题则涉及高校思政课教学场域的理论框架、方法论及目标指向。总体看来,教育场域的相关研究成果十分丰硕,相比之下,针对高校思想政治教育场域或思政课教学场域的研究较为分散,并且主要集中于微观层面,宏观层面涉及较少。如图0-1所示,截至2024年3月,通过中国知网篇名搜索,关于"教育场域"一共搜索出中文文献相关论文719篇,其中期刊论文552篇,学位论文50篇,会议论文9篇。以"高校思想政治教育场域"篇名搜索,共有相关中文文献35篇,其中期刊论文29篇,学位论文3篇。而以"高校思政课教学场域"进行篇名搜索,共有相关中文学术期刊文献5篇。因此,一方面,教育场域的研究成果可以为本研究提供理论借鉴;另一方面,高校思政课教学场域的研究有待推进,期待更多研究成果为丰富高校思想政治教育理论增添新的内容、注入新的力量。

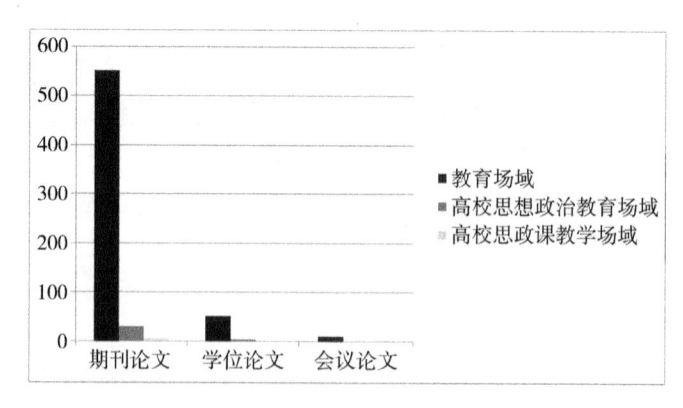

图 0-1 教学场域、高校思想政治教育场域、高校思政课教学场域中文文献对比

1. 关于教育场域的文献回顾

通过对国内研究文献的梳理,发现教育场域相关成果主要聚焦于以下三个方面:第一,概念界定:什么是教育场域?第二,现状反思:为什么要构建教育场域?第三,路径探析:如何构建教育场域?

(1) 关于教育场域概念界定的研究

国内关于教育场域概念的研究,主要源于布尔迪厄社会学实践理论。布尔迪厄认为,"在高度分化的社会里,社会世界是由具有相对自主性的社会小世界构成的,这些社会小世界就是具有自身逻辑和必然性的客观关系的空间,而这些小世界自身特有的逻辑和必然性也不可化约成支配其他场域运作的那些逻辑和必然性"[①]。这些社会小世界被称为"场域"(field)。教育场域可以理解为社会小世界之中的一种。刘生全(2006)认为"场域"对于分析教育这一社会实践活动意义重大,可以帮助研究者更为深入地观察和理解教育过程和教育现象,为教育领域的研究者提供有益的理论工具。

大部分研究者都认为教育场域是一种由场域内的教育者、受教育者等行动者参与而形成的客观关系网络。如刘生全(2006)认为"教育场域系指在教育者、受教育者及其他教育参与者相互之间所形成的一种以知识(knowledge)的生产、传承、传播和消费为依托,以人的发展、形成和提升为旨归的客观关系网络"[②]。并且,他还进一步阐释了教育场域涵义指涉的相关概念——客观教育关系、文化资本、文化权力、冲突、再生产等等。刘晓玲(2017)认为教育场域关系网络的形成是由"存在至关重要的资本"所决定的[③]。钱民辉(2016)则更进一步指出,形成教育场域的客观关系是一种位于"特定社会空间(家庭、学校、社会)中人与人之间的'教'与'学'的关系"[④]。而向浩源(2014)认为教育场域的构建是以"人的发展、形成和提升为主要宗旨和最终归属"[⑤]为主要目的的。

有的学者围绕正确的世界观、人生观、理性思维、辨明是非等内容阐释教育场域,认为教育场域是相对独立的社会空间,"教育场域的结构、资本、技术等相互影响,赋予了教育场域差异、冲突与变迁。教育场域通过观察教育文化现象

---

① 布尔迪厄,华康德.苏国勋主编.反思社会学导引[M].北京:商务印书馆,2015:123.
② 刘生全.论教育场域[J].北京大学教育评论,2006,4(1):78-91.
③ 刘晓玲.场域间性:学校道德教育困境的空间突围[J].当代教育科学,2017(8):81-83+47.
④ 钱民辉.教育社会学专题研究选集:社会学视野中的教育与现代性[M].北京:人民日报出版社,2016:309-312.
⑤ 向浩源.教育场域中的生存心态与文化资本——基于厦门市农民工子女教育状况的实证研究[J].福建行政学院学报,2014(6):98-107.

的关系,对各种力量的差异之间进行整合与转换"①。还有学者通过场域与环境的比较对教育场域进行阐释,王朝(2016)认为教育场域不仅涉及环境,而且还包括整个空间之中的人和事物,并且指涉特定的教育行为,"教育环境往往缺少这一特定的行为,更加强调外部环境对于身处其中的人的一系列作用"②。

(2) 关于教育场域现状反思的研究

教育场域现状的研究成果主要涉及场域内的客观关系、行动者的主体性、行动者的惯习、资本、场域的秩序等等。

其一,场域内客观关系的研究,大都关注的是教育场域内在客观关系所面临的困境或挑战。有的研究者认为教育场域的关系面临着前所未有的信任危机,"教育主体之间的关系不再以相互信任为基础"③。有的研究者发现教育场域中教育者与受教育者之间的关系疏离现象,"学生可以主动选择自己的主观时空支配方式,或者认真听讲、积极主动地参与课堂讨论,或者心不在焉身在课堂神在他处,或者甘冒被点名的风险'逃课'。这种'身'、'心'割裂发生在学生内部是客观时空和主观时空上的摩擦"④。有的研究者更进一步地描述并分析了教育场域中师生之间的关系疏离现象,指出这种关系的疏离背后隐藏的是"长期以来,学生的态度、情感和价值观培养被忽视、被遮蔽……"⑤还有研究者关注的是教育场域中的权力关系,如刘晶月(2012)对我国高等教育场域中的学术权力与行政权力进行分析,认为二者的冲突的根源是它们形成的基础和价值取向各不相同,"而冲突的实质则在于利益争夺,主要表现为对话语权的争夺。学术权力与行政权力之间的博弈已经出现了一方吞噬另一方的'零和博弈'的趋势,学术权力陷入了'囚徒困境'"⑥。

其二,关于教育场域主体的研究,主要是依据布尔迪厄的社会场域理论的消解主客体二元对立的原则,侧重教育者与受教育者之间的平等主体地位,结合教育场域的现实,揭示与教育场域主体平等性相悖的现象。曾明星等

---

① 荀灵生.论我国高等教育场域变革[J].中国成人教育,2018(7):25-28.
② 王朝.一幕胜千言:不可被忽视的教育场域——以电影《釜山行》为例[J].中国德育,2016(18):78-80.
③ 石艳."共同生存"何以可能?——教育场域中信任问题的社会学审思[J].华东师范大学学报(教育科学版),2007(2):14-20.
④ 柴改英.MOOC之于外语教育场域的思考——惯习冲击、协作创新、价值共建[J].外语电化教学,2014(3):32-37.
⑤ 边团结,苗小军.论非连续性教育场域中基础教育内涵式发展的深化[J].当代教育论坛,2012(3):15-19.
⑥ 刘晶月.我国高等教育场域中学术权力与行政权力的冲突与博弈[J].扬州大学学报(高教研究版),2012(1):21-24.

(2015)以"翻转课堂"教育场域作为研究对象,发现在该特定场域师生主体平等的内在规律,而实质上因为教师主体与学生主体之间存在的高度异质性而难以得到遵循,有的教师不愿意放弃既有的绝对权威或"神圣"角色,而有的学生习惯于被动接受,甘当"信徒"[①]。陈德胜(2012)认为,教育场域的三个主体——高校、学生、家庭均呈现出功利化的行为,"教育场域的功利化及其困境并没有消解教育场域的存在,反而是大量入学适龄人口的就学需求以及对优质高等教育资源的激烈竞争不但掩盖了这些危机而且进一步促进了教育场域功利化的再生产:高校扩招的层次和规模在不断增长。"[②]还有的研究者从利益诉求的角度分析场域主体的差异,王双(2016)认为,"高等教育场域中存在社会多元主体的不同教育诉求,个人利益在多元利益主体的博弈中往往被置于次要地位,具体表现为学习者需求得不到充分满足"[③]。还有研究者(刘济良,马苗苗,2022)强调应彰显教育场域之中主体的"个体生命自由性,促进学生个体的增值发展"[④]。

其三,关于行动者的惯习方面的研究,主要涉及旧的惯习对于新的场域结构的不适应,或新的惯习对于现有场域的冲击。有的研究者阐述了教育者与受教育者的固有惯习对于翻转课堂场域的不适应。"部分教师受到传统教育惯习即教师的绝对权威、'神圣'角色地位观念的影响根深蒂固,抵制翻转课堂。同样,部分学生由于受传统文化的熏陶与长久规训的学习,习惯于'教师讲——学生听'习以为常的课堂秩序,甘当'信徒'和处于'被统治'地位"[⑤]。李慧芳(2018)分析了学生的手机娱乐惯习现象,认为与课堂无关的行为都应该受到教育场域的约束[⑥]。反之,该惯习的泛滥会严重影响教学在场性的可持续性构建。

其四,关于教育场域资本的研究,一般涉及场域的各种资本类型的功能运作,以及新的文化资本对于教育场域的构建要求。缪子梅(2015)以布尔迪厄的教育场域观点为立论基础,认为经济资本、社会资本、文化资本等资本的差异导

[①][⑤] 曾明星,李桂平,周清平,等."翻转课堂"教育场域:主体异质性、惯习冲击与价值建构[J].高等工程教育研究,2015(5):186-192.

[②] 陈德胜.高等教育场域的功利化、困境和反思——高校扩招政策的社会学回顾[J].教育观察,2012(4):64-68.

[③] 王双.高等教育场域多元利益主体的博弈均衡——基于学习者利益视角[J].黄冈师范学院学报,2016,36(4):88-91.

[④] 刘济良,马苗苗.教育场域中个体生命自由性的隐退表征与复归路径[J].苏州大学学报(教育科学版),2022(4):48-56.

[⑥] 李慧芳.场域论视角下青少年手机依赖行为探析[J].青少年研究与实践,2018,33(2):108-112.

致教育场域之中的不平等现象,"每个人所处的社会结构不同,就会形成不同的社会关系,拥有不同的社会资本,处于下等阶层出身的个体,由于缺失上等阶层所拥有的能力获得方面的系统教育,导致进入高层次学校和就业选择机会存在差异"[1]。有的研究者对于后现代知识转型带来的文化资本转变进行了阐释,胡雅宁(2007)认为后现代知识观能够消解文化资本的权威性,强调各类文化资本的平等性与同等价值,对于文化资本的重要载体知识,其内涵变得更为丰富多元。"知识的多样性取代了其单一性,叙事知识、本土化知识、个人的缄默知识都被纳入知识的范围内。后现代知识观认为隐性知识,包括个体的信念、情感、鉴别力和判断力等,并且缄默知识的获得具有情境性,总是与特殊问题或任务情景联系在一起,是主体对某种特殊问题或任务情景的一种直觉综合或把握……全面关注学生的情感体验、心理发展和精神养成。使学生掌握必备的知识、技能的同时,鼓励学生通过批判、质疑、反思、探究,发展自身的判断力、建构力和创造力,学会学习的方法,从而为学生的生存与发展打下良好的能力基础,成为既具备丰富的知识、聪明的头脑,又具有高尚的品格和生命情怀的完整的人"[2]。

其五,关于教育场域秩序的研究,主要体现在两个方面,一方面是规范性的教育场域秩序,另一方面是内在逻辑的教育场域秩序。张金运(2017)以敬畏感为视角对教育场域秩序进行深入的探析,他认为敬畏感有利于教育秩序长期稳定地规约教师与学生在场域中的行动,"这种规约是道德的内在要求,使得人在教育过程具有了向善的心理条件。事实上,只有当人对人类的核心价值、民族的文化传统心存敬畏时,教育秩序才可能成为一种内在秩序引导其向'好教育'的方向延伸。在多元教育价值观的影响下,教育失范影响着教育活动的开展。随着全球化时代的到来,域外的、本土的教育观念不断交汇,冲击着教育者的观念系统,使得旧有的教育秩序不断解体,新的教育秩序却尚未建立,教育活动陷入了前所未有的乱局中,越来越让人'没有感觉'"[3]。谢益民(2013)认为当下教育场域内的某些教育实践逻辑偏离了人本精神,作为滋养人性和传承文明的实践活动,教育在场域构建与运作过程中应当遵循人本逻辑,体现人本精神。"教育是一种培养人的活动,这就需要关注人自身的价值,体现人本主义精神。

---

[1] 缪子梅.高等教育场域中社会流动和阶层固化的社会学思考[J].黑龙江高教研究,2015(11):14-16.

[2] 胡雅宁.后现代主义知识观引发教育场域的变革[J].中国地质大学学报(社会科学版),2007(2):100-103.

[3] 张金运.教育场域中敬畏感的缺失与重塑[J].当代教育科学,2017(12):26-31.

从教育的本源出发,展现出人的丰富内涵与存在价值,这才是教育发展的终极诉求"①。

(3) 关于教育场域构建路径的研究

对于教育场域构建路径的探索,研究者大多是从教育场域现状出发,针对面临的困境或挑战提出对策。教育场域构建路径方面的研究成果主要是从以下几个方面提出的:惯习的塑造、主体性的彰显、师生关系的调节及场域运行机制的完善。

惯习塑造方面的研究成果,不仅涉及学生惯习的养成与塑造,也关注教师的惯习以及教师对于学生惯习塑造的影响。廖青等人(2018)认为在社会转型期由于成形中的社会结构的变化,教育场域中师生惯习的情感维度都会受到影响,"它又生成和统筹了行动主体的实践活动,并且进而不断地改变着场域之内资本、地位、惯习和实践的复杂互动"②。也有研究者以家庭教育场域作为具体的研究对象,认为家庭场域的构建和家庭教育实效的提升需要检验身心图式的形成样态,验证家庭场域中的惯习是否适合置身教育场域之中,因为"教育对象所表现的身心图式即是一种可以知觉、评判和行动的各种一系列化约于个体身心的历史关系"③。

关于场域主体性的研究,主要关注的是师生主体的平等性。李志超等(2010)认为,在教育场域中,师生之间需要加强主体性对话④。牛海彬等(2012)针对我国教育场域话语存在的话语主体霸权、话语权力缺失等问题,提出了相关策略:"从突破教育场域的权力架构,构建多元的教育话语;反思教育的过度科学理性化,关注教育生活世界的话语;倡导民众教育话语的自由表达,尊重教育话语的个性言说;探索教育真相,回归真实的教育话语四个方面对我国教育场域的话语进行重构"⑤。

关于师生关系的研究成果,大多是以主观视角进行探究,力图调节教育场域中的师生关系。张翔(2011)认为,信任作为教育场域的基本关系是一切教育互动的基础,信任关系能够简化教育场域的复杂性,减少行动力量的损耗而促

---

① 谢益民. 论教育场域中的话语权与教育人本精神的回归[J]. 求索,2013(2):211-213.
② 廖青,黄绮妮. 布尔迪厄实践理论中的惯习及其在高等教育研究中的应用[J]. 清华大学教育研究,2018,39(2):76-82+91.
③ 葛敏. 基于布尔迪厄场域理论视角的家庭教育场域研究[J]. 南京师大学报(社会科学版),2018(2):89-96.
④ 李志超,朱成科. 教育场域的"鸣沙景观":基于教学噪音的隐喻性分析[J]. 湖南师范大学教育科学学报,2010,9(1):58-60.
⑤ 牛海彬,白媛媛. 我国教育场域的话语批判与重构[J]. 教育与职业,2012(17):162-163.

进创新性,并且还有助于稳固教学秩序。因此需要"建构师生相互信任的教育场域,特别是作为一种实践智慧在教育中的应用,它有着深刻的教学实践意义"①。马莹(2010)认为要解决因功利主义而引发的教育场域压抑或封闭问题,需要"使教学回归教育性,致力于对理想人与理想社会的追求,就必须致力于使整个教育场域成为一个追求共同愿景的共同体,使其走向自由与开放"②。而共同体是一种最容易形成场域凝聚力的关系模式。汪杰锋(2017)对于学校教育场域中传统师生关系的裂变进行了阐述与分析,认为要改变师生精神共识的裂变,需要消除师生之间心理互动的阻隔及文化价值冲突,具体表现为"需着力打造师生交往冲突安全阀机制,疏通师生理解与心灵沟通渠道,开拓学校多元文化融合行进路线,以真正实现和谐师生关系的当代重建"③。至于教育场域中师生关系调节的具体策略,饶小平(2014)等认为要重建教育场域中的师生关系,需要"重建师生之间的亲情关系、朋友关系及教学关系"④,以促进教育场域的构建与完善。

关于教育场域机制的研究主要涉及场域氛围、场域意义以及场域秩序。崔景贵(2003)以心理教育场域为研究对象,提出了构建场域的相应策略:"注重营造心理教育氛围;健全心理教育运行机制;心理教育向生活世界回归;心理教育向多学科开放。"⑤陈卓(2015)阐释了教育惩罚对于教育场域构建的意义,认为教育惩罚对于教育场域秩序的维护具有重要作用,并且"教育惩罚行为应当符合学校的正当程序,并以制度化的形式固定下来"⑥。陈涛、韩茜(2023)从应对教育场域中技术焦虑的角度提出"回到人与人的社会关系,发展师生、生生关系"以消解技术焦虑,让教育场域机制的运行更具持续性⑦。

2. 高校思想政治教育目的与效果研究现状

本研究旨在实现高校思想政治教育的目的,增强高校思政课教学效果。探究高校思政课教学场域首先需要明确其实施教育的目的,而效果又体现了教育目的的实现程度,因此,对于高校思想政治教育目的与效果相关研究的回顾十

---

① 张翔.教育场域中的信任及其教学实践意蕴[J].教学研究,2011,34(2):30-32+60+91-92.
② 马莹.论教育性教学与自由开放的教育场域[J].首都师范大学学报(社会科学版),2010(4):94-98.
③ 汪杰锋.学校教育场域中师生关系的裂变及其当代重建[J].长江大学学报(社会科学版),2017(2):116-119.
④ 饶小平,李伟.重建教育场域中的师生关系[J].中国德育,2014(19):34-35.
⑤ 崔景贵.素质教育场域中的心理教育[J].中国教育学刊,2003(7):33-37.
⑥ 陈卓.教育场域中的惩罚与欺辱:一个比较的视角[J].教育学术月刊,2015(3):82-88.
⑦ 陈涛,韩茜.教育场域中技术焦虑的形成机理及治理路向——基于马克思"人与机器"思想的时代阐释[J].重庆高教研究,2023,11(1):46-60.

分必要。同时，高校思政课教学场域的构建是具有目的指向性的实践，综合现有研究成果所论述的教育目的进行场域构建亦是本文的题中之义。结合本研究的目的，将从以下三个方面进行文献回顾。

(1) 关于高校思想政治教育目的的研究

关于高校思政课教学场域目的的研究，首先需论及思想政治教育的本质。对于思想政治教育的本质，学界众说纷纭，有的学者认为思想政治教育是一定社会意识形态的灌输，有的认为思想政治教育是一种涵盖政治性、道德性和价值性的教育实践活动，也有学者认为思想政治教育是人的思想政治素质社会化过程，还有学者认为思想政治教育是以人的自由而全面发展为目的的实践活动。倪愫襄（2013）依照形式逻辑和内涵逻辑对思想政治教育的概念进行界定——"从广义上而言，思想政治教育就是教育者依照教育规律对被教育者进行思想教育、政治教育的过程和活动。从思想教育角度而言，不仅是世界观、人生观、价值观的教育，还包括道德观、审美观、健康观的教育，从政治教育的角度而言，不仅是政治观念的教育，还包括政治参与、政治权利、政治理想等的教育"[1]。宇文利（2013）认为，思想政治教育是为了服务政治、改造思想，促进人的全面协调可持续发展，是以受教育者思想政治素质的养成为指向的政治价值观再生产实践活动[2]。关于思想政治教育本质的论述，都涉及思想政治教育的目的，大致可以归纳为三类：一类是以社会发展为出发点，一类是以个人发展为出发点，还有一类是以人与社会的共同发展为出发点。关于高校思想政治教育目的的研究大都是从这三个方面展开的。

有的学者以大学生的发展为立论起点对高校思想政治教育进行阐释，如李卓（2008）认为高校思想政治教育应当重视大学生思想困惑、情感需要等成长诉求，"以培养充满活力、和谐发展的人为最基本的教育目的"[3]。黄蓉生等（2012）认为高校思想政治教育"本质上是以大学生为教育对象的育人实践，归根结底是旨在引导大学生进行价值理性与意义世界的构建，塑造正确的政治理性、价值目标和道德品质，树立正确的世界观、人生观和价值观"[4]。正确的世界观、人生观和价值观对于大学生的发展与完善不可或缺，从这个角度来说，高校思想政治教育直接服务于大学生的生存和发展，是围绕大学生的个体价值与

---

[1] 倪愫襄.思想政治教育概念的逻辑分析[J].学校党建与思想教育，2013(20):13-16.
[2] 宇文利.论思想政治教育本质:政治价值观的再生产[J].马克思主义与现实，2013(1):183-188.
[3] 李卓."人是目的"与高校思想政治教育研究[J].思想教育研究，2008(12):37-38.
[4] 黄蓉生,白显良.党的十六大以来大学生思想政治教育的跨越式发展[J].思想理论教育，2012(21):4-11.

全面发展而展开的。总而言之,这些个人本位的目的观认为"满足人自身在社会中生存与发展的需要是思想政治教育的本原目的"[1]。换言之,高校思想政治教育旨在满足大学生生存与发展的需要。有的学者从人的全面发展的角度来论述高校思想政治教育的目的。王学俭(2017)认为高校思想政治教育是为了"促进人的自由全面发展,培养德智体美全面发展的社会主义合格建设者和可靠接班人;核心是要围绕学生、关照学生、服务学生,以社会主义核心价值观为基本内容,不断提高学生思想水平、政治觉悟、道德品质、文化素养,使学生自觉肩负起对国家、民族、社会、家庭和个人的责任;……让学生坚定共产主义理想信念,树立起为共产主义事业奋斗终生的超越性道德"[2]。

有的学者从社会发展的角度对高校思想政治教育目的进行阐释。张耀灿等(2003)认为"思想政治教育的根本目的就是要不断提高人们的思想道德素质,提高人们认识世界、改造世界的能力,为建设有中国特色的社会主义、实现共产主义而努力奋斗。这一根本目的是根据社会的发展趋势和党的最终奋斗目标确立的"[3]。刘宏达(2017)认为高校思想政治教育在本质上是"马克思主义理论和社会主义意识形态教育的话语传播过程,思想政治教育的话语权问题,实际上就是马克思主义和社会主义意识形态教育的主导性和有效性问题"[4]。还有研究者认为在新的历史方位中,"思想政治工作已经提升到国家治理体系和治理能力现代化建设、全面从严治党的战略高度,提升为党的治国理政战略思想的重要内容"[5]。作为思想政治工作主渠道的高校思想政治教育不管是从实施目的还是从实施对象而言,都与国家的战略发展紧密相连,从某种程度上来说,高校思想政治教育是为了促进国家治理体系和治理能力现代化。因此,就社会本位的目的论而言,高校思想政治教育是为了实现马克思主义与社会主义意识形态对大学生的主导性作用,使之成为社会主义事业的建设者和接班人。

有的学者从个人发展和社会发展的综合视角对高校思想政治教育目的进行论析。"思想政治教育目的确实具有社会规定性,并受社会时代背景的制约,

---

[1] 闫艳,王秀阁.论现代思想政治教育目的观[J].求实,2011(1):67-70.
[2] 王学俭.当前推动思想政治教育学科建设与专业发展的几个重点[J].思想政治课研究,2017(5):10-12.
[3] 张耀灿,徐志远.现代思想政治教育学科论[M].武汉:湖北人民出版社,2003:127-128.
[4] 刘宏达.高校辅导员提升思想政治教育话语权的内在逻辑与现实路径[J].思想理论教育,2017(5):84-89.
[5] 余双好.新时期思想政治教育学科建设的价值指针——学习习近平总书记关于思想政治工作的论述[J].马克思主义理论学科研究,2017,3(1):131-145.

但不能因此把社会的要求作为思想政治教育目的的唯一能动要素"①。"人是社会实践的主体,既受社会制约,是社会的生成物,又改造社会,是社会历史的创造者。而且,改造和创造是更为根本的,适应的目的在很大程度上也是为了改造和创造。人在其社会生活中,一方面要适应现存社会;另一方面又不断产生高出于社会现实的需要,谋求对社会现实的一定超越。只有这样,社会才能保持一种既有稳定又有发展、既有秩序又有活力的态势和张力,从而把社会稳定和社会变革辩证有机地联系在一起。思想政治教育的目的就在于既立足社会现实又瞄准未来趋势,既主动适应社会又积极超越社会,引导个人成为社会生活的主体和社会历史的创造者"②。

不难看出,关于高校思想政治教育目的的相关研究成果涉及马克思主义意识形态、社会主义社会化要求、大学生的教育旨归等内容。高校思想政治教育既为社会发展培育社会主义接班人,也为国家稳定和进步提供思想保障和智力支持,同时也是为了人的自由而全面发展。习近平总书记在全国高校思想政治工作会议上明确指出:"党委要保证高校正确办学方向,掌握高校思想政治工作主导权,保证高校始终成为培养社会主义事业建设者和接班人的坚强阵地"。这充分肯定了高校思想政治教育的重要性,也言明了高校思想政治教育的责任使命。

(2) 高校思想政治教育效果的现状研究

一方面,高校思想政治教育的效果是根据其教育目的的实现程度来进行评估的,即教育结果与教育目的的一致性;另一方面,思想政治教育的效果会受到大学生对于教育目的认同程度的影响,如果个人本位的目的观与社会本位的目的观之间存在冲突,那么教育效果会大打折扣。因此,如何衡量高校思想政治教育的效果,与研究者持有的思想政治教育的目的观密切相关。因此,高校思想政治教育实效性的标准相关研究大都是从教育目的切入进行阐述。关于高校思想政治教育实效性标准的研究,有学者从大学生的认知、情感和行动三个方面对高校思想政治教育效果的实现标准进行阐述:"第一,大学生认同并接受教育者所传授的政治道德思想;第二,大学生将教育者所传授的政治道德思想内化为自己的意志和情感,'三观'朝着教育者引导的方向发展;第三,大学生能自觉践行教育者所传授的政治道德思想,并能用科学的方法认识问题和解决问题"③。有的研究者从社会与个人关系的角度对高校思想政治教育的效果进行

---

①② 闫艳,王秀阁.论现代思想政治教育目的观[J].求实,2011(1):67-70.
③ 陈敏.大学生思想政治教育有效性内涵及评价依据[J].思想政治教育研究,2005(5):43-44.

阐释,如沈壮海(2008)认为思想政治教育的有效性取决于"其自身的教育性、对个人需要的满足和对社会需要的满足"①。

关于高校思想政治教育效果的现状,现有的成果主要在实证基础上进行质性分析。2016年教育部在京、津、沪、黑等15个省(区、市)进行的问卷调查显示,当前高校学生的思想态势良好,大部分学生"坚决拥护党的领导,坚持中国特色社会主义道路,拥护我国基本经济政治制度。充分依赖党中央,对党和政府的工作给予高度评价。高度认同并积极践行社会主义核心价值体系,具有良好的道德认知和较强的社会责任感。入党意愿持续高涨,学生基层党组织建设取得积极进展,学生党员质量不断提升。关注高等教育改革和学校建设与发展,普遍认为近年来高等教育改革发展取得了比较显著的成效,对学校教育教学工作的满意度高"②。大学生的思想正向状态可以在很大程度上反映出高校思想政治教育整体上具有良好的效果,但仍然存在着不少负向影响因素。关于高校思想政治教育效果的影响因素的研究,有的研究者以高校思想政治教育面临的困境与挑战为切入点对教育效果进行分析,"教育主体与教育模式的冲突、教育方法与学生需要的脱节、教育内容与社会形势的不相适应,都在很大程度上对高校思想政治教育的效果产生不利影响"③。有的研究者通过外部环境变化的分析,对高校思想政治教育效果的影响因素进行探索,如卢东祥(2017)认为互联网对于高校思想政治教育的效果具有积极影响的一面:"移动互联网为师生及时有效沟通搭建桥梁,为大学生独立自主学习提供环境,为传统教育方式注入新能量"④。然而,"信息技术特别是互联网技术加速发展,带来了社会运作方式、观念形态、工作生活方式的诸多变化,也给大学生思想政治教育载体带来前所未有的挑战"⑤。总体看来,现有的关于高校思想政治教育效果现状的研究大都是揭示外在环境变化所引发的困境或挑战,大多研究者都是从应对困境或者环境变化的角度来论述高校思想政治教育效果,对于大学生本身投入教育过程的实效性的研究现状却鲜有涉及。

(3)增强高校思想政治教育效果的对策研究

有的研究者从应对社会形势和时代变化的视角探寻高校思想政治教育的

---

① 沈壮海.思想政治教育有效性研究[M].2版.武汉:武汉大学出版社,2008:140.
② 王历荣.高校大学生思想政治教育实践创新研究[M].成都:电子科技大学出版社,2017:16-17.
③ 董国斌.大学生思想政治教育实效性面临困境的多维分析[J].教育现代化,2017,4(47):304-305.
④ 卢东祥.移动互联网时代大学生思想政治教育实效性研究[J].学校党建与思想教育,2017(4):51-52.
⑤ 黄德林,邱杰,徐伟.思想政治教育若干前沿问题研究[M].北京:中国社会科学出版社,2017:217.

有效策略，以消减外在因素对于思想政治教育的不利影响。为了应对大数据时代的到来对高校思想政治教育的影响，王学俭等（2016）认为需要从教学内容、教育者工作能力、思维方式、研究范式四个方面着手加强思想政治教育。在教学内容上"用鲜活有力的数据增加教学效果，发挥'慕课'效用提升教学质量"；在教育者工作能力上"加强意识形态认知，注重信息和自身隐私的保护，挖掘数据潜在价值"；在思维方式上"从注重因果联系转而更加注重相关关系，经验指导与科学引领相结合，从注重群体的思想行为到关注个体的差异"；在研究范式上采用"以数据为载体的定量研究与传统的定性研究相结合的新型研究范式，跨专业与跨领域的合作研究范式"[1]。佘双好（2014）认为在新的历史条件下，高校思想政治教育需要在发展战略上进行转变："从依附性发展向自主发展转变，从依托式发展向独立发展转变，从外延式发展向内涵式发展转变，从内向性发展向外向性拓展转变。"[2]曹海燕等（2017）认为在社会转型时期，高校思想政治教育的转型也在所难免，而建构主义方法为高校思想政治教育的转型提供了方向与视角："一是重视受教育者主体作用；二是重视校园文化建设；三是重视思想政治教育方法的科学性。"[3]洪涛等（2017）以新媒体背景下的高校网络思想政治教育作为研究对象，发现网络技术和移动通信技术的发展使得新媒体的影响力更为广泛，对思想政治教育的传统方式产生了强烈的冲击，"新媒体的互动性要求高校思想政治教育者应该与时俱进，转变教育理念，充分关注大学生的现实诉求和心理需要，主动合理地设置充满正能量的思想政治教育主题，把握教育的主导权、话语权，寻求最佳的教育效果，提高高校网络思想政治教育的导向性、可控性与实效性"[4]。

也有的研究者从高校思想政治教育发展与创新的角度对其基本理论研究方法、理论研究方向或理论研究范式进行探究，以理论创新为基础推动高校思想政治教育效果的提升。张耀灿（2017）认为高校思想政治教育的创新发展在于理论和实践的相互促进，"元理论研究和操作指导理论研究要共同加强，在学科理论研究和建设中要坚持史论结合，学科建设和课程建设要紧密结合，要运

---

[1] 王学俭,王瑞芳.大数据时代高校思想政治教育的创新发展[J].思想政治教育研究,2016,32(3):105-110.
[2] 佘双好.关于思想政治教育学科发展的战略思考[J].学校党建与思想教育,2014(23):7-11.
[3] 曹海燕,孙其昂.建构主义视角下的高校思想政治教育转型方向探析[J].湖南社会科学,2017(5):185-190.
[4] 洪涛,张苗苗,马冰玉.新媒体背景下高校网络思想政治教育新思路——基于议程设置理论的解析[J].思想政治教育研究,2017,33(3):156-160.

用唯物史观范式,并在这个总范式下运用跨学科范式开展研究"[①]。思想政治教育理论是思想政治教育工作者的内力源泉,而理论创新则为思想政治教育工作注入新的活力,只有练好内功,才能坚定政治立场,具有"四个自信"的底气,增强高校思想政治教育的说服力和感染力。

  有的研究者则关注高校思想政治教育过程中的一些具体要素,并有针对性地提出相关对策。刘宏达(2017)以高校思想政治教育话语权为研究对象,提出新时代高校思想政治教育的现实路径:"建立话语内容体系,遵循话语转化规律,畅通话语传播通道,创新话语交流方式方法"[②]。黄蓉生(2017)认为加强高校思想政治工作队伍建设,应注重"立足思想引领,塑造高校思想政治工作队伍精神新风貌;补齐能力短板,提升高校思想政治工作队伍水平新境界;采取有力措施,增强高校思想政治工作队伍管理新能量;完善评价机制,激发高校思想政治工作队伍干事新动力"[③]。刘经纬等(2018)认为高校思想政治教育获得感对于思想政治教育的积极体验至关重要,需要从理论建构、制度建构及力量建构三个方面着手推进[④]。

  近来,越来越多的研究者从整体性的综合视角出发,挖掘高校思想政治教育创新或改革的路径。如张耀灿(2009)认为应该重视高校思想政治教育的整合发展,"在价值理念上,走向既重工具价值更重目的价值;在领导管理上,努力实现党政工团齐抓共管,显性德育与隐性德育有机统一;在队伍建设上,走上专业化、职业化之路;在学科支撑上,明确了马克思主义理论学科与高校思想政治教育要互动和共赢"[⑤]。蔡文鹏等(2013)认为,应该重视高校思想政治理论课教学与日常思想政治教育的协调统一,加强二者的结合,"发挥优势互补效应,实现思想教育合力效果,形成完善的教育机制。"[⑥]孙其昂(2013)从"在场"视角对思想政治教育与社会的关系进行论析,"以思想政治教育社会逻辑为指导,树立思想政治教育有'社会'始终'在场'的观点,构建新型社会思想政治教育空间,担当思想政治教育独立角色,建设思想政治教育上下和谐的社会生态,实现

---

① 张耀灿.推进思想政治教育学科创新发展的若干思考[J].思想理论教育,2017(7):62-65.
② 刘宏达.高校辅导员提升思想政治教育话语权的内在逻辑与现实路径[J].思想理论教育,2017(5):84-89.
③ 黄蓉生.加强高校思想政治工作队伍建设[J].中国高校社会科学,2017(2):20-26+156.
④ 刘经纬,郝佳婧.高校思想政治教育获得感生成探赜[J].思想教育研究,2018(4):23-27.
⑤ 张耀灿.改革开放30年高校思想政治教育的整合发展[J].思想理论教育导刊,2009(1):30-33.
⑥ 蔡文鹏,张瑜.对思想政治理论课教学与日常思想政治教育相结合的探析[J].思想教育研究,2013(11):35-38.

思想政治教育与社会之间的双向互动,从而实现思想政治教育现代转型"①。骆郁廷等(2018)认为当前高校思想政治教育需要协同推进,具体而言,应注重"协同推进学生思想政治工作和教师思想政治工作,协同推进党委育人工作和行政育人工作,协同推进'主渠道育人'和'主阵地育人',协同推进网上网下思想政治工作,协同推进校内校外思想政治工作"②。韩宪洲(2018)认为推进高校思想政治教育的改革与创新,需要从整体上把握"思想政治工作规律、教书育人规律和学生成长规律"③这三大规律。冯刚等(2018)认为在新时代的历史方位中,发展高校思想政治教育,需要注重"人才培养体系,合力育人与协同育人,解决思想问题与解决实际问题相结合,增强文化的力量,加强思想政治教育基础理论研究"④。

近年来,高校思想政治教育的相关研究都集中于应对社会转型或科技进步带来的环境变化与思潮冲击,同时,不少研究者发现高校思想政治教育的多维涵义与多层意义,亟须一种能够综合探析高校思想政治教育领域之中纷繁复杂境况的理论工具,而场域理论提供了一个很好的参考。因而,一些研究者开始把目光转向了场域理论视域中的高校思想政治教育。

3. 场域理论视域下思想政治教育研究

场域理论框架下的思想政治教育的相关研究方兴未艾,成果大多涉及其他场域(如新媒体场域、校园文化场域、网络场域等等)中思想政治教育面临的机遇与挑战,而较少论及高校思想政治教育本身的场域问题。

(1) 各个场域中的思想政治教育研究

现有涉及场域理论的研究大多数是将高校思想政治教育置于其他相关场域之中进行分析,比如自媒体场域、新媒体场域、网络场域等等。周耀宏(2019)认为在新媒体场域中,高校思想政治教育话语权面临着许多挑战,要巩固高校思想政治教育的话语主阵地,需要从三个方面着手:"教育者要自觉履行思想政治教育责任,提升话语能力;受教育者要规范话语表达行为,严守法律边

---

① 孙其昂.思想政治教育的社会总体性在场探析——兼论思想政治教育的社会逻辑[J].思想政治教育研究,2013,29(4):40-46.
② 骆郁廷,唐丽敏.改革开放四十年高校思想政治工作的三大跨越[J].马克思主义研究,2018(12):133-142+162.
③ 韩宪洲.整体把握"三大规律"的主要特征 推进高校思想政治工作改革与创新[J].思想教育研究,2018(4):8-12.
④ 冯刚,成黎明.改革开放以来高校思想政治工作的实践与理论发展[J].思想理论教育,2018(10):13-20.

界和道德底线;高校意识形态主管部门要建章立制,依法治理管控新媒体。"[①]李翔(2015)认为自媒体场域既为高校思想政治教育创造了机遇,也带来了不可忽视的挑战。"自媒体拓展了高校思想政治教育话语的新空间,开创了话语交流的新范式,但也面临着话语权转移、控制力弱化等突出问题,主流意识形态和主流价值观受到前所未有的冲击,传统思想政治教育话语显得日渐式微。"[②]赵彦明等(2019)提出,网络场域生成使得高校思想政治教育模式面临新的困境和挑战,"需要适应时代发展的需求,在主体关系、教育理念、话语表达、交往方式四个维度上进行思维转化。同时,在实践层面,通过培养受教育者的'解码'能力、构建说理双方价值生成的基础、引导意识形态说理回归常识三个方面,对传统思想政治教育的说理路径进行优化,从而提升网络场域中思想政治教育的说理成效"[③]。

(2) 思想政治教育的子场域研究

随着改革开放进入深水区,我国的社会关系越来越多元,从而导致社会场域日益复杂,作为社会场域的子场域之一,高校思政课教学场域也呈现出复杂的分化倾向。邢盈盈(2019)认为,"高校思想政治教育场域呈现出日益扩大化的倾向,但同时也存在相互分离的不良趋势"[④]。不少研究者对于思想政治教育分化出来的子场域进行的研究,主要集中在隐性育人场域、教学场域、家风场域等较为微观的场域。唐慧玲(2018)认为高校思想政治教育的隐性育人场域即为日常生活世界。"将日常生活的话语体系、道德规范、体验因素和环境建设融入思想政治教育,可以有效缓解高校思想政治教育与生活世界的疏离,提升思想政治教育的亲和力、实效性、认同度和现实感。"[⑤]龚萱(2017)对思想政治理论课教学场域的学生话语权进行研究,认为"在实际的教学中,学生话语权方面存在着话语地位失衡、话语融合失当、话语交往失序和话语内容失真的问题。唤醒大学生的主体意识,促进话语权的理性回归;调整教师话语权的分配,提供学生话语权的支撑;创设和谐课堂话语环境,营造平等民主话语氛围是思想政治理论课教学中学生话语权实现的应然目标"[⑥]。牟冬梅(2017)认为家风既是

---

① 周耀宏.新媒体场域中高校思想政治教育话语权的提升路径探析[J].重庆邮电大学学报(社会科学版),2019,31(5):76-84.

② 李翔.自媒体场域下高校思想政治教育话语创新研究[J].高教探索,2015(11):115-119.

③ 赵彦明,刘余勤.网络场域中思想政治教育的说理思维转化及其实践[J].东华大学学报(社会科学版),2019,19(1):26-30.

④ 邢盈盈.论高校思想政治教育场域的分离与融合[J].喀什大学学报,2019,40(2):82-86.

⑤ 唐慧玲.高校思想政治教育隐性育人场域的微观建构[J].国家教育行政学院学报,2018(4):47-52.

⑥ 龚萱.思想政治理论课教学场域中的学生话语权[J].思想政治课研究,2017(1):30-33.

一种微观场域,又具有思想政治教育的功能,"家风文化中蕴含的个体道德修养、理想信念教育、家庭伦理道德和爱国主义精神等内容,与思想政治教育的内容相契合;家风使思想政治教育具体化、生活化,使思想政治教育'知行合一',有利于形成思想政治教育合理性,提升思想政治教育有效性。归根结底,家风是传承主流道德文化的载体,是思想政治教育的'养成域'"[1]。

(3)思想政治教育场域的构建研究

关于思想政治教育场域的构建研究,相对而言比较丰富。有的学者从场域融合的角度进行思想政治教育场域的构建,侯晓珊等(2019)以网络场域与思想为落脚点,认为高校思想政治教育应该重视学生网络素养的培育,对"内容、情感、启发三个向度进行分析,得出要注重高校学生素质培育,注重智慧表达,让高校大学生群体不断地开拓新的领域,引领时代发展"[2]。有的学者从场域动力的角度对思想政治教育场域构建进行设想,陈宗章(2014)认为要在转型的社会场域中推动思想政治教育进行现代转型,需要"在宏观场域加强社会控制、适应社会转型和体现技术进步形成的动力;在中观场域中表现为群体动力和组织动力;在微观场域中表现为思想政治教育的主体性动力和学科自身发展的内源性动力"[3]。还有研究者从文化资本的角度进行分析,曹威伟等(2019)认为需从德育场域的现状及问题出发,优化高校德育场域,"教师要全面提升文化道德资本的竞争力,必须以德立身、以德立学、以德施教,积极增强对中国特色社会主义的思想认同、理论认同、情感认同,增强道路自信、理论自信、制度自信、文化自信"[4]。并强调师生道德惯习塑造的重要性。

(二)国外研究概况

自布尔迪厄的社会场域理论兴起以来,虽有不少对于该理论的批判或质疑,但众多领域的研究者仍开始运用该理论工具研究本领域内的问题,如人类学、心理学、教育学、新闻传播学、家庭研究等领域。任何关于社会科学的学科都离不开人本身,这也意味着离不开人所处的社会,奥登霍夫与韦伦斯(Oldenhof & Wehrens,2018)认为社区参与中的包容和排斥进程不是在真空中进行

---

[1] 牟冬梅.家风:思想政治教育的微观场域研究[D].长春:东北师范大学,2017.
[2] 侯晓珊,戴珑莹,金志."互联网+"媒介场域下高校学生思想政治教育新路径——基于网络社群和大学生网络行为的思考[J].滁州学院学报,2019,21(4):75-79.
[3] 陈宗章.社会场域中思想政治教育现代转型的动力探析[J].求实,2014(4):84-88.
[4] 曹威伟,张立."场域—惯习"视角下高校青年教师与学生德育关系研究[J].高等农业教育,2019(2):57-60.

的,而是植根于社会、政治和体制背景中的。为了更好地了解社区参与者的个人机构和卫生研究中的组织机构之间的相互作用,于是将该问题置于布尔迪厄框架下进行研究[1]。布尔迪厄的场域理论本身就涉及教育的实践与思考,主要的研究成果集中于学校所带来的社会层面的生产与再生产效果[2]。此后,众多研究者在教育领域运用布尔迪厄的场域理论进行探索,比如,有的学者运用场域理论分析教育的社会价值、发展趋势及现有的局限性,有的研究者通过场域工具探寻教育过程中教学实践的逻辑,还有研究者探究同一个教育场域中学生之间存在的差异。

1. 教育场域理论分析的相关研究

首先,国外关于教育的场域理论分析研究涉及场域对于教育研究的意义、作用或价值。格伦菲尔与詹姆斯(Grenfell & James,2004)认为布尔迪厄的场域理论为理解教育研究领域的一些最重要特征提供了一种途径,同时也为教育研究人员提供了丰富的概念工具。马顿(Maton,2005)进一步探索了场域理论对于高等教育政策研究的有用性,并认为布尔迪厄的场域理论工具使得高等教育成为独特且不可简化的研究对象,并在具体的场域之中分析不同时期的教育政策,以探寻场域的价值与局限性。同时,他还考虑到当代政策的变化对于高等教育的影响,进一步发现需要将布尔迪厄的场域加以概念化发展[3]。伍德(Wood,2014)借鉴布尔迪厄"三位一体"的概念(场域、惯习、资本),用参与性资本的概念对在学校社区之间观察到的差异进行解释。并发现公民教育课程中经常提出的规范的、一刀切的公民概念掩盖了一些年轻人体验和表达公民身份的重大差异性,容易忽略学生的公民取向和参与程度,无论是本土的或是全球的[4]。

其次,国外关于教育的场域理论分析研究涉及教育场域的社会化意义,既包括学生的社会身份认同,也包括教育对于社会发展趋势的顺应,还包括学生对社会规则的理解与遵循。巴尔斯(Baars,2017)认为学校作为一个重要的制度空间,有助于学生实现其身份的同一性,在此过程中社会秩序得以重现。与此同时,惯习代表着社会秩序的内化,并在惯习的作用下实现社会秩序的再生产。教育场域

---

[1] OLDENHOF L, WEHRENS R. Who is 'in' and who is 'out'? Participation of older persons in health research and the interplay between capital, habitus and field[J]. Critical Public Health, 2018, 28(3):281-293.

[2] 格伦菲尔. 布尔迪厄:关键概念(原书第2版)[M]. 林云柯,译. 重庆:重庆大学出版社,2018:94.

[3] MATON K. A question of autonomy: Bourdieu's field approach and higher education policy[J]. Journal of Education Policy, 2005, 20(6):687-704.

[4] WOOD B E. Participatory capital: Bourdieu and citizenship education in diverse school communities[J]. British Journal of Sociology of Education, 2014, 35(4):578-597.

之中学生的身份认同往往是在没有意识到过程的情况下完成的,在潜移默化之中,学生内化了良好公民身份的社会规范[1]。加德纳·麦克塔加特(Gardner-McTaggart,2016)运用布尔迪厄的场域理论分析了全球化背景下国际形势教育的优势与意义,南半球新兴的中产阶级通过国际学士学位文凭(IB)课程接受国际形势教育,这种教育方式可能会为教育的全球化与国际化提供一种可行方式。戈保罗(Gopaul,2014)探讨了布尔迪厄场域理论在博士生教育领域的运用,重点分析了博士生教育的实践与背景,并发现这些实践和背景造成了博士生之间的不平等,这些不平等与博士生教育过程中形成的规则相关。博士生只有通过努力理解规则并采取行动,才能在博士生教育中取得成果[2]。

最后,国外关于教育的场域理论分析研究还涉及教育场域的局限性。沃里克等人(Warwick,McCray & Board,2017)运用布尔迪厄的场域理论工具对高等教育多样化的优势和局限性进行阐释,认为当前的高等教育场域结构可能会对教育场域的其他部分产生不良影响,尤其是会对通过其他途径获得高等教育的学生造成障碍[3]。德克与盖尔德布洛姆(Dirk & Gelderblom,2016)使用布尔迪厄的场域、资本、惯习以及迟滞的概念来解释南非高等教育场域之中学生惯习转换的制约因素,这些制约因素主要来自南非的种族隔离。种族隔离导致20世纪早期南非白人群体的主导地位,白人群体缺乏南非本土的文化、经济和智力资本,使得他们置身于这样的一种立场——即把南非荷兰语大学,特别是教育学院置于高等教育领域的他律地位。最初课程设置和他们的惯习是同步的。然而,随着社会发展带来的经济和政治变化,教育学院在高等教育场域中的他律地位越来越站不住脚,这一点开始变得支离破碎[4]。

2. 场域理论框架下教学实践逻辑的相关研究

有的研究者通过教育场域之中惯习与资本的分析对道德教育实践的逻辑进行把握。伊格纳托(Ignatow,2009)运用布尔迪厄的场域理论分析道德教育

---

[1] BAARS R. Social reproduction through citizenship education: Performing the habitus of pragma-tic compliance[M]. Springer Singapore, 2017:13.

[2] GOPAUL B. Inequality and doctoral education: Exploring the "rules" of doctoral study through Bourdieu's notion of field[J]. Higher Education, 2014, 70(1):73-88.

[3] WARWICK R, MCCRAY J, BOARD D. Bourdieu's habitus and field: Implications on the practice and theory of critical action learning[J]. Action Learning: Research and Practice, 2017, 14(2):104-119.

[4] DIRK W P, GELDERBLOM D. Higher education policy change and the hysteresis effect: Bourdieusian analysis of transformation at the site of a post-apartheid university[J]. Higher Education, 2016, 74(2):341-355.

的实践逻辑,他们认为布尔迪厄场域理论中的惯习观是道德的社会学分析的理论基础,惯习是通过认知所体现的本质上进行塑造或修正的,因此,它可以被视为自我和他人道德判断的基础,修正的惯习可以解释社会环境塑造道德判断的两个过程:一是文化对于情感及情感表达的影响,二是具体认知图式是如何构成道德隐喻的。在这两个过程当中,惯习影响甚至决定道德教育的实践方式与具体操作①。斯沃茨(Swartz,2010)试图通过场域理论工具的运用破除长期以来在道德教育研究领域和教育学之中哲学和心理学的垄断地位。依据南非年轻人在种族隔离后和他们在开普敦城镇生活的道德表现,并借鉴场域理论的相关概念,提出"道德生态"与"道德资本"这两个概念,并将道德生活描述为一个相互联系的系统、复杂的矛盾、不同的代码、多重的定位、不协调的过程和相互竞争的影响、随着时间的推移在多个层面上的生态。道德资本则有助于生活在贫困中的年轻人认识到如何将"善行"转化为经济资本,这反过来又使他们保持"善行"②。

有的研究侧重于学生的学习实践。沃里克等人(Warwick,McCray & Board,2017)主要关注的是教育场域行动学习(action learning)的实践逻辑,运用布尔迪厄的场域理论对行动学习经历的参与者进行考查,场域理论为理解和解释复杂的社会互动过程提供了有益的方法,这些过程是行动学习的核心阶段,特别是"社会摩擦",通过这种摩擦,行动学习者从学习者的工作场所中获得新的见解和行动的新提示。这些见解可以支持热衷于探索自己实践的行动学习实践者③。有的研究者以具体行业的教育和学习为研究对象,从场域、惯习、资本及其相互作用的角度对学生的实践逻辑进行探索。如克拉克、朱卡斯等人(Clark,Zukas & Lent,2011)认为IT行业的大学生从学习到工作的转变需要一个过渡的过程,而在该过程当中,场域、惯习和资本超越现有的倾向程度既取决于大学生本身的素质又反过来决定着他们毕业之后进入社会的整体素质水平④。

---

① IGNATOW G. Why the Sociology of Morality Needs Bourdieu's Habitus[J]. Sociological Inquiry,2009,79(1):98-114.

② SWARTZ S. 'Moral ecology' and 'moral capital':Tools towards a sociology of moral education from a South African ethnography[J]. Journal of Moral Education,2010,39(3):305-327.

③ WARWICK R,MCCRAY J,BOARD D. Bourdieu's habitus and field:Implications on the practice and theory of critical action learning[J]. Action Learning Research & Practice,2017,14(2):104-119.

④ CLARK M,ZUKAS M,LENT N. Becoming an IT person:Field,habitus and capital in the transition from university to work[J]. Vocations & Learning,2011,4(2):133-150.

还有研究者更为关注教育场域之中行动者主观能动性对于实践的影响,费雷尔与阿普尔(Ferrare & Apple,2015)揭示了布尔迪厄的场域理论在说明教育场域中的位置体现教学品质和行动轨迹方面的不足,并借鉴社会心理学和关系社会学的观点,提出了关于教育行动的场域理论,这一理论更能充分地解释教师和学生在教育环境中体验、影响教学课程及教学效果的方式。简言之,教育场域中的位置不仅仅是行动主体所占据的行动空间,它还体现了教师与学生积极阅读、解释和行动的意义[①]。

3. 教育场域之中差异性的相关研究

有的研究者关注文化差异对于教育场域中学生互动的影响。科尔文等人(Colvin, Fozdar & Volet,2015)依据单一文化、单一语言的本地学生在大学小组学习活动中对跨文化互动的理解与体验情况,运用布尔迪厄的场域、惯习和资本的概念解释跨文化交际的一些障碍,通过对当地学生的访谈进行定性分析,揭示了跨文化互动是由多种共存、相互依存且常常相互竞争的结构和语境因素以及学生的个人性格共同塑造的。当教育场域倾向于优先考虑本地学生拥有的资本(知识、肢体动作、语言等),并对互动施加结构性限制,则会在总体上阻碍当地学生和来自不同文化背景的学生之间的互动[②]。

有学者运用场域理论研究育人实践,分析阶级、种族和性别背景与学校组织的本体论契合,这种契合的结果就是社会制度的再生产以及制度优势的传递[③]。沃思等人(Nairz-Wirth, Feldmann & Spiegl, 2017)运用布尔迪厄的社会场域理论来分析欧盟国家大学入学机会的不平等性,认为这种不平等影响了社会的上行流动,许多工薪阶层的学生甚至从未想过接受高等教育,即便能够进入大学,他们也难以克服在高等教育场域面临的困境,其中场域与惯习的冲突是造成困境的重要因素[④]。

总的来说,国外现有的相关成果主要集中在高校或教育场域的微观层面研

---

① FERRARE J J, APPLE M W. Field theory and educational practice: Bourdieu and the pedagogic qualities of local field positions in educational contexts[J]. Cambridge Journal of Education, 2015, 45(1):43-59.

② COLVIN C, FOZDAR F, VOLET S. Intercultural interactions of mono-cultural, mono-lingual local students in small group learning activities: a Bourdieusian analysis[J]. British Journal of Sociology of Education, 2015, 36(3):414-433.

③ VINCENT C, ROLLOCK N, BALL S, et al. Raising middle-class black children: Parenting priorities, actions, and strategies[J]. Sociology, 2013, 47(3):427-442.

④ NAIRZ-WIRTH E, FELDMANN K, SPIEGL J. Habitus conflicts and experiences of symbolic violence as obstacles for non-traditional students[J]. European Educational Research Journal, 2017, 16(1):12-29.

究方面。关于教育场域的研究大多关注的是教育场域的再生产作用、教育场域的实践逻辑、教育场域隐含的不平等性、教育场域与学生惯习的冲突以及教育场域所生成的惯习与工作场域所需惯习的脱节等问题,这些较为微观的研究反映出国外学者对于教育场域的细节问题研究已经较为深入,但从宏观层面对教育场域进行整体把握的文献并不多见。同时,国外关于思想政治教育的研究,尤其是关于我国高校思政课教学方面的研究十分鲜见,因此,在文献回顾时,本书侧重于国外公民教育、道德教育或政治观教育等方面的研究成果,以期为我国思想政治教育场域研究提供一定的借鉴。

(三) 研究综述述评

国外关于布尔迪厄场域理论的研究已经十分深入,形成了一些经典的理论体系,可以为本研究提供理论参考。但是,国外的研究是基于资本主义社会背景而展开的,都主要因循布尔迪厄所揭示的资本主义社会场域的斗争、区隔、再生产等研究理路进行探索。因此,在借鉴这些理论分析中国的教育时,需要在马克思主义理论的指导下加以借鉴或进行改造。国外的教育场域研究也十分丰富,有不少学者运用惯习——场域的理论框架来分析具体的教育现象,也有研究者对教育场域的文化资本进行深入的研究,但总体来说,这些研究都相对微观而分散,鲜有宏观视角的理论研究。尽管如此,这些理论成果所涉及的研究方法、分析框架、行文思路都可供本研究参考。

国内关于布尔迪厄场域理论的成果,有的是社会场域理论的翻译推介或观点梳理,有的是运用其理论进行具体问题研究,包括对文化场域、政治场域、新闻场域、教育场域的研究。而关于教育场域的研究涉及教育场域涵义的阐释、教育场域的现状描述与分析以及相应的场域构建对策。然而,高校思政课教学场域作为教育场域的子场域之一,有其自主性和独特性,因此教育场域的研究成果并未涵盖高校思政课教学场域的特点,也无法直接运用于高校思政课教学场域的构建。与此同时,高校思想政治教育的相关研究要么是应对时代变化带来的新问题,要么是应对外在的挑战或冲击,而很少运用适当的理论工具把这些面临的问题综合起来进行考虑,社会场域理论工具的应用能为高校思想政治教育研究带来新的活力。然而,现有的思想政治教育场域研究或是把思想政治教育置于网络场域进行探究,或是把场域概念仅仅作为一种话语而非理论工具,或是把社会场域理论直接套用在思想政治教育研究之上,这些做法都难以发挥出社会场域理论的最大功能,并且尚未结合马克思主义理论加以运用。因此,本书将尝试从以下几个方面展开研究:首先,在马克思主义理论的指导下运用布尔迪厄的场域理论，使之更契合本研究的内容与目的；其次，探索高校思政课教学场域的特殊性，把握其行动者在场状态的关键点；最后，结合时代要求，应对在场困境，探寻高校思政课教学场域的构建策略。

三、研究思路与方法

（一）研究思路

本研究将综合运用质性研究和量化研究方法，在马克思主义理论的指导下，运用布尔迪厄的场域理论对高校思政课教学场域进行深入的探究，综合把握师生的在场状态与在场困境，并以大学生的社会化、主体性塑造以及全面发展为指向，以促进师生更好的在场状态为出发点，以提高教育实效性为落脚点，探寻高校思政课教学场域构建的策略。从行文结构来看，本研究主要从以下七个方面展开（见图0-2）：

一是绪论。首先对本研究的缘起进行全面的阐释，主要从现实诉求、理论发展、实践要求这三个方面对研究缘由和研究意义进行分析。随后，针对国内外关于教育场域、高校思想政治教育以及场域视域中思想政治教育的研究成果进行文献回顾与总结述评。最后，对本研究的思路、方法、可能的创新点以及不足之处进行阐述。

二是高校思政课教学场域的相关概念与理论剖析。首先对"场域"进行词源分析与涵义梳理；其次，厘清高校思想政治教育、场域、惯习、文化资本等关键概念，并在此基础上阐释高校思政课教学场域的涵义；最后，借鉴布尔迪厄的场域理论，并在马克思主义理论指导下进行理论剖析，为论述的展开提供理论基础与分析框架。

三是高校思政课教学场域之中师生的在场状态与在场困境。其一，在现有理论基础上明确把握在场状态的关键点；其二，依据大学生在场状况的问卷调查数据，分析大学生在高校思政课教学场域的学习投入、投入的失效、投入的体验等现状，并根据其投入现状剖析在场困境；其三，通过个案访谈对教师的在场状态与困境进行把握。

四是对高校思政课教学场域中的在场困境进行归因分析。这部分主要按照由外而内的顺序，对在场困境的国际形势、国内社会环境、高等教育变革以及场域自身等影响因素进行分析。

五是高校思政课教学场域在场性构建的时代要求。首先，明确"新时代"是构建场域的历史方位；其次，"新时代"的共同体理念对于场域构建的遵循价值；

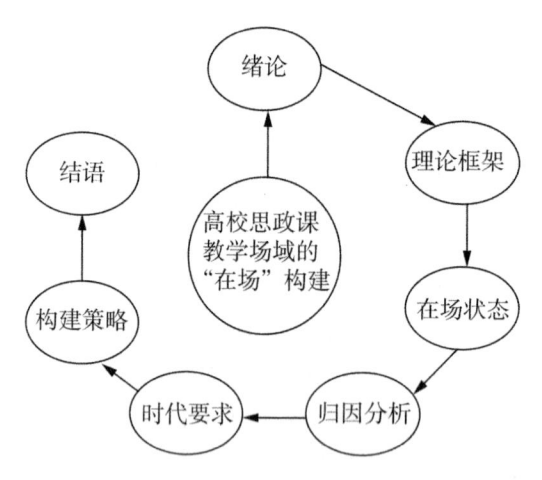

图 0-2　本研究思路的逻辑框架示意图

再次,思想政治教育文化资本需要"新时代"的理论成果加以丰富;最后,构建场域过程中的话语表达需要借鉴"新时代"的话语方式。

六是高校思政课教学场域的在场性构建策略。这部分内容是在把握新时代机遇的条件下,围绕在场困境的具体问题,从理念、行动与体验三个维度进行策略探索,其中行动维度包括行动的情境、行动的主体性、行动的倾向或策略,因此该部分一共分为五个方面:其一,围绕本研究的主旨与教育目的提出构建场域的理念;其二,对增强行动情境的吸引力进行对策分析;其三,探寻行动主体性充分发挥的相关策略;其四,探讨加强行动倾向与完善行动策略的相应对策;其五,从增强在场体验的角度探寻在场性构建策略。

七是结语。主要包括对本研究内容的升华性总结和抽象概括,并指出研究的现实旨归与人本意涵。

(二)研究内容

围绕场域构建这一主题,论文的研究内容主要涉及"高校思政课教学场域的相关概念与理论框架"、"师生的在场状态与在场困境"、"引发高校思政课教学场域在场困境的影响因素"、"高校思政课教学场域在场性构建的时代契机"以及"高校思政课教学场域的在场性构建策略"这五个方面。其一,相关概念与理论框架部分重点在于厘清"高校思政课教学场域""惯习""文化资本"等核心概念,并对这些概念的相关理论进行阐述;同时将场域理论置于马克思主义辩证唯物主义与历史唯物主义的理论框架中加以整合,强调高校思政课教学场域实践逻辑的关系性、构建性与主体性。其二,师生的在场状态与在场困境部分通过实证研究进行探索。首先,运用问卷调查把握大学生在高校思政课教学场域之中的学习投入、心理脱离以及幸福感,通过这三个方面的数据剖析大学生的在场状态,即到场、参与及投入三个方面的状况,同时对这三个层面的在场困境进行论析,发现动机、精力与专注水平的不足都会影响大学生的在场有效性。其次,运用个案访谈法把握教师的在场状态,并分析学生的投入状况对于教师在场的影响。其三,影响因素部分分别对高校思政课教学场域的外部环境以及场域内部因素进行论析,国际形势、国家元场域、高等教育场域等外部环境对于大学生投入场域会产生不同程度的影响,而更重要的是高校思政课教学场域自身的问题,如大学生的主体性难以发挥、场域的"迟滞"(惯习的不适配)、文化资本吸引力不足、在场体验需要难以满足等等。其四,场域构建的时代契机主要涉及"新时代""新思想""新话语""新理念",中国特色社会主义进入新时代为场域的在场性构建带来了新的契机。习近平新时代中国特色社会主义思想为本研究提供了多方面的参考,为高校思政课教学场域的在场性构建提供历史定位的时代参照、丰富的文化资本、有效的话语方式以及构建的理念遵循。其五,场域的在场性构建策略部分是以大学生投入场域为出发点,以有效在场为落脚点而展开的系统论述。同时针对高校思政课教学场域存在的问题,以习近平新时代中国特色社会主义思想为指导,从场域育人理念的树立、主体力量的激发、文化资本的优化、惯习的塑造、幸福感的增强这五个方面提出高校思政课教学场域的在场性构建策略。

(三)研究方法

本研究是在辩证唯物主义与历史唯物主义方法论的基础上进行的。"场域"是一个融合了主观主义与客观主义、建构主义与结构主义的复杂理论工具,如果从单一视角进行研究难免有失偏颇。因此,辩证唯物主义与历史唯物主义方法论于本研究而言不可或缺。本文坚持在马克思主义理论的指导下对高校思政课教学场域进行研究,以人的全面发展为出发点,以促进大学生的思想观念、政治素质、道德修养等意识形态社会化为落脚点,结合哲学、社会学、心理学、教育学等相关内容,进行本文的理论分析,并辅以问卷与访谈调查研究,试图通过实证调查把握高校思政课教学场域之中的师生境况。

1. 文献分析法

通过对马克思主义经典著作、布尔迪厄场域理论相关著作以及高校思想政治教育文献资料的研读与梳理,厘清高校思政课教学场域的理论渊源,同时对高校思政课教学场域及教育场域的研究成果进行梳理、归纳、分析和整合,把握高校思政课教学场域研究的进展和发展方向,确定本研究的研究基点。首先,梳理并界定高校思政课教学场域的相关概念,如场域、惯习、文化资本等等;其次,在马克思主义理论的指导下确定高校思政课教学场域的理论分析框架;最后,针对所掌握的高校思政课教学场域行动者境况,探讨高校思政课教学场域的构建策略。

2. 问卷调查法

问卷调查法主要运用于大学生在高校思政课教学场域中投入状态的实证探索。大学生作为高校思政课教学场域之中的行动者,其主要的实践活动即为学习,结合高校思政课教学场域的置身性要求,本研究采用现有的学习投入量表(李西营,2010)对大学生在高校思政课教学场域中学习动机、精力与专注等状态进行量化把握。与此同时,为了进一步的佐证并明确大学生心理层面的"在场状态",把握大学生学习投入的失效现状,调查问卷还采用了脱离——恢复量表(Sonnentag & Fritz,2005)的分量表心理脱离量表(根据本研究的具体情况稍作调整)。并且为了深入了解大学生投入高校思政课教学场域的体验,本研究采用了总体幸福感量表(段建华,1996)来测量大学生的投入体验。问卷调查法的运用主要是为本研究的论证提供实证支撑,依据以上三个方面数据来佐证高校思政课教学场域之中大学生的投入状态与相关问题。

3. 访谈研究法

访谈研究法有助于本研究向深层探索,本研究所涉及的高校思想政治教育行动者,除了大学生之外,还有思想政治理论课教师,因此,为了进一步了解高校思政课教学场域之中行动者的在场状态,并对大学生的学习投入及心理脱离等相关问题进行深层审视,本研究计划选取若干具有代表性的高校思想政治理论课教师进行访谈,并且结合问卷所呈现的问题编制《高校思政课教学场域教师在场状态访谈提纲》(详情见附录A2)。为了更好地实现本课题的研究目的,在受访者的抽样过程中考虑了学校层次、教龄、工作类型(专任还是兼职)等因素,其中任教大学本科教师18名,专科学院教师6名;教龄1年以下的教师1名,1~5年的教师7名,5~10年的教师5名,10~15年的教师5名,教龄15年以上的教师共5名;专任教师20名,兼职教师3名。本次访谈总共调查了23名思想政治理论课教师,具体的访谈过程中运用了一对一面谈、微信语音以及电子邮件等形式,之后将访谈录音或笔录进行转录和整理,从而得到访谈的原始材料。

四、创新之处与不足之处

(一)本研究的创新之处

本研究运用思想政治教育及相关学科知识,结合现有的研究成果,系统论述了高校思政课教学场域的基本概念、分析框架、在场现状、影响因素、时代契机、构建策略等。期待在以下几个方面有所推进：

第一，尝试建立高校思政课教学场域的理论分析架构。在马克思主义理论的指导下运用布尔迪厄的社会场域理论来分析高校思政课教学，发现其中存在的问题，实现布尔迪厄场域理论在思想政治教育学科领域的具体化发展。

第二，通过某一个关键点对在场状态进行把握。在实证研究过程中，尝试围绕"投入"这一关键点设置调查问卷，同时，在数据分析过程中围绕"投入"进行整体描述、相关分析与回归分析。并且，基于投入状况对在场困境进行阐述。

第三，本研究试图在"场域——惯习"理论框架下探寻提升高校思政课教学实效性的路径，在师生在场现状的实证分析、归因分析以及场域构建背景等内容的基础上，探究高校思政课教学场域的在场性构建策略，并通过关系主义的视角，实现对场域中行动者主体地位的关照。

（二）本研究的不足之处

本研究的重点是运用布尔迪厄的场域理论来分析和解决当前高校思政课教学所面临的问题。在此过程中，涉及多个学科的理论知识，要把它们整合起来集中运用于高校思政课教学场域的现状分析与策略探析颇有难度。而在实证研究方面，并没有直接可用于测量教学场域现状的量表，也给分析和论证带来了一些困难。由于这些难点，加之研究者自身能力有限，本文存在以下不足：

第一，对于场域理论的文献回顾不够全面。因为场域理论涉及多个学科，尽管本研究主要运用的是布尔迪厄的场域理论，但在社会科学领域，还有考夫卡的完形心理学与勒温的心理场学说等，这些理论学说与布尔迪厄场域理论都存在着一定关联性，因此，在论证过程中或多或少地引之为据。

第二，对于高校思政课教学场域行动者"在场状态"的数据分析不够严密。因为没有可直接用于测量教育场域现状的相关量表，本文仅针对高校思政课教学场域中的关键点进行问卷调查，并且以大学生为调查对象，尚未涉及教育者。

第三，高校思政课教学场域之中的行动者既包括教师、学生，也包括管理者、监督者以及其他参与场域实践活动的个体，但是本研究只关注教师与学生，对于其他行动者鲜有涉及，因此本文很难全面地概括高校思政课教学场域所涉及的诸多问题。

本研究的不足之处，有待于在今后的研究中加以完善。如对场域的理论分析将借鉴心理学领域的场域理论，在实证研究方面将对大学生学习投入的影响因素进行调查，并将研究对象推及教师等场域之中的其他行动者。

第一章

高校思政课教学场域相关概念与理论剖析

  高校思政课教学场域研究是一项涉及多个学科领域的复合型课题，它涉及场域、高校思想政治教育、行动者、主体性等多个研究内容，因此，必须对研究内容所涉及的相关概念进行梳理和探讨。按照本研究的理路，首先，是对"场域"这一概念进行词源分析，追溯"场域"在汉语语境中的最初含义，同时也对西方语境中的"场域"的意蕴进行梳理，进而厘清本研究所指涉的场域概念。其次，在全面阐释"高校思想政治教育"概念与场域相关概念的基础上，界定高校思政课教学场域的定义。随后，阐述布尔迪厄场域理论的基本实践逻辑，并言明这一理论存在的局限性，与此同时，对马克思主义理论之中的场域意蕴进行分析，并在马克思主义理论的指导下构建本研究的理论分析框架。最后，对高校思政课教学场域进行理论分析，论述位置、客观关系、惯习等相关概念，并阐释该场域的运行机制与构建要求。

一、"场域"的语义分析与发展概述

汉语语境当中,虽没有"场""域"的连用,但场、域都有其各自的丰富内涵。与本研究相关的"场"的意义主要有:"①作名词,指较宽阔可容纳众人聚集活动的地方。如:广场;操场;会场。②作名词,指发生事情的地方。如:现场;场合。③作名词,指演戏的段落。如:第一场戏;三幕五场。④作名词,指比赛地、舞台。如:上场;下场;粉墨登场。⑤作名词,指物质存在的一种形式。如:电场;磁场"①。以上意义分别与社会实践活动的空间范畴、生成意蕴、历史范畴、在场状态、关系构型存在一定程度的相关性。"'域'的本义是国家的疆界,也指邦国。如《周礼·地官·大司徒》:'九州之地域。'意思是九州的疆界。引申泛指一定范围内的较大地区。如'领域''流域'。又引申泛指某种范围、境界"②。由此可见,"域"的意义主要体现为人从事实践活动的范围与边界,也隐含场域的境界之意。因此,"场域"一词可理解为人进行具体社会活动所置身其中的具有一定边界的社会空间。因此,从我国汉语词源的角度分析,"场""域"与布尔迪厄的场域理论所指的场域虽有共通之处,却明显并不包含其场域理论的其他意蕴。

在西方,场域的概念起源于物理学,"法拉第把铁粉撒在磁铁周围,铁粉立刻呈现出有规律的曲线——从一个磁极到另一个磁极——连续不断。法拉第把这种曲线称为力线……用这种全新的眼光来观察,电荷或者磁极周围的空间不再是一无所有,而是布满了向各个方向散发出去的力线,电荷或者磁极就是力线的起点。从这一事实出发,法拉第在物理学上首次提出了'场'(field)的概念。他把布满力线的空间称作磁场,而磁力就是通过连续的场传递的。牛顿力学'超距作用'的神圣殿堂就这样被动摇了"③。尽管场域的概念源自物理研究,但其关系主义方法论渐渐被沿用到心理学和社会学当中,心理学家库尔特·考夫卡提出心理场(psychological field)的相关理论,考夫卡的心理场理论对个体的行为场域与环境场域加以细致研判与明确辨析,强调个体心理的差异性。

法国社会学家皮埃尔·布尔迪厄把场域理论融入社会学领域并广泛运用,在传播学、教育学、人类学等学科领域都有所涉猎。布尔迪厄的场域理论是对"社会小世界"的深入探索,"从分析的角度来看,一个场域可以被定义为在各种位置之间存在的客观关系的一个网络(network),或一个构型(configuration)。

---

① 汪智平,汪睿君.据形说汉字[M].郑州:河南人民出版社,2013:117.
② 张章.说文解字:上[M].北京:中国华侨出版社,2012:218.
③ 楚江亭.法拉第和物理知识[M].太原:山西教育出版社,2015:134.

正是这些位置的存在和它们强加于占据特定位置的行动者或机构之上的决定性因素之中,这些位置得到了客观的界定,其根据是这些位置在不同类型的权力(或资本)——占有这些权力就意味着把持了在这一场域中利害攸关的专门利润(specific profit)的得益权——的分配结构中实际的和潜在的处境(situs),以及它们与其他位置之间的客观关系(支配关系、屈从关系、结构上的对应关系,等等)"①。布尔迪厄的场域理论的关键要素涉及惯习、资本及行动者的客观关系,并强调位置之间的客观关系对于场域力量对比的影响,这些位置可以理解为由制度、法律等权力场域所确定的权力分布。场域这一概念具有如下涵义:其一,场域是开展社会实践活动的空间;其二,社会现实中的特定场域有其作用范围和边界,离开了这一范围,场域中的规则将不再起作用;其三,场域取决于身处其中的行动者——现实的人的客观关系,换言之,在不同的社会关系条件下,围绕着相似目的所构建的场域是不尽相同的;其四,场域是变动不居的,它随着社会实践活动的展开而不断变化发展;其五,场域中行动者的状态不仅受到其所处位置(位置由行动者所拥有的权力或资本决定)的支配,而且也受到行动者主观能动性的影响;其六,任何子场域都是国家场域的一部分,尽管它们都有各自的边界,但是子场域都不可避免地受到国家场域的约束。

　　场域是什么,取决于行动者,确切地说,取决于行动者之间的客观关系以及行动者运用场域内的资本进行实践活动的方式。要立体地把握场域,需要从以下几个方面进行梳理:其一,场域是行动者的场域,场域是由具有主体性的行动者在共同的社会实践活动之中构建而成的,是行动者活动的公共空间;其二,场域是一个动态的空间,行动者对于资本的支配或权力变化引发场域构型的变化,行动者惯习在场域内生成,反过来也影响着场域的形塑;其三,场域是客观关系的体系,是由相关的客观关系构建而成的,其边界止于客观关系无法发挥作用的地方;其四,场域之中的资本都有其特定性,在某场域中发挥决定性作用的资本在其他场域可能无足轻重,但随着社会分化与一体化并存趋势的发展,一个场域中可能出现多种类型的决定性资本;其五,进入某个具体的场域之中,需要缴纳一定的"入场费",因为入场费的付出,基于理性人的选择,行动者一般不会轻易退出某一场域。但是越来越多的现象说明,在愈来愈多的"社会小世界"面前,行动者的选择也变得多元多样,为了保持某一场域的吸引力和发展性,巩固和完善其意义世界十分必要,这涉及场域中信念的树立与传承;其六,惯习是场域之中实现主观性与客观性辩证统一的关键所在,它是这种辩证统一

---

① 布尔迪厄,华康德. 反思社会学导引[M]. 李猛,李康,译. 北京:商务印书馆,2015:122-123.

在行动者之中身体化的体现,这种身体化外在表现为性情系统和行动倾向,将对行动者的社会实践产生"潜思考"的影响,在特定的情境下,惯习将促使行动者似乎不假思索地进行实践活动。然而,这种不假思索是在长期的社会实践活动中积累沉淀而成的,而行动者的社会实践活动必然在具体的情境之中进行,这一包含着时空意义的社会情境,便是布尔迪厄所主张的"场域"。

总而言之,本研究中的场域主要指涉的是具体现实的人进行社会活动的实践框架,要明晰特定场域的目的、结构、状态及构建策略,需要具体问题具体分析,进入场域之中感同身受,深入探究。在思想政治教育意义上使用"场域"概念,就必须要对原初概念进行改造,这也是思想政治教育的理论发展和创新使然。

二、高校思政课教学场域的概念界定

高校思政课教学场域是一个复合概念,包括"高校思想政治教育"的教学实施与"场域"这两个概念。因此,本研究将对二者的涵义与相关概念进行梳理与阐释。

(一)高校思想政治教育的基本涵义

高校思想政治教育的概念是从"思想政治教育"衍生而来的,因此首先需对思想政治教育的涵义进行回顾与分析。关于思想政治教育是什么,学术界存在着以下几种观点,如"施加论""转化论""内化论"[1]"需要论""自主构建论"[2]"指向论""实践论"等。"施加论"认为"思想政治教育是一定的阶级或政治集团,为实现一定的政治目标,有目的地对人们施加意识形态的影响,以期转变人们的思想,进而指导人们行动的社会行为"[3]。这种观点强调的是思想政治教育的政治属性,并且在实施策略上倾向于自上而下的传输。"转化论"认为"教育者按照一定社会或阶级的要求,有目的、有计划、有组织地对受教育者施加系统的影响,把一定的社会思想和道德转化为个体的思想意识和道德品质的教育"[4]。这种观点也带有"施加论"的色彩,但它的落脚点是社会要求向个体层面的转

---

[1] 易艳华.论"思想政治教育"概念的内涵发展[J].九江学院学报(哲学社会科学版),2010(2):107-109.
[2] 林娜,等.高职院校创新人才培养体系中的思想教育研究[M].合肥:合肥工业大学出版社,2013:189.
[3] 陆庆壬.思想政治教育学原理[M].上海:复旦大学出版社,1986:4.
[4] 中国大百科全书总编辑委员会《教育》编辑委员会,中国大百科全书出版社编辑部.中国大百科全书:教育[M].北京:中国大百科全书出版社,1985:59.

化。"内化论"认为"教育者按照一定社会的要求,通过特定的教育活动,把特定社会的思想和道德规范内化为受教育者的思想意识和道德品质的过程"①。这一论述侧重的是社会意识如何被受教育者所接纳和认同,实现外在性的同化和顺应。"需要论"认为思想政治教育是"教育者按照一定社会条件与受教育者的需要,遵照思想道德发展规律,运用多元化教学方式,在受教育者发挥自觉能动性的互动中,引导他们将所学内化与外化,从而促进他们的思想、政治、道德等方面素养得以提升的过程"②。这种观点则关注的是受教育者的思想需要和现实需要,以人的需要为出发点来开展围绕思想政治教育相关内容的系统活动。"自主构建论"认为思想政治教育是"一定的阶级、社会与其成员,借助一定的思想教育中介,进行思想政治交流互动,双方在吸纳、认同一定社会的思想观念、政治观点、道德规范的基础上,自主构建思想政治素质的社会实践活动"③。该观点强调教育者和受教育者双方的主观能动性,两者的主体性在交流互动、接纳认同等教育实践过程中体现出来。"指向论"认为"思想政治教育作为精神意识传导、引导的对象性的实践活动,展现的是人类精神生产与再生产的过程,观照的是意义世界,是人的精神文化生命,是人的灵魂指向"④。这一论述侧重的是思想政治教育精神文明的塑造功能,以及人的意义世界的构建。"实践论"则认为"思想政治教育是指社会或社会群体用一定的思想观念、政治观点、道德规范,对其成员施加有目的、有计划、有组织的影响,使他们形成符合一定社会要求的思想品德的社会实践活动"⑤。

  以上关于思想政治教育的定义都只是强调思想政治教育的某个方面或某些方面,并没有对思想政治教育内在要素及其相互关系进行综合考虑。整合以上定义,并结合高校思想政治教育的特点,可以将高校思政课教学的涵义概括为:在高等教育框架下,围绕社会或社会群体所一致认同的思想观念、政治观点、道德规范等意识形态内容,在教师、大学生等教育参与者的关系互动过程中,逐渐引导大学生社会属性符合社会发展要求的实践活动。高校思想政治教育通过一系列的实践活动,使大学生的社会属性与中国特色社会主义社会发展要求更加契合,并形成一种类似于性情禀赋的稳定的行为倾向,这种行为倾向还可迁移至今后的社会实践当中。

---

① 孙喜亭.教育原理[M].北京:北京师范大学出版社,1993:290.
② 鲁洁,王逢贤.德育新论[M].南京:江苏教育出版社,2010:362.
③ 王升臻.马克思主义人学视野下思想政治教育概念的再思考[J].探索,2011(5):124-126+131.
④ 李合亮.思想政治教育探本:关于其源起及本质的研究[M].北京:人民出版社,2007:186.
⑤ 陈万柏,张耀灿.思想政治教育学原理[M].2版.北京:高等教育出版社,2007:4.

（二）场域的构成要素

"从场域角度进行分析涉及三个必不可少并内在关联的环节……首先，必须分析与权力场域相对的场域位置……其次，必须勾画出行动者或机构所占据的位置之间的客观关系结构……还有第三个不可缺少的环节，即必须分析行动者的惯习"[①]。因此，场域的相关概念涉及行动者、位置、客观关系（资本、利益或兴趣）以及惯习。

1. 行动者（agent）

布尔迪厄的社会场域理论将置身场域之中的个人、群体或机构称为agent，通常被译为"行动者"。行动者是"被各种社会因素构成为积极而有所作为的"[②]，进行场域运作的主体力量与主观前提，"只是因为存在着行动者，才有了行动，有了历史，有了各种结构的维系或转换"[③]，行动者是社会化的有机体"。行动者作为社会化的有机体，不仅富有行动力量，而且具有自身的主体性，在场域作用力的影响下拥有此场域中发挥作用（亦即产生效用）所必需的禀赋[④]。

首先，行动者会影响场域的实践目的与场域运作的主体力量。"作为一种场域的一般社会空间，一方面是一种力量的场域，而这些力量是参与到场域中去的行动者所必须具备的；另一方面，它又是一种斗争的场域，就是在这种斗争场域中，所有的行动者相互遭遇，而且，他们依据在力的场域结构中所占据的不同地位而使用不同的斗争手段，并且有不同的斗争目的。与此同时，这些行动者也为保持或改造场域的结构而分别贡献他们的力量。"[⑤]当行动者置身场域之中时，其凭借所具备的力量在场域之中占据位置，位置与位置之间的客观关系又反过来影响行动者力量的发挥。为了保证自身的主体力量，并达成实践目的，行动者通过斗争获取场域之中的优势。

其次，行动者的主体性会受到场域的约束与限制。具体而言，场域是具体社会条件下的场域，具有一定的历史局限性，因此行动者在场域之中的行动都是具体历史条件下的主体性发挥。"……社会行动者既不是受外在因素决定的一个个物质粒子，也不是只受内在理性引导的一些微小的单子（monad），实施

---

① 布尔迪厄,华康德. 反思社会学导引[M]. 李猛,李康,译. 北京:商务印书馆,2015:131.
②④ 布尔迪厄,华康德. 反思社会学导引[M]. 李猛,李康,译. 北京:商务印书馆,2015:134.
③ 布尔迪厄,华康德. 反思社会学导引[M]. 李猛,李康,译. 北京:商务印书馆,2015:18-19.
⑤ 高宣扬. 当代法国思想五十年:下[M]. 北京:中国人民大学出版社,2005:514.

某种遵照完美理性设想的内在行动纲领"①。行动者会运用心理图式对社会世界进行感知和评价,而行动者的心理图式是在具体的社会关系和历史背景下构建而成的。"社会行动者将积极主动地去决定哪个决定他们的情境"②。这意味着行动者既决定自身,又同时被场域所决定。

总而言之,行动者是社会场域理论的关键概念之一,行动者既通过自身的力量影响场域的生成与运作,又在场域之中获得身心的构建与发展。从某种程度上来说,场域是什么样的,取决于行动者,而行动者是什么样的,也取决于场域。

2. 位置(position)

场域是一种客观结构,是由各种位置构建而成的空间③。因此,位置对场域的结构起着十分重要的作用,社会有效资源的分配所决定的各种位置构建而成的空间即为场域④。场域涉及两种层面的位置,一种是某个场域(可称之为子场域)在权力场域[也被称为"元场域(meta-field)"⑤]之中所处的位置,另一种则是某个场域之中各行动者所占据的位置。

其一,子场域在元场域所处的位置使得该场域获得客观的界定。"国家就可以被看作是诸场域的聚合体,是种种斗争的场所。在这些场域的聚合体中,各方争斗的关键目标就是……权力,即在一特定'民族'内(也就是在一定的领土疆界中)确立和强加一套无人能够幸免的强制性规范,并将其视之为普遍一致的和普遍适用的。"⑥这是布尔迪厄对于国家以及其动力机制的理解,元场域是社会实践活动的聚合空间。经济场域、教育场域、艺术场域等都是元场域的子场域。一方面,它们所需的资本是在元场域之中争夺或获取的,因为元场域之中的"元资本(meta-capital)能够对其他不同种类的资本,特别是它们之间的兑换比率……实施支配的权力"⑦。另一方面,位置也规定了这一场域是围绕何种实践目的进行运作的。作为元场域的子场域之一,需要"国家的构建与权力场域的构建相伴而行,这种权力场域可以被看作游戏空间,而这一空间中不同形式资本的所有者彼此争斗,争斗的关键就是谁能够拥有对国家的权力,即对中央集权资本的支配权力,这种资本能赋予支配不同种类的资本及其再生产

---

①② 布尔迪厄,华康德. 反思社会学导引[M]. 李猛,李康,译. 北京:商务印书馆,2015:166-167.
③④ 布尔迪厄,华康德. 反思社会学导引[M]. 李猛,李康,译. 北京:商务印书馆,2015:10.
⑤ 布尔迪厄,华康德. 反思社会学导引[M]. 李猛,李康,译. 北京:商务印书馆,2015:139.
⑥ 布尔迪厄,华康德. 反思社会学导引[M]. 李猛,李康,译. 北京:商务印书馆,2015:140.
⑦ 布尔迪厄,华康德. 反思社会学导引[M]. 李猛,李康,译. 北京:商务印书馆,2015:143.

(特别是通过学校系统)的权力"①。因此,考察子场域在元场域之中的位置,既涉及评估该场域能够占据什么类型的资本,也指涉它对国家发展具有哪些方面的作用与意义。

其二,占据位置的子场域具有相对独立性。作为元场域的子场域之一,一方面,该场域会受到元场域的规则、秩序和运作模式的影响,子场域与元场域"在组成结构和运作过程方面都存在全面的对应关系(homologies)"②。另一方面,子场域是"具有自身逻辑和必然性的客观关系的空间"③。每个子场域都具有自身的逻辑和必然性,这些逻辑与必然性只能在同样类型的子场域之中起作用,使该场域成为具有相对自主性的社会小世界。

其三,在具体的场域之中,行动者会占据各自的位置。占据的位置决定各行动者在该场域之中能起到何种作用,即他们会如何运用自身的行为、思想、情感、判断来影响场域的运作④,甚至影响整个社会世界。位置还关涉行动者之间的关系类型,包括支配-屈从关系、争夺关系、竞争关系、辩证关系等,关系类型又会对行动者的能动性产生影响,被支配的一方因其能动性通常被抑制,只能屈从于占支配地位的行动者。

3. 客观关系

"一个场域由附着于某种权力(或资本)形式的各种位置间的一系列客观历史关系所构成"⑤。场域之中的客观关系是不以人的意识和人的意志为转移的独立存在的关系⑥,正是客观关系直接造就了场域的客观性。它还涉及另外两个概念,一个是资本(capital),另一个是利益或兴趣(interest)。资本决定客观关系的属性与状态,利益或兴趣则是影响行动者投入某种关系的驱动因素。

(1) 资本

布尔迪厄的社会场域理论中的"资本"源于马克思主义政治经济学。"布尔迪厄有意识地引用马克思主义政治经济学的概念,表明了他与马克思之间的关系:一方面他是马克思思想的继承者,另一方面他不停地改造和发展马克思的思想"⑦。马克思主义政治经济学运用资本的概念揭示了资本主义生产关系带来的社会不平等和阶级矛盾等现象,而布尔迪厄的场域理论在更加宽泛的领域

---

① 布尔迪厄,华康德. 反思社会学导引[M]. 李猛,李康,译. 北京:商务印书馆,2015:143-144.
② 布尔迪厄,华康德. 反思社会学导引[M]. 李猛,李康,译. 北京:商务印书馆,2015:132.
③ 布尔迪厄,华康德. 反思社会学导引[M]. 李猛,李康,译. 北京:商务印书馆,2015:123.
④ 布尔迪厄,华康德. 反思社会学导引[M]. 李猛,李康,译. 北京:商务印书馆,2015:6.
⑤ 布尔迪厄,华康德. 反思社会学导引[M]. 李猛,李康,译. 北京:商务印书馆,2015:15.
⑥ 布尔迪厄,华康德. 反思社会学导引[M]. 李猛,李康,译. 北京:商务印书馆,2015:122.
⑦ 宫留记. 布迪厄的社会实践理论[D]. 南京师范大学,2007:51.

运用了这一概念,他用资本的概念揭示了经济、政治、文化等领域的不平等及其再生产,并把资本分为权力资本、经济资本、文化资本、符号资本等类型。不管是哪类资本,归根到底其都是场域之中的行动者占据位置、发挥主观能动性和进行社会实践的客观基础。因此,构建场域的客观关系类型取决于场域内发挥作用的资本,具体而言,资本决定行动者之间的关系是经济关系、文化关系还是教育关系,从而决定场域是经济场域、文化场域还是教育场域。

资本还决定客观关系的具体状态,行动者的每一步行动都取决于其拥有资本的数量和结构[①]。因此,在场域运作过程中,行动者拥有的资本数量与结构可能会导致三种类型的关系状态:争夺关系、辩证关系和支配与被支配的关系[②]。当一个人拥有大量经济资本,他可能在经济场域之中居于支配地位,但如果他缺乏文化资本,按照资本的逻辑,他在教育场域就只能居于被支配的地位。"当支配者成功地压制、平定了被支配者的反抗和敌对时,当所有的社会运动都完全以一种自上而下的方式进行时,支配的效果就会加强,以至于构成场域的各种争夺关系和辩证关系都会停止发挥作用"[③]。支配与被支配的关系是资本主义社会条件下场域之中客观关系的常态。

(2)利益或兴趣

关于 interest 这一概念,布尔迪厄强调"与它相对的不仅是所谓超功利性(disinterestedness),而且还有'漠然'(indifference)的观念"[④]。不难看出,布尔迪厄在运用 interest 这个概念的时候,包含了利益和兴趣双重含义,完全不同于功利主义理论对这一概念的理解。对于某种场域"产生兴趣,有切身利害之感"[⑤],就是说这一特定场域的运行过程对于行动者而言关系重大,他们争夺的目标是重要的,是值得去追求的。

"只有当遵从规则的利益大于无视规则的利益时,社会行动者才会遵守这项规则。"[⑥]利益或兴趣是行动者投入具体的客观关系、置身场域的实践活动、遵循场域的秩序与规则的驱动因素。同时,利益或兴趣只有在场域之中才能得到肯定,需要通过场域运行不断得到维持,每个场域创造并拥有其特定的利益形式[⑦]。因此,利益或兴趣可以作为衡量场域是否具有吸引力的因素之一,也是行动者是否愿意持续地投入场域的关键所在。

---

① 布尔迪厄,华康德. 反思社会学导引[M]. 李猛,李康,译. 北京:商务印书馆,2015:125.
②③ 布尔迪厄,华康德. 反思社会学导引[M]. 李猛,李康,译. 北京:商务印书馆,2015:129.
④⑤ 布尔迪厄,华康德. 反思社会学导引[M]. 李猛,李康,译. 北京:商务印书馆,2015:145.
⑥ 布尔迪厄,华康德. 反思社会学导引[M]. 李猛,李康,译. 北京:商务印书馆,2015:144.
⑦ 布尔迪厄,华康德. 反思社会学导引[M]. 李猛,李康,译. 北京:商务印书馆,2015:146.

(3) 惯习

惯习(habitus)，也常被译作习性或社会心态[①]。在《实践感》中，惯习被解释为"持久的，可转换的潜在行为倾向系统，是一些有结构的结构，倾向于作为促结构化的结构发挥作用"[②]。惯习在布尔迪厄的场域理论中起着至关重要的作用，它既是场域结构的具身化表现，又是推动场域变化发展的关键所在，它既体现为客观关系对于场域内行动者的影响，也是行动者主观能动性的体现。其一，惯习是一种心智(mental)结构。"惯习则由'积淀'于个人身体内的一系列历史的关系所构成，其形式是知觉、评判和行动的各自身心图式。"[③]惯习会为行动者提供投入社会活动所需的知觉图式和评估图式。例如，当行动者面临选择进入场域的时候，惯习会使他"无所用心"地知觉场域之中的资本是否有意义或价值，并评估该场域是否与之适配(fit)。其二，惯习能够为行动者在所处场域提供实践策略。"社会行动者与世界之间的关系，并不是一个主体(或意识)与一个客体之间的关系，而是社会建构的知觉与评判原则(即惯习)与决定惯习的世界之间的'本体论契合'(ontological complicity)。"[④]在这个意义上，惯习会给予行动者投入社会活动的"实践感"[⑤]，使其自然而然地采用社会世界所需的适用策略。其三，惯习会引发行动者的行动倾向。"惯习是社会性地体现在身体中的，在它所居留的那个场域里，它感到轻松自在，'就像在自己家一样'，直接能体会到场域里充满了意义和利益。"[⑥]当惯习适配场域时，行动者能够如鱼得水般地发挥自身的行动力量，当惯习与场域不相适配时，行动者则会想要离开该场域，或者试图改变场域结构。

"惯习"一词，很容易让人联想到"习惯"，二者之间语义相似却存在着显著的差别。"惯习不是习惯，因为惯习具有一种受条件支配的和有条件自由的，不同于无法预期的创新生成能力，也不同于在原初条件下的机械再生产。惯习能够有所限制且自由地生成思想、感知、表述、行为等产品，这些产品总是受限于惯习生成所处的历史和社会条件"[⑦]。首先，惯习是不断被建构着的，而习惯因其重复性和稳定性而成为习惯。"惯习具有建构性和创新性等特征，它在历史

[①] 高宣扬. 布迪厄的社会理论[M]. 上海：同济大学出版社，2004：115.
[②] 布迪厄. 实践感[M]. 蒋梓骅，译. 南京：译林出版社，2012：75.
[③] 布尔迪厄，华康德. 反思社会学导引[M]. 李猛，李康，译. 北京：商务印书馆，2015：15.
[④] 布尔迪厄，华康德. 反思社会学导引[M]. 李猛，李康，译. 北京：商务印书馆，2015：20.
[⑤] 实践感所体现的社会感受性会引导我们进行社会行动，通过自发地预见所在世界的内在倾向，实践感将世界视为有意义的世界而加以构建。
[⑥] 布尔迪厄，华康德. 反思社会学导引[M]. 李猛，李康，译. 北京：商务印书馆，2015：159.
[⑦] 宫留记. 布迪厄的社会实践理论[D]. 南京：南京师范大学，2007：75.

实践活动中积累和复制社会客观因素的同时,不断发展并进行新的结构性创造;而习惯则表现为惰性和相对机械的重复性等特点,也不具备惯习那种可以改变并重建的主动性动力"[1]。其次,惯习是一种关系性概念,而习惯并不强调关系性。"一个场域由附着于某种权力(或资本)形式的各种位置间的一系列客观历史关系所构成,而惯习则由'积淀'于个人身体内的一系列历史的关系所构成,其形式是知觉、评判和行动的各种身心图式"[2]。最后,惯习具有一个社会化的过程,是社会化了的习惯。"它是一种先验的前反思模式,是已经沉淀成生存心态的,长期反复的个人和群体特定行为方式,是已经构成内在的心态结构的生存经验,是构成思维和行为模式的、具有持久效用的秉性系统……一旦经历一定历史时期的积淀,并内化于特定历史阶段的人群和个人意识内部之后,便自然地去指挥和调动个人和群体的行为方向,赋予各种社会行为以特定的意义"[3]。因此,惯习是由行动者所经历的一切积累和沉淀而成的,是外在的客观社会规则与共同价值的身体化,即内化,并形成认识世界、评判事物、行为选择的解释模式。例如:一个人每天吃完饭都要抽根烟,这是习惯;而这个人在公共场合从不吸烟,这是惯习。"一旦我们的惯习适应了我们所涉入的场域,这种内聚力就将引导我们驾轻就熟地应付这个世界"[4]。由此可知,惯习对于场域的结构稳定和场域内的实践活动而言至关重要。

(三)高校思政课教学场域的涵义

要厘清高校思政课教学场域这一概念,需在理解和把握高校思想政治教育与场域这两个概念的基础上,阐释高校思政课教学场域的基本涵义,并进一步解析这一概念涵义所包含的位置、客观关系、文化资本、惯习等方面的内容。

1. 高校思政课教学场域的基本定义

对于高校思政课教学场域,已有少许文献对其进行定义:有的研究直接从场域的基本内涵出发对其进行论述,认为"高校思想政治课教育场域是指高校思想政治教育'行动者'进行思想政治教育的实践场所。按照不同的标准可将其划分为理论场域与实践场域、现实场域与虚拟场域、教育场域与文化场域三

---

[1] 杨威,刘宇.论当代家风"场域—惯习"的运作逻辑——基于社会主义核心价值观视域的思考[J].中国特色社会主义研究,2017(2):68-74.
[2] 布尔迪厄,华康德.反思社会学导引[M].李猛,李康,译.北京:商务印书馆,2015:15.
[3] 高宣扬.布迪厄的社会理论[M].上海:同济大学出版社,2004:115.
[4] 布尔迪厄,华康德.反思社会学导引[M].李猛,李康,译.北京:商务印书馆,2015:21.

类"①。有的研究成果论析了高校思政课教学场域的性质和目的："围绕思想政治教育实践活动而形成的特殊的高校育人场域。在这个场域中,高校思想政治教育工作者与受教育者——学生之间形成以培育社会主义核心价值观、弘扬及传承民族精神和时代精神、内化公民基本道德规范、促进高校学生的全面发展,成为中国特色社会主义事业建设者和接班人为目标的客观关系网络"②。还有研究者从大学育人的角度对高校思政课教学场域进行定义："围绕着思想政治教育实践活动而形成的一个独特的大学育人场域,也即在高校教育者和学习者及其他教育参与者不同位置之间形成的一种以社会核心价值及其要求的基本素养的传承、传播和内化为依托,以人的发展、形成和提升为旨归的客观关系网络,其本质在于培养中国特色社会主义事业的合格建设者和可靠接班人,而用布尔迪厄的话来说,就是生成和再生产社会秩序"③。这些现有的关于高校思政课教学场域的论述都在遵循布尔迪厄场域理论和高校思想政治教育意涵的基础上展开的,有的强调的是实践的空间范畴,有的侧重的是实践的目标指向,有的强调的是关系网络。

结合以上几种观点以及之前对高校思想政治教育和场域概念的论析,本研究把高校思政课教学场域定义为:围绕社会或社会群体所一致认同的思想观念、政治观点、道德规范等意识形态内容,由教育工作者(教师)和受教育者(大学生)之间的客观关系构建而成的,以文化资本为客观基础的,塑造大学生的惯习并引导大学生的思想与行为符合社会发展要求的实践活动空间。高校思政课教学场域研究并不是社会学话语在思想政治教育领域的转换,而是对教育过程中的客观关系的作用与相互作用的阐释与探究。教师与学生之间的关系、管理者与师生之间的关系、督导与教师之间的关系等都可以比作磁力,这些"磁力"交织在一起,相互作用形成了高校思政课教学场域。不过,要使这一概念更符合我国思想政治教育实际,还需在马克思主义理论的指导下剖析社会场域理论,使这一理论工具与高校思政课教学场域研究更为契合。

2. 高校思政课教学场域的涵义解析

高校思政课教学场域既具有场域的普遍性,又具有自身的特殊性。"布尔迪厄所指出的社会世界(权力场)是由多元场域所构成的:庞大的场域可以分解为诸多次一级的场域。每一个次级场域在遵循它所属上一级场域整体性的逻

---

① 邢盈盈.论高校思想政治教育场域的分离与融合[J].喀什大学学报,2019,40(2):82-86.
② 叶玲.高校思想政治教育场域优化研究[D].无锡:江南大学,2018:9.
③ 黄昀博.论高校思想政治教育场域的育人结构与功能[D].西安:西北大学,2010:20.

辑同时,也有着它自身的内在逻辑、法则和规律"①,因此,高校思政课教学场域既是一个由源于社会世界的客观关系所型构的次级空间,也是一个具有自身逻辑和规律的相对独立空间。这意味着要明确高校思政课教学场域的涵义,既需要明确它在元场域之中的位置,也需分析场域之中的行动者、文化资本、动力以及惯习等基本要素。

(1) 高校思政课教学场域在元场域之中的位置

其一,国家的稳定性需要与持续性要求生成了高校思政课教学场域,我国中国特色社会主义社会的发展需要通过高校思想政治教育,培养立场坚定、德才兼备的"共产主义事业接班人",而经济的发展、政治的完善、文化的传承等内在要求都是在立德树人的过程当中逐渐实现的。由此可见,高校思政课教学场域承载了十分重要的社会化功能。其二,元场域之中存在着围绕"权力"的竞争关系。在布尔迪厄所生活的资本主义社会,这种竞争是遵循资本逻辑的争斗,常常十分残酷,并且不同行动者或行动者群体之间矛盾重重。然而,在社会主义制度形态下的中国,权力的分配并非遵循资本逻辑,而是人本逻辑,其分配的具体方式主要是以兼顾公平与效益为前提的宏观调控。这也是我国国家元场域及其内含的子场域,与布尔迪厄所研究的场域具有诸多差异的关键所在。其三,国家秩序与规范是普遍一致和普遍适用的。任何身处元场域之中的行动者和行动者群体都应该遵守这些秩序和规范,尽管在元场域之中的子场域有其自身的特殊性,但也需要在国家场域的秩序与规范的框架下进行构建。

首先,元场域为高校思政课教学场域提供保障和支持。我国的社会制度决定了元场域之中元资本(meta-capital)的配置主要依靠的是基于人民民主专政的国家宏观调控。"元资本能够对其他不同种类的资本,特别是它们之间的兑换比率(并因此对分别持有这些资本的所有者之间的权力进行平衡)实施支配的权力,而正是这种元资本确定了国家的特有权力。"②国家通过对元资本的配置,将政治资本、经济资本、文化资本等各种不同的资本赋予高校思政课教学场域,为场域的构建、持续与发展提供保障和支持。这使得高校思政课教学场域具备充分的物质条件、社会氛围、文化资源和政策扶持。然而,随着社会主义市场经济的不断推进和发展,高校思想政治教育也受到了一定的影响,市场化所引发的多重变化导致高等教育当中的经济资本重要性有所增加,甚至在一些高等教育院校中出现了以市场为导向的育人方针,这既不符合国家发展的整体要

---

① 格伦菲尔. 布迪厄:关键概念(原书第2版)[M]. 林云柯,译. 重庆:重庆大学出版社,2018:90.
② 布尔迪厄,华康德. 反思社会学导引[M]. 李猛,李康,译. 北京:商务印书馆,2015:143.

求,也不利于高校思政课教学场域的构建与发展。因此,在复杂的社会变迁过程中,更需要运用国家宏观调控配置元资本,为高校思政课教学场域的构建提供充足的保障和有力的支持。

其次,高校思政课教学场域为元场域的稳固提供再生力量。高校思政课教学场域源自国家场域的政治需要,因此它是保证社会稳定、培育道德修养、提升政治素养等的专门场域。通常教育场域大都是为了某种文化在场域内的传播及再生产,而高校思政课教学场域则不仅如此,它需要超越场域本身的要求,指向学生即将步入的社会场域。因此,高校思政课教学场域的内在要求是引导大学生塑造和完善社会属性,形成符合社会规范和要求的惯习,获得今后社会生活中的实践感。

具体而言,从功能来说,高校思想政治教育回答了"为谁培养人,培养什么样的人"的问题,它能够引导高等教育在人才培养、科学研究与社会服务等方面,为元场域的完善与延续提供必要的智力支持、技术条件和社会福祉。高校思政课教学场域关乎国家具体情境对于大学生意识形态层面的影响,因而在不同程度上影响以上三大功能的实现,并且它也是实现三大功能的主要实践空间。从目的来看,高校思想政治教育的最终目的是实现人的自由而全面的发展,这与社会主义的最终理想——实现共产主义,存在着本体论层面上的契合。因此,高校思政课教学场域构建与我国社会主义形态下的国家元场域构建同样遵循着人本逻辑。这也是高等教育场域能够为元场域提供内生动力的根本所在。

最后,高校思政课教学场域具有相对独立性。其一,这种相对独立性体现在国家(政权)对于高校思想政治教育的决定性与主导性。高校思政课教学场域是元场域的子场域之一,在元场域当中占据了十分重要的位置。作为元场域的一部分,高校思想政治教育的行动者应遵循国家场域中普遍存在的规则或秩序。与国家的宏观发展方向保持一致,紧跟经济发展的趋势、响应文化传承与创新的要求以及坚持正确的政治立场,都是行动者与国家场域关联性的体现。违背或忽略这些关联,都会使高等教育陷入无政府主义或自由主义的泥沼,有悖于"为谁培养人"的现实目的。其二,高校思政课教学场域有其特定的秩序与规则。"每一个子场域都具有自身的逻辑、规则和常规。"[1]因为任何场域都有其自身的特点,需要依据自身的条件整合国家赋予的权力资本、经济资本、文化资本等来进行构建。高校思政课教学场域的相对独立性也意味着在具体的场

---

[1] 布尔迪厄,华康德.反思社会学导引[M].李猛,李康,译.北京:商务印书馆,2015:130.

域之中,其可能存在着千差万别,这一点也在现实之中得到印证。不同的大学,其招生对象、办学策略、发展战略不尽相同,在人才培养、科学研究和社会服务方面各有优势,也各有侧重。在某一个特定的思想政治教育场域起作用的资本或规则未必能在另一个当中起作用。

总而言之,高校思政课教学场域是国家场域的子场域之一,国家场域是高校思政课教学场域构建的依据,而后者又为前者的政治稳定和意识形态社会化提供实现路径。"思想政治教育场域的有效运作,必须依靠国家政权给予资本保障。同时,国家政权也必须牢牢掌控思想政治教育场域,以确保社会意识形态的再生产,以及人们对国家政权的高度认同。也就是说,从上层建筑的角度看,相对于国家政权所处的权力场域而言,思想政治教育场域处于一种被统治的地位,其职责在于服务国家政权。其日常运作的合法性,以及所需的资本,都有赖于国家政权的分配。"[1]高校思想政治教育是作为国家场域中的绝对政治性实践应运而生的,它表现为一种国家机器的意识形态形式[2]。因此,高校思政课教学场域首先是政治性实践空间,同时,它以这一核心为基础,推动符合社会发展要求的育人进程。"思想政治教育首先是作为一种绝对政治性的实践出现的,并明显地服务于政治统治,……思想政治教育的政治性是以一种意识形态的国家机器的形式体现出来的,在根本上,思想政治教育不是作为一个教育内容出现社会生活之中,相反,它必然作为对社会具体的政治化和社会化的根基在国家和社会之中存在着。"[3]高校思政课教学场域作为思想政治教育场域的子场域,其场域内的实践活动围绕着政治化和社会化目标,具有鲜明的政治性,也必然服务于国家政治统治,是意识形态国家机器的组成部分。

(2) 高校思政课教学场域中的行动者

高校思政课教学场域并非仅仅指涉从事教育活动的物理空间,更是由置身场域之中的行动者基于场域目的而构建起来的关系空间[4]。为了避免高校思想政治教育参与者之间的主客体二元对立,本研究沿用了布尔迪厄场域理论当中的行动者(agent)这一概念。高校思政课教学场域的行动者主要是教师、大学生、管理者、监督者等等,因而行动者之间的客观关系主要是教师与大学生之间的教学关系,以及对教学关系起着一定影响作用的监督关系(督导与教师)、管理关系(管理者与教师)、同侪关系(教师与教师或学生与学生)。这些关系共

---

[1] 戴卫义,黄金结.大学生思想政治教育的场域探析[J].江苏高教,2015(1):117-120.

[2][3] 黄菊,蓝江.作为意识形态国家机器的思想政治教育——一个思想政治教育元问题研究[J].武汉理工大学学报(社会科学版),2009,22(1):91-95.

[4] 毛金德,马凤岐.研究生教育场域:概念与框架[J].高教探索,2015(10):29-33.

同影响着高校思政课教学场域的构建与运行。"在某种层面上,事物之间的关系对应着社会分级,另外还对应着常规社会条件下的个人举止以及情感状态(安逸或者焦虑)。"①因此,关系的联结状态既反映出高校思政课教学场域中教师、大学生等行动者所处的位置和具备的优势,又将影响各行动者的实践策略和情绪体验。显然,在当前的时代背景下,高校思政课教学场域需要以行动者的辩证关系来保证教育的实效性,如此,强化师生之间的教学互动才能更好地发挥各自的能动性,促进场域的良性运作。

（3）高校思政课教学场域中的文化资本

在资本主义生产条件下,资本的归属大都通过争夺的方式获得,而在社会主义条件下,资本的赋予已经成为可能,尤其是在高校思政课教学场域之中,文化资本几乎是平等地赋予场域之中的行动者。这些文化资本包括马克思列宁主义理论,毛泽东思想、邓小平理论、"三个代表"重要思想、科学发展观、习近平新时代中国特色社会主义思想等马克思主义中国化的理论成果,中华优秀传统文化,等等。布尔迪厄将文化资本分为三类:①具体的状态,表现为精神和身体的持久"性情"的形式;②客观的状态,以文化商品的形式(图片、书籍、词典、工具、机器等等)呈现;③制度的状态,表现为一种客观化的形式(如教师资格)②。具体状态的文化资本即文化的"具身化",属于惯习的一部分,如流畅的表达、得体的行为举止、高尚的品位等等,这类文化资本通常是通过耳濡目染获得的,并对场域及其行动者产生潜移默化的影响。在高校思政课教学场域中,客观状态的文化资本主要包括思想政治理论课教材、课件、多媒体资源、相关报纸刊物以及网络资源。制度状态的文化资本是"将行动者掌握的知识与技能以某种形式(通常以考试的形式)正式予以承认并通过授予合格者文凭和资格认定证书等社会公认的方式将其制度化"③。对于教师而言,制度状态的文化资本主要是教师资格证以及其他相关教育资格证书。而对于大学生而言,他们在思政课场域中获取的制度状态的文化资本将最终与其他课程的教育一同转化为毕业证书、学位证书等形式。

文化资本与高校思政课教学场域相互依存。一方面,思想政治教育文化资本只有在高校思政课教学场域中才更能体现它的价值和意义,并且是在高校思

---

① 格伦菲尔.布迪厄:关键概念(原书第2版)[M].林云柯,译.重庆:重庆大学出版社,2018:134.
② 包亚明.文化资本与社会炼金术——布尔迪厄访谈录[M].上海:上海人民出版社,1997:192-193.
③ 朱伟珏."资本"的一种非经济学解读——布迪厄"文化资本"概念[J].社会科学,2005(6):117-123.

政课教学场域中由行动者通过实践发挥文化资本的价值。"资本的价值取决于它所处的场域,行动者使用资本的策略也决定于行动者在场域中所处的位置。"①在过去很长一段时间,思想政治理论课教师的文化资本优势使其能够在高校思政课教学场域中占据支配地位,然而,当他们的文化资本优势不再明显时,师生的位置关系就会发生转变,影响场域内的客观关系。另一方面,文化资本反过来也会影响场域的发展,"场域只是一种网络结构,如果没有资本,空洞的结构也是没有意义的"②。如果高校思政课教学缺乏丰富的文化资本基础,就可能会对行动者失去吸引力,甚至有些行动者会出现"心理脱离"现象或选择逃避而转向其他场域。

(4)高校思政课教学场域的动力因素

"'思想'一旦离开'利益',就一定会使自己出丑。"③"思想政治教育一旦脱离教育对象的生活实际及现实需求,将会影响工作的吸引力、感染力和影响力。因此,正视、重视、理解学生成长发展需求,是激发思想政治教育内生动力的重要内容。"④在高校思政课教学场域中,从场域内在运行需要来看,利益涉及大学生的学习成效和获得感、教师的教学效果和成就感;就场域外在条件要求而言,利益指涉思想政治社会化的实现,具体来说,就是场域之中的行动者形成利益或兴趣共同体,在社会主义核心价值体系的凝聚力下共同致力于中国特色社会主义建设事业。这一层面的利益已经不是简单的个人利益,而是一种整体利益,是关乎整个国家发展的社会福祉。我国最高的社会福祉即共产主义,这一社会共同利益已不仅仅是利益或兴趣,而是上升到了信念的层面,"信念是一切场域的基石,它进一步决定了客观社会结构是否稳定,在社会行动者的认知与实践中进行社会结构的再生产以及再生产社会结构自身"⑤。行动者只有对置身其中的场域坚信不疑,才能以一种"恰适感"置身于高校思想政治教育的实践活动之中。信念是"一种被普遍分享但又不受质问的选项,而作为调节机制的就是相对自治的社会微观世界(场域)。通过一种'限制感'的内在化和场域中社会行动者的习性,它们决定了什么样的实践和态度是'自然的'"⑥。当高校思政课教学场域内形成普遍的关于共产主义信念的共识,在场域中所进行的实

---

① 宫留记.布迪厄的社会实践理论[D].南京:南京师范大学,2007:54.
② 韩巧霞.大学生思想政治教育接受问题研究:基于文化资本分析方法视角[M].北京:知识产权出版社,2018:107.
③ 马克思,恩格斯.神圣家族,或对批判的批判所做的比判[M].北京:人民出版社,1958:103.
④ 冯刚.增强高校思想政治教育持续发展的内生动力[J].中国高等教育,2017(Z2):25-29.
⑤ 格伦菲尔.布迪厄:关键概念(原书第2版)[M].林云柯,译.重庆:重庆大学出版社,2018:147.
⑥ 格伦菲尔.布迪厄:关键概念(原书第2版)[M].林云柯,译.重庆:重庆大学出版社,2018:145.

践活动就是自然而然的,不容置疑的。

由此可见,场域的动力因素主要有利益、兴趣与信念。利益驱动行动者投身于场域之中,兴趣与信念让行动者持续稳定地参与场域之中的实践活动,并促进场域构建更加完善。高校思政课教学场域之中行动者的利益既包括学生获得知识、取得学历的利益,也包括教师获得职业成就、实现个人价值的利益,同时,还包括国家的社会稳定利益;而高校思政课教学场域中行动者的兴趣则主要包括学生的认知兴趣、社会兴趣以及教师的职业兴趣等等;场域中的信念则主要是共产主义信念以及与之相关的个体信念。

(5) 高校思想政治教育行动者的惯习

在高校思政课教学场域之中的惯习涉及教育者的教育惯习、大学生的学习惯习及两者之间的互动惯习、管理者的管理惯习、监督者的评价惯习等等。而本研究主要关注的是大学生的学习惯习、教育者的教育惯习以及二者之间的互动惯习。"惯习可以将社会环境不断演化的影响铭刻在身体中,可以互换位置,从一个场所转换到另一个场所。"[1]因此,高校思政课教学场域对于大学生惯习的塑造要求,不仅需要与所处的教育场域相一致,更需要超越该教育场域,适应社会场域的实践要求。高校思想政治教育的重要环节之一便是对大学生惯习的引导与塑造,这不仅仅是为了该场域本身的运作,同时也是为了改善大学生之前的社会经验所造就的惯习,更是为了使其适应今后社会生活所需之习性品格。这也是高校思政课教学场域与其他场域的重要差异所在。

思想政治教育的学习实践同样也是受教育者个体发展与其所处的社会性思想政治结构之间的中介环节。它运用受教育者的个体发展现状与社会思想政治要求之间的张力,达成思想政治教育的社会化目标。思想政治教育是一个教学相长的过程,一方面,大学生在社会思想结构的框架下,通过学习使得其各种无意识的或有意识的关于思想观念、道德修养、政治意识等的感知图示、评判图示和行动图示得以构建,实现外在社会思想结构的内化和转换,并通过主观能动性驱动自身的创造能力与生产能力,构建相关知识体系及其体系内的意义世界,最终实现个体内在思想结构的外在化,即外在行动;另一方面,教师在传授社会结构投射在意识形态上的内容时,自然而然地形塑思想政治教育场域,并受到受教育者的惯习与场域内权力的制约,当然也潜移默化地影响着受教育者的惯习发展,或改善或强化,并影响场域中的权力博弈。教育者在思想政治

---

[1] CLARK M, ZUKAS M, LENT N. Becoming an IT person: Field, habitus and capital in the transition from university to work[J]. Vocations & Learning, 2011, 4(2):133-150.

教育实践过程中,对社会性思想政治进行重构,在受教育者的个体发展环境与社会思想政治要求的张力之间选取适当的平衡点,以利于引导受教育者投入思想政治教育的场域,发挥在场的思想政治教育效能。

三、布尔迪厄场域理论剖析

布尔迪厄的场域理论在社会学、传播学、教育学等领域被广为运用,成为消除主客体之间二元对立以及融通结构主义与建构主义的理论工具。而在布尔迪厄的社会场域理论之中,我们不难发现马克思主义的痕迹,如布尔迪厄继承和发扬了马克思主义研究方法论中的关系主义视角[①],尤其体现在个体与国家关系之上,"马克思给我们展现了作为共同的联合体的无产阶级作为场域主体的价值投射,但在微观社会学场域中……会发现作为更为细微的个体的场域主体的价值投射对场域(同样包括宏观的国家场域)的发展所发挥的作用"[②]。因此关于"场域"理论的阐释,还需剖析马克思主义理论的场域意蕴,同时,还要在马克思主义的指导下阐释布尔迪厄的场域理论。

(一)布尔迪厄场域理论与马克思主义的理论联系

布尔迪厄的场域理论与马克思主义理论体系存在着一定的联系,从某种程度上来说,布尔迪厄场域理论贯穿始终的实践逻辑是对马克思主义实践理念的秉承,"布尔迪厄坚持人类的行动和实践必须这样理解:作为一个辩证过程,它包含着由惯习支配的习性的产物以及个人生活其中的场域的客观环境。在布尔迪厄这部分的作品中,明显借鉴了马克思主义的思想:他们的实践概念非常相似"[③]。实践是马克思主义理论的关键概念之一,"全部社会生活在本质上是实践的。凡是把理论引向神秘主义的神秘东西,都能在人的实践中以及对这种实践的理解中得到合理的解决"[④]。因此,马克思主义理论体系的创立过程以及该理论体系本身都始终贯穿着实践逻辑,这既表现在唯物史观对社会形态更替过程中实践意义的彰显,也体现为科学社会主义对实践价值的弘扬。而布尔迪厄的场域理论是一种社会实践理论(social praxeology),它也将实践逻辑贯

---

① 布尔迪厄,华康德. 反思社会学导引[M]. 李猛,李康,译. 北京:商务印书馆,2015:15.
② 孙琳. 重构场域:出场学场域十论[M]. 北京:人民日报出版社,2014:84.
③ 华莱士,沃尔夫. 当代社会学理论:对古典理论的扩展[M]. 刘少杰,等译. 北京:中国人民大学出版社,2008:96.
④ 中共中央马克思恩格斯列宁斯大林著作编译局. 马克思恩格斯文集:第一卷[M]. 北京:人民出版社,2009:501.

穿于理论研究和理论体系之中。"首先,我们将世俗表象搁置一旁,先建构各种客观结构(各种位置的空间),亦即社会有效资源的分配情况;……其次,我们再引入行动者的直接体验,以揭示从内部构建其行动的各种知觉和评价。"①无论是构建客观结构还是引入行动者的体验,都与社会实践活动紧密相关。因此,布尔迪厄的场域理论是围绕着实践而展开的对社会学研究的反思,该理论把实践活动置于现实的社会空间(布尔迪厄称之为场域)当中进行研究,阐释了行动者会选择进入何场域进行社会实践,又是如何运用行动策略(惯习)进行实践的,而实践又会如何影响行动者所处的场域。然而,"社会并不是实体性的现成架构,而是随社会中的不同资本拥有者之间的权力斗争及其斗争走向而不断建构、演变起来的社会空间,整个社会就是由充满着权力斗争的各种场域构成的;因此,社会永远是动态的、不稳定的和变动的,场域的变动性决定于社会中各个行动者及其集团的资本的变动性,决定于这些资本在实际斗争中的命运及其实际运作状况"②。正因为社会空间的变动不居特性,人们想要以单一的视角去把握其发展规律十分不易,而且可能会陷入主客观的二元对立。

为了避免这种两难境地,布尔迪厄的场域理论始终贯穿着实践逻辑。正是依循了实践逻辑,人们才能够认识到惯习是一个动态的结构,需要不断地适应场域的变化,在惯习与场域的矛盾运动中进一步把握实践逻辑。"一方面,正是由于布尔迪厄理论中含糊且具有争议的部分才恰如其分地反映出其对社会实际情况中的动态性和多变性的把握,这也是布尔迪厄理论所具有的鲜明特点;另一方面,布尔迪厄的'场域—惯习'论所关注的不是具体学科领域中的实体性内容,它只是作为一种分析性工具在社会实践领域中发挥作用。"③"场域"这一分析工具既可以避免研究过程中的主客体二元对立,又能够充分考察实践活动所指涉的各种社会关系形塑的结构,并分析行动者在具体社会空间中形成和发展的实践感,这种实践感能够让行动者在该社会空间中更加自如地实践。总的来说,布尔迪厄场域理论的关键是运用关系主义的视角对人们根据资本而获得的社会空间中的位置、在社会空间中的感知与构建社会世界的方式进行综合分析。因为布尔迪厄的场域理论尤为关注行动者的惯习及其对场域的作用,并认为行动者尤其是他们的惯习(或实践感)既对场域结构产生影响,同时又受到场域结构的制约。所以该场域理论常常被研究者称为"场域—惯习"理论。

---

① 布尔迪厄,华康德. 反思社会学导引[M]. 李猛,李康,译. 北京:商务印书馆,2015:10.
② 宫留记. 布迪厄的社会实践理论[D]. 南京:南京师范大学,2007:57.
③ 杨威,刘宇. 论当代家风"场域—惯习"的运作逻辑——基于社会主义核心价值观视域的思考[J]. 中国特色社会主义研究,2017(2):68-74.

虽然布尔迪厄的场域理论在很大程度上突破了主客体之间的二元对立,并综合运用了结构主义和建构主义,尤其在惯习这一概念的运用方面,体现了正在建构的结构(structuring structure)和结构化的结构(structured structure)的辩证统一,惯习涉及一种双面辩证法:它既涉及外部结构的内化,也涉及个体内部事物的外化[1]。然而,这一理论还是存在着一定局限性。一方面,囿于资本主义社会背景,布尔迪厄对于惯习的理解和分析仅局限于某一特定的场域之中;另一方面,布尔迪厄在研究惯习的时候忽视了行动者的主体性和意向性,未能充分考虑人的主观能动性。因此,在运用场域理论分析高校思想政治教育时,有必要运用马克思主义理论对其加以辩证考察。

(二) 马克思主义理论的场域意蕴分析

"马克思的完整的场域观念体现在他不仅仅重视场域内的解码过程,更重视场域内的传播与形塑过程。在形塑中解码,在解码中形塑,从而使得历史具有辩证性与动态性,具有实践性与社会性、交往性,而形塑、传播(社会化)、解码三个过程共同构成了马克思的历史构境论,所以,马克思主义出场学场域与马克思一样,认为场域不仅仅是形塑,也不仅仅是传播与解码,而是一个具有生命律动的真实的存在。它不仅仅是一个符号化过程(文本与思想形塑与解释),同时是人们活动的真实舞台的全部内容与结构。"[2]马克思主义实践观是马克思主义理论的重要内容,它是我们把握历史发展、社会变革、人类进步的重要理论工具。马克思主义理论"规定了实践是历史形塑过程的核心事物与关键要素;将实践与共产主义思想挂钩,形成比较系统的历史场域形塑理论"[3]。与此同时,马克思主义破除了旧唯物主义哲学与唯心主义哲学之后,建立了新唯物主义哲学这一关于历史实践与历史构建的学说[4]。在马克思主义的历史构境论中,人们不难发展蕴含其中的场域意涵。

1. 马克思主义方法论所蕴含的场域思想

历史唯物主义是马克思主义的方法论之一,"每个历史时期都有它自己的规律。一旦生活经过了一定的发展时期,由一定阶段进入另一阶段时,它就开始受另外的规律支配"[5]。马克思认为"人们在自己生活的社会生产中发生一

---

[1] 瑞泽尔.当代社会学理论:双语第3版[M].北京:北京联合出版公司,2018:184.
[2][4] 孙琳.重构场域:出场学场域十论[M].北京:人民日报出版社,2014:39.
[3] 孙琳.重构场域:出场学场域十论[M].北京:人民日报出版社,2014:35.
[5] 中共中央马克思恩格斯列宁斯大林著作编译局.马克思恩格斯选集:第二卷[M].北京:人民出版社,1995:111.

定的、必然的、不以他们的意志为转移的关系,即同他们的物质生产力的一定发展阶段相适合的生产关系。这些生产关系的总和构成社会的经济结构,即有法律的和政治的上层建筑竖立其上并有一定的社会意识形式与之相适应的现实基础"①。这一方法论体系阐释了社会与个人之间的辩证统一关系,"我们采用这种方法,是从历史上和实际上摆在我们面前的、最初的和最简单的关系出发,因而在这里是从我们所遇到的最初的经济关系出发。我们来分析这种关系。既然这是一种关系,这就表示其中包含着两个相互关联的方面。我们分别考察每一个方面,由此得出它们相互关联的性质,它们的相互作用"②。社会不仅是人的价值得以实现的实践活动(生产或劳动)的现实空间,也是人获得其本质属性而被称之为人的生成空间。因此,人作为历史的主体,无可避免地被其所处的"历史场域"所约束,能且仅能在所置身的历史场域中进行社会实践活动。

2. 马克思主义人的本质理论所蕴含的场域思想

"人的本质不是单个人所固有的抽象物,在其现实性上,它是一切社会关系的总和。"③这一经典论述强调了社会关系"磁场"对于人本质属性的塑造作用。"人不是抽象的蛰居于世界之外的存在物。人就是人的世界,就是国家,社会。"④一切社会关系所交织而成的构型即为社会世界,人不仅被社会世界所塑造,而且与这个世界存在着本体论契合,"正是在改造对象世界中,人才真正地证明自己是类存在物。这种生产是人的能动的类生活。通过这种生产,自然界才表现为他的作品和他的现实。因此,劳动的对象是人的类生活的对象化:人不仅像在意识中那样在精神上使自己二重化,而且能动地、现实地使自己二重化,从而在他所创造的世界中直观自身"⑤。人的类本质是社会实践活动(劳动),马克思主义强调实践对于人的意义,人的本质在实践中塑造,在实践中演化,在实践中检验。

人作为社会存在,是如何存在的?又在何处存在着?马克思主义关于人的

---

① 中共中央马克思恩格斯列宁斯大林著作编译局.马克思恩格斯选集:第二卷[M].北京:人民出版社,1995:32.

② 中共中央马克思恩格斯列宁斯大林著作编译局.马克思恩格斯选集:第二卷[M].北京:人民出版社,1995:43-44.

③ 中共中央马克思恩格斯列宁斯大林著作编译局.马克思恩格斯选集:第一卷[M].2版.北京:人民出版社,1995:56.

④ 中共中央马克思恩格斯列宁斯大林著作编译局.马克思恩格斯选集:第一卷[M].2版.北京:人民出版社,1995:1.

⑤ 中共中央马克思恩格斯列宁斯大林著作编译局.马克思恩格斯选集:第一卷[M].2版.北京:人民出版社,1995:47.

本质理论深刻地阐明了作为具有人的本质的人应当存在于社会关系之中,并由社会关系所塑造,这与布尔迪厄的社会场域理论观点十分契合,而布尔迪厄的场域理论也在很多方面借鉴了马克思主义的思想。马克思主义所指涉的场域观念关注的是社会实践,"哲学家们只是用不同的方式解释世界,问题在于改变世界"①,马克思所说的社会化指向是共产主义社会形态下的人的自由而全面的发展,是具有实践意义和目标向往的社会化,并且最终走向社会幸福。而布尔迪厄所关注的社会化是基于资本主义社会条件下的社会性再生产,更多的是在"解释世界",当然他也关注行动力量,但这种行动力量受到资本与惯习等因素的制约。因此,布尔迪厄的场域理论并未充分考虑人的主观能动性,这也是马克思主义场域观与布尔迪厄场域理论的重要差异。

3. 马克思主义视域中的社会场域理论阐释

马克思主义人的本质理论、历史唯物论和辩证唯物论都带有鲜明的场域思想意味,而布尔迪厄的社会场域理论本身就继承了马克思主义理论的诸多思想,在某种程度上,布尔迪厄的场域理论是"人的本质是一切社会关系的总和"思想的延续,它阐释了社会关系如何决定人的社会属性的问题,并对场域、惯习、资本(资本的概念也源自马克思主义,并且布尔迪厄把这一概念从经济领域拓展到其他的领域)等概念进行深入分析,然而,布尔迪厄所分析的社会现象主要产生于资本主义社会,因此他也只能揭示各种类型的资本如何决定人在场域之中的位置,并因此固化其阶级地位。而马克思主义视域之中的场域研究并非遵循资本逻辑,因此,本研究所采用的场域理论分析框架与布尔迪厄的社会场域理论所涉及的诸多观点有所不同。

其一,在不同的时代背景和历史条件下,场域所遵循的原则会有所不同。"每个场域都规定了各自特有的价值观,拥有各自特有的调控原则。这些原则界定了一个社会构建的空间。"②场域的特殊性体现在其独特运行逻辑之中,其中的关键点即场域实践所遵循的逻辑。布尔迪厄因其所生存的社会环境之局限,所接触的都是资本主义社会形态下的场域类型,因而布尔迪厄的场域理论都是遵循着资本逻辑进行构建,都是围绕着形形色色的资本(包括经济资本、文化资本、符号资本等等)进行争夺,拥有较多资本的行动者则拥有场域中的主导权,最终成为胜利的一方。而在社会主义形态下的高校思政课教学场域,其构建和运行自然遵循的是人本逻辑,围绕着整体利益而非个人利益,运用所掌握

---

① 中共中央马克思恩格斯列宁斯大林著作编译局. 马克思恩格斯选集:第一卷[M]. 2版. 北京:人民出版社,1995:57.
② 布尔迪厄,华康德. 反思社会学导引[M]. 李猛,李康,译. 北京:商务印书馆,2015:16.

第一章 高校思政课教学场域相关概念与理论剖析

的各种资本共同致力于场域内的实践活动,其间固然也存在竞争或矛盾,但是因为人本逻辑的遵循,都是可以调节或调和的。其二,在不同的理论视角下,对于行动者主体性的认识有所不同。"布尔迪厄反对理智主义和理性主义,他以场域与惯习理论试图化解个体与社会、主观与客观的二元对立观念,夸大了'惯习'与'场域'客观性对人的制约作用,继而否定了个体的主体性、创造性和自我改造能力。"[①]布尔迪厄的场域理论并不强调主体性的作用,这既与其所处的资本主义社会条件相关,也反映了它对惯习的过于关注。而马克思主义强调人的主体性原则,指出要避免人的物化与非现实化,要在社会实践过程之中充分发挥人的主体性[②]。因此,在马克思主义理论视角下进行场域理论分析需要关注人的主体性,尤其要关注场域实践过程中人的主体性发挥。其三,运用马克思主义理论来认识布尔迪厄场域理论中关于教育的思想,需要关注解决场域问题的实践行动,而非仅仅关注实践活动的状态。"在布尔迪厄那里,教育是社会问题的一部分,他从社会学的角度观察教育,关心的是它现在是什么样子,而不关心它将来应当是什么样子。"[③]布尔迪厄的教育理论具有一定的历史局限性,"第一是它将教育场域看成是已经塑定的'领域',而非一个具有自塑能力的'群体'(community),它对变革性和共同体性都有所忽视;第二是它只专注于教育场域的建制和专业'利益',而忽视了它的'价值'选择"[④]。布尔迪厄的教育理论主要揭示了教育成为强化不平等社会关系及社会关系再生产的机制,而资本主义社会关系主要体现为对资本的支配或争夺,而非共同体式的辩证关系,在资本主义社会关系条件下,教育成为追逐与争夺"利益"的领域,而价值理性的要求隐没于纷繁复杂的利益关系背后。因此,布尔迪厄场域理论所呈现的那种资本争夺、社会再生产及社会关系类型并不符合我国社会主义社会形态下的教育场域特点,因此,在建立高校思政课教学场域分析框架的时候,要充分考虑我国思想政治教育的社会性质和实践目的,突出思想政治教育的价值导向性与共同体性,并在马克思主义理论的指导下建构高校思政课教学场域。

总之,分析马克思主义所蕴含的场域思想,并在马克思主义理论的指导下对布尔迪厄的场域理论进行反思,一方面,是为了避免场域分析过程中的"资本主义",亦即避免在场域之中以资本逻辑作为研究的依据或标准。另一方面,也是为了更好地理解场域与惯习之间的契合,二者之间的契合将促使场域之中实

---

① 刘远杰. 场域概念的教育学建构[J]. 教育学报,2018,14(6):21-33.
② 中共中央马克思恩格斯列宁斯大林著作编译局. 马克思恩格斯全集:第四十四卷[M]. 2版. 北京:人民出版社,2001:417-418.
③④ 徐贲. 教育场域和民主学堂[J]. 开放时代,2003(1):87-96.

然性与应然性的统一。这种统一也就是社会化的过程，它既包括社会规范的内化与外化，也包括社会文化的传递与弘扬，在这一过程中，社会惯习得以群体化，从而形成共同体意识，使得一种社会凝聚力得以生成，为社会群体动力的有效发挥提供有力保障。布尔迪厄的社会场域理论实际上是对马克思主义关于人的本质理论的进一步阐释。当社会性成为场域中的实践逻辑，那其也将成为行动者的惯习。他获得的实践感将有益于其在场域之中更自主自觉地行动，从而获得自由而全面发展的可能。而高校思政课教学场域是行动者构建社会属性的专门实践空间，在该场域之中，围绕着社会属性与社会要求辩证统一的目的，在文化资本的基础性作用下，遵循人本逻辑，教育者引导受教育者产生与社会要求相契合的社会属性，并成为其惯习。惯习不仅可以在高校思政课教学场域之中发挥作用，而且能够适用于之后的社会生活，换句话来说，高校思政课教学场域为大学生所构建的社会实践框架，有助于大学生进行社会实践活动的"预演"，是他们步入未来的社会空间的有益准备和适应性训练。

四、高校思政课教学场域的运行机制与主要特征

在理解高校思政课教学场域相关概念的基础上，并在马克思主义理论指导下对布尔迪厄的场域理论进行理论剖析后，高校思政课教学场域的运行机制与其在场性构建要求这两方面的问题便迎刃而解，关于这两方面的论述不仅有助于加深对高校思政课教学场域相关概念的理解，也有利于进一步明确马克思主义思想政治教育与其他教育场域（尤其是资本主义制度下的教育场域）的差异，还有益于推动场域现状的分析、存在问题的发现以及相关策略的提出。

（一）高校思政课教学场域的运行机制

"对各种场域结构的分析——不可与对寓于生物性个体中的精神结构的产生的分析相割离，其中精神结构是这些社会结构内在化的部分产物，也不可与对社会结构自身生成的分析相割离。"[①]因此，要对高校思政课教学场域运作机制进行剖析，除了需要厘清场域内的诸多因素及其之间的关系外，同时还要将这些因素置于高校思想政治教育实施活动的具体情境中进行把握。置身场域内的行动者的实践行动是"性情（惯习）及其在场域中所处的位置（资本），两者在社会舞台（场域）上，在现行状态中运作而来的结果"。根据布尔迪厄对场域实践逻辑的描述，不难把握场域动态结构的运作方式：行动者为了实现某种实

---

① 陶东风,金元浦,高丙中.文化研究:第4辑[M].北京:中央编译出版社,2003:240.

践目的产生客观关系,客观关系又生成场域,场域塑造行动者的惯习,惯习推动行动者以特定的逻辑投入场域内的实践活动,最后,在实践活动过程巩固和调节场域内的客观关系(见图1-1)。显然,在这个运作过程之中,行动者的作用至关重要。"只是因为存在着行动者,才有了行动,有了历史,有了各种结构的维续或转换。"①因此,能够发挥良好效果的场域,必定是行动者具有较好的在场状态,愿意置身其中并充分发挥自身主体性的场域。

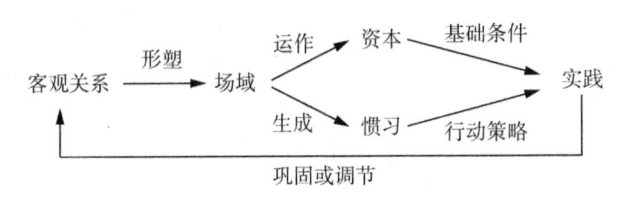

图 1-1　高校思政课教学场域的运行机制②

其一,行动者的实践(目的)是构建高校思政课教学场域的出发点与落脚点。本研究所关注的行动者主要为置身于教学场域的教师和学生。教师作为行动者引导大学生获取、掌握和运用思想政治教育的理论知识,同时,还要强化自身的行动力量,以便于更好地投入高校思政课教学场域之中进行教育实践。而大学生作为思想政治教育过程中同样不可或缺的主体,也需要投入该场域,认同、内化、运用思想政治教育理论知识,如此方可实现其作为行动者的实践价值。

其二,师生之间的客观关系塑造了高校思政课教学场域。"作为各种力量位置之间客观关系的结构,场域是这些位置的占据者(用集体或个人的方式)所寻求的各种策略的根本基础和引导力量。"③教师与学生作为行动者,在高校思想政治教育过程中拥有各自的位置,而联结师生位置的关系网络即高校思政课教学场域。如果把教师与学生割裂开来,切断二者之间的客观关系,尤其是教育关系,那么仅仅依据他们各自作为行动者而进行的实践活动,是无法进行场域构建的。高校思政课教学场域中师生之间客观关系的正视与确认,需要二者同时投入这一客观关系,形成"置身性"与"置心性"的统一。

其三,文化资本是构建高校思政课教学场域的基础。布尔迪厄场域理论阐

---

① 布尔迪厄,华康德.反思社会学导引[M].李猛,李康,译.北京:商务印书馆,2015:18-19.
② 为了简明地表现高校思想政治教育场域基本要素的运作方式,本研究采用的是线性流程图。但实际上,关系、资本、惯习、实践都是在场域之中发挥作用的,当行动者投入场域,主体性的发挥与场域的影响共同塑造惯习,同时,主体性还能够调节关系,可以改变实践策略,从而实现对场域的构建。
③ 布尔迪厄,华康德.反思社会学导引[M].李猛,李康,译.北京:商务印书馆,2015:128.

释了文化资本是如何通过竞争或争夺的方式，决定行动者在场域之中的位置，在这一理论分析框架下，与其说是行动者争夺资本，不如说是资本占有了行动者的主体性，支配他们进行相互之间的资本争夺。有趣的是，agent（行动者）一词也可译为"代理"或"代理人"，在资本主义社会场域之中的行动者实际上是资本的代理人。然而，与布尔迪厄研究的场域相比，高校思政课教学场域中的文化资本并非依照前者所揭示的"争夺—占有"模式进行运作，而是通过"赋予—认同"的方式发挥作用。高校思政课教学场域之中的实践活动是围绕着文化资本展开的，教师掌握着文化资本，并将其赋予大学生，大学生在获取文化资本的同时不断强化认同，将思想政治教育文化资本融入自身的思想体系，成为其思想武器的内核。"认同是积极的情感经验，主要包括两个方面：对学校的归属感和对学校生活的情感依恋，认同感可以促使学生与学校之间结成心理同盟，认可学业价值，并认为学校是对自己很重要的地方。参与和认同的密切结合，形成了良好的学校氛围，支持了学生的学习投入。"[①]由此可见，认同是投入的核心内容，文化资本的运作离不开行动者的投入。

其四，惯习既生成于高校思政课教学场域，又推动着场域的持续与巩固。行动者的惯习与场域存在着结构对应，二者之间的相互契合将促进惯习适配场域，从而使得行动者投入场域时，能够自然而然地将自身的行动力量发挥出来，并形成场域之中的内聚力，促进场域的稳固与持续构建。然而，倘若场域之中的行动者惯习与高校思政课教学场域并不适配，行动者就难以投入其中，从而使得场域名存实亡，此时，要么只能任场域破解，要么重新构建新的场域。当前高校思政课教学场域之中存在大学生难以投入的现象，因此，场域的在场性构建势在必行。

通过对高校思政课教学场域结构要素的分析，不难发现，各要素都需要行动者的投入才能使其在场域之中发挥作用，可以说，投入方能有效在场。离开"投入"，行动者主体力量无法作用于客观关系与文化资本，也难以塑造与场域结构相适配的惯习，导致行动者出现与场域相脱离的状态，而难以实现有效在场。教育场域之中的有效在场并非仅仅指的是"物理意义上的在场，而是指教育意义上的'在场'，即个体真正融入到教育场域之中，融入到该场域所独有的关系结构之中"[②]。因此，为了促进行动者更好地投入场域，在高校思政课教学场域现有结构的基础之上，需要进行场域的构建，以促进场域的有效运行和行动者的有效在场。

---

① 黄一玲，焦连志."90后"大学生思想政治理论课学习投入现状调研与分析[J].延边党校学报，2014,30(2):102-104.

② 毛金德.研究生教育场域的"游离部落"——场域视角下地方高校文科硕士生"在场"状态研究[J].学位与研究生教育，2015(8):41-46.

（二）高校思政课教学场域的主要特征

布尔迪厄的场域理论是对社会学的反思实践，即力图超越主观主义和客观主义之间二元对立的"实践理论"(theory of practice)[①]。场域的出发点和落脚点都是实践，场域是为了实现共同目的而构建的实践空间，并且，布尔迪厄通过公式[{(惯习)(资本)}＋场域＝实践][②]来描绘实践的发生，该公式表明实践是惯习、资本和场域相互作用的产物[③]。与此同时，马克思主义实践观是思想政治教育的根本理论来源和指导思想，高校思想政治教育从本质上来说是一种社会实践活动，要把握这一社会实践活动的客观规律，就有必要厘清其中的内在逻辑，社会实践活动的表象千变万化，充满着各种不确定性，如何从不确定性之中总结和提炼出确定性，那便需要理解和把握社会活动的实践逻辑。因此，高校思政课教学场域同样需要依据实践逻辑进行构建。

1. 高校思政课教学场域的生成性

实践既不可化约为理论的直接客观化，也无法单方面地使主观意愿外化，但是使得"由人的活动生成的现实(生活)世界的存在，均是受实践规定的属人世界的属人存在，是在实践中生成、发展的实践的存在"[④]。马克思主义的实践观指出了实践的生成性，而布尔迪厄的社会场域理论其实是为了把握实践活动中"不确定中的确定性"[⑤]。实践的生成逻辑意味着社会实践活动"不可能遵循理论家所设想的那种逻辑，也常常不可能按照行动者事先的规划去行事，因为千变万化的制约因素总是迫使行动者不是按照理论可能性而是根据现实可能性对行为路径或行为模式做出选择"[⑥]。因此，高校思政课教学场域作为一种实践空间，需要依据实践的生成逻辑协调场域内的各种关键因素，结合实践的具体目标和场域内行动者的现实需要进行构建。

首先，实践逻辑的生成性决定了高校思政课教学场域的动态性。高校思政课教学场域是教育者在长期的思想政治教育实践活动中逐渐对教育内容、教育方法、教育途径、教育情境等进行选择和积累的结果，场域结构形成之后会处于

---

① 格伦菲尔.布迪厄：关键概念(原书第2版)[M].林云柯，译.重庆：重庆大学出版社，2018:145.
② Pierre Bourdieu. Distinction: A social critique of the judgement of taste[M]. Harvard University Press,1984:101.
③ 朱国华.权力的文化逻辑：布迪厄的社会学诗学[M].上海：上海人民出版社，2016:137.
④ 倪志安，等.马克思主义基本原理教学疑难问题研究[M].重庆：西南师范大学出版社，2012:390.
⑤ 杨晓帆，王习胜.思想政治教育实践逻辑的可能——基于布迪厄实践逻辑的视角[J].广西社会科学，2018(5):204-209.
⑥ 朱国华.权力的文化逻辑：布迪厄的社会学诗学[M].上海：上海人民出版社，2016:191.

相对稳定的状态,但是它并非居而不动,而是会随着思想政治教育实践的发展不断演化。其一,元场域总是在不断发展进步的,国家的发展水平和国际地位的变化会对高校思想政治教育提出不同的具体要求。其二,高校思政课教学场域中的行动者总是在不断变化的,行动者的思想水平、心理需要、现实需求不尽相同,行动者之间的关系也是在教育场域互动、调整、磨合的过程中不断发生变化的。其三,高校思想政治教育的文化资本随着时代的变化,会出现一些新的文化成果,如习近平新时代中国特色社会主义思想,文化资本的丰富性也会影响场域的构建。

其次,实践逻辑的生成性决定了高校思政课教学场域的情境性。"实践逻辑是特定时空背景下的逻辑,一刻也不能脱离具体的情境,它的直接目的就是解决具体的实践问题。"①高校思想政治教育理论知识本身就是源于历史与现实当中的具体情境下的社会实践,那么要让这些理论知识既有深度又有温度,就需要将高校思政课教学场域构建成具有历史感与现实感的情境空间。

然而,生成的逻辑并不意味着无须预设,"生成是相对预设而言的。预设与生成是课堂教学不可缺少的两个方面"②。高校思政课教学场域须在弹性预设的前提下进行构建,要根据不同的情境灵活规划教育活动过程,并关注教育实践过程的动态变化,随着动态变化而进行调适。在高校思政课教学场域的具体情境之中,如果行动者均能充分发挥并占有其主体性,那么在行动者之间就容易出现辩证统一关系,并且其所处位置将充分体现个体的主体意识。惯习能够根据不同的场域需要进行转换,从而迁移到其他社会场域之中,因此,惯习的转换有助于实现中国特色社会主义社会的社会化要求,为大学生步入社会生活做好准备。

2. 高校思政课教学场域的关系性

"布迪厄的实践逻辑理论就是以行为人和场域、习惯、资本、身体、时间等诸多概念之下错综复杂的相互关系为基础的。布尔迪厄在批判主观主义和客观主义相对立的基础上,提出了资本与支配方式、场域和习性、身体和信念等多种关系,并以此构建出实践逻辑的理论大厦。"③因此,高校思政课教学场域构建的实践逻辑具有关系性特点。高校思政课教学场域是基于教师、学生、管理者

---

① 阎亚军.中国教育改革的逻辑:对改革开放以来我国基础教育改革的反思[M].杭州:浙江大学出版社,2016:112.
② 韩锋.高效教学过程的优化策略[M].重庆:西南师范大学出版社,2014:173.
③ 杨晓帆,王习胜.思想政治教育实践逻辑的可能——基于布迪厄实践逻辑的视角[J].广西社会科学,2018(5):204-209.

等行动者的客观关系而形塑的社会空间。思想政治教育的逻辑起点是马克思主义,而马克思主义理论的出发点与落脚点是人的类本质的复归,人的本质又是一切社会关系的总和,在马克思主义指导下的思想政治教育,也必然遵循人的本质要求,在具体社会关系条件下进行人的培育实践。

"社会并不只是由个人所组成,它还体现着个人在其中发现自己的各种联结和关系的总和。"[1]这是马克思以关系视角看待社会现实的最为简明清晰的阐释[2]。高校思政课教学场域作为社会"宇宙"中的小世界,同样,它并不只是由场域中的行动者组成,还包含行动者之间的各种关系,高校思政课教学场域内的关系是由我国社会制度以及社会发展要求所决定的,它也是一种客观关系。"一个场域由附着于某种权力(或资本)形式的各种位置间的一系列客观历史关系所构成,而惯习则由'积淀'于个人身体内的一系列历史的关系所构成,其形式是知觉、评判和行动的各种身心图式。"[3]社会实践正是在各种客观关系交织而成的场域中进行的,实践逻辑的关系性决定了高校思政课教学场域的构建特点。因此,高校思政课教学场域需要借助行动者惯习、文化资本、行动力量等构成要素,在对这些要素之间关系进行探究和把握的基础上进行场域构建。

3. 高校思政课教学场域的主体性

布尔迪厄社会场域理论的实践逻辑强调社会实践活动参与者都是行动者,这在某种程度上表明涉入场域客观关系体系之中的个体的主体地位,然而布尔迪厄主张资本的绝对支配作用和惯习的场域决定论,"布尔迪厄在很大程度上是用客观主义的倾向消融或者说吞没了主观能动作用,他的最为凸显主体性的概念即习性,就是一个具有严重决定论色彩的术语"[4]。布尔迪厄社会场域理论对于人的主观能动性的忽略,在很大程度上是缘于布尔迪厄当时所处的社会情境——资本主义社会,在资本主义社会形态下,资本逻辑贯穿始终,不管是在经济场域还是在文化场域,甚至权力场域,都无法幸免,在对资本逻辑的遵循中,人的主体性被抑制、消解甚至异化,因此难以成为场域和惯习的主导力量。"从前的一切唯物主义(包括费尔巴哈的唯物主义)的主要缺点是:对对象、现实、感性,只是以客体的或者直观的形式去理解,而不是把它们当作感性的人的

---

[1] 中共中央马克思恩格斯列宁斯大林著作编译局.马克思恩格斯全集:第三卷[M].北京:人民出版社,1958:24.
[2] 朱国华.权力的文化逻辑:布迪厄的社会学诗学[M].上海:上海人民出版社,2016:82-83.
[3] 布尔迪厄,华康德.反思社会学导引[M].李猛,李康,译.北京:商务印书馆,2015:15.
[4] 朱国华.权力的文化逻辑:布迪厄的社会学诗学[M].上海:上海人民出版社,2016:81-82.

活动,当作实践去理解,不是从主体方面去理解。"[①]马克思的这段论述旨在表明,主体与客体之间除了认识关系,还存在实践关系,无论是认识关系,还是实践关系,都需要发挥"主观见之于客观"的主体性。实践的主体性包括主体反映、认识,改造客体的自主性、能动性和创造性[②]。因此,在高校思政课教学场域的在场性构建过程中,要对行动者的主体性进行探究和考察。

与此同时,高校思政课教学场域中的主体性要求实现个体主体性与社会主体性的辩证统一,个体是什么样的,取决于其作为社会整体的一员是什么样的[③]。个体的主体性需要被置于具体的社会条件下进行考虑。"人是社会的主体,制度是社会的框架,而人的精神思想则是社会灵魂核心所在。一个社会的文明发展、和谐稳定,既要法律制度的规约,更需要人的精神思想之良善形塑。"[④]思想政治教育在很大程度上是为了实现人的个体主体性与社会主体性的内在统一,人是社会的人,社会是人的社会,人与社会是相互生成相互依存的,人与社会这种不可分割的关系同样体现在高校思政课教学场域的实践逻辑中。

综上所述,高校思政课教学场域须以社会发展要求、场域之中的辩证关系以及行动者的主体性激发为构建导向。在构建场域的过程中,首先要关注社会"宇宙"的发展变化与时代变迁,随着元场域、高等教育场域以及高校思政课教学场域自身的各种因素的变化,调整场域的构建目标,营造与各种变化相适应的教育情境。其次,要把握场域之中的各种客观关系,尤其是师生之间的教学关系,塑造教师与大学生之间的辩证关系。最后,构建场域还要注重行动者的主体性,不仅要激发师生各自主体性在场域框架下的充分发挥,还要促使行动者的个体主体性与社会主体性的统一与融合。

[①] 中共中央马克思恩格斯列宁斯大林著作编译局.马克思恩格斯选集:第一卷[M].2版.北京:人民出版社,1995:54.
[②] 张彦.思想政治教育主体性研究[M].广州:广东人民出版社,2006:141.
[③] 库利.人类本性与社会秩序[M].北京:中国传媒大学出版社,2016:99.
[④] 卢岚.从触及灵魂到触动利益——思想政治教育的社会合作之维[J].理论与改革,2014(1):137-143.

第二章

高校思政课教学场域中行动者的在场状态与困境

"在场既是一种状态,也是一种关系:在场就是能够对其他在场者的作用或'刺激'做出应对,以及以自身的施动引起其他在场者的应对:一种交往性的、主体间性的实在关系。"[1]在本研究的视角下,高校思政课教学场域之中的行动者包括教师与大学生,然而,"立德树人"的目的决定了须首要关注的是大学生的"在场"状态,大学生作为行动者置身场域时,适配的惯习使得他们"如鱼得水"[2],良好的在场状态会推动行动者将场域"建构成一个充满意义的世界,一个被赋予了感觉和价值,值得去投入、去尽力的世界"[3]。而与场域不相适配的惯习则会令他们与高校思政课教学场域的时间与空间"脱节"[4],从而导致大学生难以投入其中。在布尔迪厄看来,场域语境中的投入"首先是指一种行为倾向,它来源于一个场域和一套性情倾向之间的关系,这种性情倾向,根据场域所引发的

---

[1] 肖峰.论人的信息化在场[J].中国人民大学学报,2005(4):98-104.
[2] 布尔迪厄,华康德.反思社会学导引[M].李猛,李康,译.北京:商务印书馆,2015:159.
[3] 布尔迪厄,华康德.反思社会学导引[M].李猛,李康,译.北京:商务印书馆,2015:158.
[4] 格伦菲尔.布迪厄:关键概念(原书第2版)[M].林云柯,译.重庆:重庆大学出版社,2018:161.

游戏,不断作出相应的调整。其次是指一种游戏感和利害感,这种感觉,同时暗含了参与游戏的趋向和能力。行为倾向也好,实践感也好,都不是普遍适用的给定之物,而是受社会和历史两方面因素构建而成的。"[1]投入既是置身场域的行为倾向,又指涉在场的体验,同时也是参与场域实践的能力,并受到场域所在的社会环境与历史背景的影响。与此同时,教育场域的现状与学生的投入与否密切相关[2]。因此,要把握高校思政课教学场域的基本情况,首先需要以大学生的"投入"作为切入点,其后,教师的在场状态也是围绕着大学生的在场状态展开探索的。

---

[1] 布尔迪厄,华康德.反思社会学导引[M].李猛,李康,译.北京:商务印书馆,2015:147-148.
[2] GODEC S, KING H, ARCHER L, et al. Examining student engagement with science through a Bourdieusian notion of field[J]. Science & Education, 2018, 27(5-6):501-521.

一、高校思政课教学场域中大学生在场状态评价量表的结构描述

要探析高校思政课教学场域中大学生的在场状态,首先需明确"投入"对于大学生思想政治教育的作用与意义,同时也要了解大学生投入高校思政课教学场域的失效状态,还要把握大学生投入高校思政课教学场域的体验。因此,有必要对投入的含义与学习投入的相关理论进行梳理。

(一) 投入的相关理论

engage(投入)一词"来自于中世纪英语,它有多重含义,包括以生命和荣耀来宣誓、吸引并迷住某人使其成为同盟。这两种含义与老师提出的基于动机的学生投入不谋而合:我们希望学生能分享我们对于学科建设的热忱,希望他们对课程产生兴趣,主动甚至满腔热情地将心血投入到学习进程中"[1]。由此可见,在教育过程中,学生的投入涉及对教育的兴趣、认同、付出、参与、关注、沉浸等倾向,兴趣和认同能够促使学生置身教育场域,付出与参与是学生在教育场域中的行动表现,而关注与沉浸则是学生融入教育场域的心理状态。

1. 学习投入相关理论

对于投入的理论关注首先出现于工作领域,Maslach 等人认为工作投入与工作倦怠构成了一个连续体,二者呈负相关,"精力(energy)、参与(involvement)和效能(efficacy)构成了工作投入—工作倦怠连续体的三个维度"[2]。Schaufeli 等人"从幸福感的快乐和激发这两个维度出发,将工作投入定义为个体的一种充满着持久的、积极的情绪与动机的完满状态,表现为活力(vigor)、奉献(dedication)和专注(absorption)三方面特征"[3]。这一理论不仅描述了工作场域中投入状态的具体特征,也说明投入与幸福感之间的密切联系。之后,Schaufeli 将投入理论研究拓展到学习领域,并编制了学习投入量表,他"认为学习投入是一种与学习相关的积极、充实的精神状态,包括活力、奉献和专注三个维度。其中,活力是指在学习中具有出众的精力与韧性,愿意为学业付出努

---

[1] 巴克利. 双螺旋教学策略:激发学习动机和主动性[M]. 古煜奎,等译. 广州:华南理工大学出版社, 2014: 5.

[2] MASLACH C, SCHAUFELI W B, LEITER M P. Job burnout[J]. Annual Review of Psychology, 2001, 52: 397-422.

[3] SCHAUFELI W B, MARTINEZ I M, PINTO A M, et al. Burnout and engagement in university students: A cross-national study[J]. Journal of Cross-Cultural Psychology, 2002, 33(5): 464-481.

力而不易疲倦,面对困难时坚持不懈;奉献是指个体具有强烈的意义感、自豪感以及饱满的学习热情,能够全身心地投入到学习中,并勇于接受挑战;专注则是一种全身心投入的愉悦状态,将精力集中于学习并体验到愉悦感受"[1]。我国学者李西营等对Schaufeli编制的学习投入量表进行了修订并给出了适用于中国大学生的"大学生学习投入量表(UWES-S)",将原有的"活力、奉献和专注"三个维度修订为"精力、动机和专注"。与此同时,投入理论还揭示了大学生在学习活动中所投入的心理和体力对于教育效果的达成具有显著意义[2]。这就意味着学习投入可以在很大程度上决定教育效果,换言之,学习投入的程度越高,教育的效果越好。这恰好呼应了本研究的主要目的——增强高校思想政治教育的实效性。因此,大学生学习投入量表(UWES-S)适用于高校思政课教学场域中大学生投入状况的测量。

2. 投入的失效相关理论

关于学习投入失效的研究主要集中于学习倦怠等无法投入的负面心理方面,学习倦怠是学生基于对学业或课程的负面态度而无法投入学习的心理状态,这一理论并没有涉及投入教育场域之后发生失效的心理变化,因此,本研究借鉴心理脱离概念来把握高校思政课教学场域中大学生学习投入的失效。心理脱离是个体远离工作环境的一种主观感受[3],这一概念一般被用于测量或评估非工作时间个体的恢复体验,但本研究的心理脱离主要针对的是大学生身处高校思政课教学场域之中,却远离学习的状态,是一种在场的心理脱离。当大学生出现在场的心理脱离,说明他们的学习投入已经失效,呈现出远离学习情境的状态——身在其中却心在其外。这种状态与学习投入恰恰相反,投入学习的学生往往把注意力集中在课堂活动或师生互动之中,而不会沉溺于其他活动。简言之,在场的心理脱离实际上类似于"人在曹营心在汉"的状态,并且这种脱离十分隐蔽,为了避免惩罚或麻烦,当学生出现场域中的心理脱离时,他们会尽可能地掩饰或隐藏。积极参与学习任务的学生更有可能表现得更好,并以各种方式致力于学习,使用合适的认知策略,积极与教师或同学互动,并在课堂上保持积极情绪,这种积极的情绪有助于学生进一步地投入教育情境[4]。此

---

[1] 倪士光,伍新春.学习投入:概念、测量与相关变量[J].心理研究,2011,4(1):81-87.

[2] ASTIN A W. Achieving educational excellence: A critical assessment of priorities and practices in higher education[M]. San Francisco: Jossey-Bass, 1985:229.

[3] ETZION D, EDEN D, LAPIDOT Y. Relief from job stressors and burnout: Reserve service as a respite[J]. Journal of Applied Psychology, 1998:83(4), 577-585, 579.

[4] FREDRICKS J A, BLUMENFELD P C, PARIS A H. School engagement: Potential of the concept, state of the evidence[J]. Review of Educational Research, 2004,74(1), 59-109.

外,当面对需要完成的大量任务时,个体在离开工作场所或学习领域时,也可能继续在心理上从事(投入)这些任务[①]。这也就意味着,投入能够让大学生持续关注高校思政课教学场域中的学习,而心理脱离会令他们远离场域,呈现学习投入失效的状态。因此,本研究采用心理脱离量表来测量大学生在思想政治教育场域中的投入失效。

3. 投入的体验相关理论

为了探究学习投入对于教学的意义,有一些研究者开始关注学习投入的体验,尤其是学习投入与幸福感之间的相关性。学习投入可以被理解为一种积极的、充实的、与学习相关的心理状态,被认为是积极的学习态度、行为和结果[②]。积极的结果会给人们带来积极的体验和感受,即令人更具幸福感。还有研究显示,投入程度高的学生具有更积极的体验和更强烈的幸福感[③],因为积极的行为可以促发或提高积极的效果,反之,积极的效果也能够促进积极的行动[④]。总而言之,学生的幸福感是一种与学习投入相关的心理状态,在投入状态下学生会感觉良好,因为他们的需求、愿望和成就在课堂上是相当显著的[⑤]。我国现有成果中也有关于学习投入的结果研究,"学习投入的结果变量研究主要聚焦于个体在学校环境下的态度与行为,如学生满意度、学习成就、身心健康等方面。"[⑥]满意度、学习成就以及身心健康实际上都是衡量学生幸福感的重要指标,由此可知,学习投入的结果可以通过幸福感来进行预测或测量。因此,幸福感与大学生的学习投入或心理状态都存在着紧密关系。幸福感一词可被译作well-being,即良好的存在状态,指的是个体身处具体场域中的良好在场状态,他不仅在场(being in the field),而且是以良好的存在状态在场(is well being in the field)。由此可见,幸福感能够反映行动者的投入状况与在场状态。综上所述,本研究采用幸福感量表来测量大学生投入思想政治教育场域中的总体

[①] SONNENTAG S, KUTTLER I & FRITZ C. Job stressors, emotional exhaustion, and need for recovery: A multi-source study on the benefits of psychological detachment[J]. Journal of Vocational Behavior, 2010, 76(3): 355-365.

[②] CARINI R M, KUH G D, KLEIN S P. Student engagement and student learning: Testing the linkages[J]. Research in Higher Education, 2006, 47(1): 1-32.

[③] SONNENTAG S, MOJZA E J, BINNEWIES C, et al. Being engaged at work and detached at home: A week-level study on work engagement, psychological detachment, and affect[J]. Work & Stress, 2008, 22(3): 257-276.

[④] GABLE S L, REIS H T, ELLIOT A J. Behavioral activation and inhibition in everyday life[J]. Journal of Personality and Social Psychology, 2000, 78(6): 1135-1149.

[⑤] THOMAS T. Encyclopedia of critical psychology[M]. Springer New York, 2014: 2073-2075.

[⑥] 倪士光,伍新春. 学习投入:概念、测量与相关变量[J]. 心理研究, 2011, 4(1): 81-87.

体验。

(二) 大学生在场状态量表结构的描述

通过理论探索和综合分析,不难发现,高校思政课教学场域中大学生的"投入"状况可以通过学习投入、投入的失效、投入的体验这三个方面进行把握。其中,学习投入包括大学生在思想政治教育过程中学习行为的动机、精力、专注三个方面,投入的失效仅涉及心理脱离这一个维度,学习投入的体验则主要指大学生在高校思政课教学场域中的幸福感,如表2-1所示。

表2-1 高校思政课教学场域大学生投入状态量表结构

层面		维度	描述
大学生投入状态	学习投入	动机	在思政课教学过程中,大学生对学习充满兴趣,并能理解学习的意义,在学习中拥有快乐体验。
		精力	在思政课教学过程中,大学生对学习具有充沛的精力和良好的心理韧性,努力付出而不易疲倦,能够坚持不懈。
		专注	在思政课教学过程中,大学生能够全神贯注于自己的学习,甚至沉浸在学习当中,达到忘我的境界。
	投入的失效	心理脱离	大学生在思政课教学过程中,无法自觉地确定目的,也不能根据目的调节支配自身的行动;对于教育活动缺乏稳定的道德感和价值感,忽视规则或规范,在心理上表现出远离教学活动的行为。
	投入的体验	幸福感	在高校思政课教学情境之中,大学生能保持身心放松,情绪愉快。并能体验到置身高校思政课教学场域中的意义,包括获得、成就、认同等价值感。

1. 高校思政课教学场域中大学生的学习投入

在高校思政课教学场域中,大学生的投入行动主要是教学过程中的学习投入,包括投入的动机、精力与专注三个层面。这三个维度分别从投入的行动基础、投入的情感基础、投入的意志条件对大学生的在场投入进行描述。

其一,高校思政课教学场域中大学生在场投入的动机维度,能够反映大学生投入思想政治教育时的心理倾向状态和内部驱力水平。当大学生持有较强的学习投入动机时,他们能够充分理解高校思政课教学的意义和价值,在教学过程中对学习充满兴趣,并通过投入学习获得快乐体验。反之,当他们动机水平不足时,则无法理解思想政治教育的意义,认为教育获得毫无价值,在勉强置身场域的同时会感觉学习枯燥乏味,难以获得学习的快乐体验。

其二,高校思政课教学场域中大学生在场投入的精力维度,能够反映大学生投入教学活动时的活力状态和心理韧性水平。当大学生具有较高的学习投入精力,意味着他们在参与教育活动时能够充满活力,保持较高的精力水平和较强的心理韧性。当他们精力水平不足时,则容易出现倦怠、逃避等行为,难以适应思政课教学场域中的教学活动的投入要求。

其三,高校思政课教学场域中大学生在场投入的专注维度,能够反映大学生投入思政课教学时的注意力状态和专注力水平。当大学生具有较强的学习投入专注度时,他们能够在学习过程中集中精神,甚至全神贯注,达到忘我的境界。反之,当他们专注水平较低时,则容易精神涣散,时常被其他场域中的活动所吸引,并放大学习过程中面临的困难,甚至自我放弃,用心理脱离的方式远离学习。

2. 高校思政课教学场域中大学生学习投入的失效

高校思政课教学场域中大学生投入的失效表现为在心理层面远离所处场域的状态,即在高校思政课教学场域中的心理脱离,可表现为认知脱离、情感脱离和行为脱离等。

首先,高校思政课教学场域中大学生投入失效涉及认知的脱离,能够反映大学生在认知层面对于思政课教学的远离程度。如果大学生具有较高的认知脱离水平,说明他们在认知层面无法确定或认同高校思想政治教育的目的,也难以根据教育目的调整自身的行为,认为远离思政课教学活动会带来更好的体验。

其次,高校思政课教学场域中大学生投入失效涉及情感的脱离,能够反映大学生在情感层面对于思政课教学的远离程度。如果大学生的情感脱离居于较高的水平,说明他们对于思想政治教育并未持有稳定的道德感和价值感,对于投入高校思政课教学场域毫无情感色彩,仅将其当作是责任或任务。

最后,高校思政课教学场域中大学生投入失效还涉及行动的脱离,它能够反映大学生在行动层面对于思政课教学的远离程度。如果大学生的行动脱离处于较高的水平,说明他们在思政课教学场域中的行动与教学目的、教学活动关联性较小,他们的行动力量很容易被分散投入其他的场域,如其他课程的学习、娱乐活动、虚拟社交等等。

3. 高校思政课教学场域中大学生学习投入的体验

高校思政课教学场域中大学生投入的体验是指大学生的学习投入水平对于主观体验的影响,如舒适感、意义感等,它们分别对应的是大学生在高校思政课教学场域中的情绪体验和价值体验。

其一,高校思政课教学场域中大学生学习投入体验的舒适感,能够反映大学生对于思政课教学的情绪体验。如果大学生持有强烈的舒适感,说明他们对于思想政治教育具有积极的情绪体验,拥有良好的在场状态。积极的情绪体验是一种具有正向价值的情绪体验,它能够激发人们的积极行为倾向[①]。因此,积极的情绪体验有助于大学生进一步投入高校思政课教学场域。

其二,高校思政课教学场域中大学生学习投入体验的意义感,能够反映大学生对于思想政治教育的价值体验。如果大学生对于置身高校思政课教学场域持有较高水平的意义感,这就意味着他们在场域中能够体会到个人价值与教育价值的统一,具有较为强烈的获得感、满足感甚至成就感,这些积极的价值体验能够反映大学生在高校思政课教学场域中的有效在场。

二、高校思政课教学场域中大学生在场状态的情况描述与相关分析

本研究通过问卷的发放、回收和数据统计,收集高校思政课教学场域中的大学生学习投入、心理脱离与幸福感的相关数据。并对问卷调查结果进行统计分析,以掌握高校思政课教学场域中大学生的投入现状。

(一)大学生在场状态的调查过程

研究对象:我国大学生是一个人口数量较为庞大的群体,虽然这一群体存在个体差异,但高校思政课的教材、主要内容、理论基础、指导思想等都是高度一致的,因此不同高校的思政课教学都存在着相似之处。因此,基于理论逻辑和现有的研究成果,Hinkin(1998)在其文献中论证了调查问卷研究的适当样本量,指出量表的项目数与样本数量比为 1∶4 到 1∶10[②],根据这一标准,本研究一共有 39 个项目,因此至少需要 156 至 390 个样本来获得准确和稳定的结果。因此,为了更好地实现研究目标,本研究采取整群随机抽样法选取广东、江西、福建、浙江、河南、北京、吉林、陕西、江苏、四川、湖北、山东、河北、广西等地(这些区域分布涵盖了华东、华北、华南、华西以及华中)的大学本科生或大专生为问卷调查对象,共发放问卷 630 份,回收 611 份,回收率为 96.98%。在删除了一些无效的调查问卷后,最终样本为 564 份。其中男生为 173 人,女生为 391 人;大一学生 271 人,大二学生 138 人,大三学生 109 人,大四学生 46 人。

研究工具:调查大学生投入行为的问卷采用的是 Schaufeli 在 2003 年编制的,并由李西营等人于 2010 年修订的大学生学习投入量表(UWES-S),其中共

[①] 任俊.积极心理学[M].北京:开明出版社,2012:85-86.
[②] HINKIN T R. A brief tutorial on the development of measures for use in survey questionnaires [J]. Organizational Research Methods, 1998, 1(1):104-121.

17个项目,归为动机①、精力②、专注③三个维度,要求问卷调查对象根据自己思想政治理论课的情况对所有项目进行7级评分,即"从来没有"、"几乎没有过"、"很少"、"有时"、"经常"、"十分频繁"以及"总是"。

调查大学生投入失效采用的问卷是根据Sonnentag和Fritz(2005)编制的心理脱离—恢复量表中的心理脱离分量表进行调整制定的,要求调查对象对所有项目进行6级评分,即"非常不同意""不同意""有些不同意""有些同意""同意""非常同意"。

调查大学生投入体验的问卷采用的是段建华(1996)根据Fazio编制的总体幸福感量表而修订的幸福感量表,并依照本研究的目标选取了其中的16题作为项目因子,要求调查对象对所有项目进行5级评分。

统计方法:在确定问卷各项目答案的计分情况后,除去答题不完整的问卷和测谎题回答矛盾的答卷,随后对有效问卷进行性别、年级、项目得分等数据的录入,并对总体幸福感量表的反向计分题的得分进行转换。之后运用EXCEL软件对大学生场域投入状态问卷各项目的平均分进行统计,同时,还采用SPSS20.0对数据进行信度效度分析、相关性分析和描述性统计。

(二)大学生在场状态基本情况的数据分析

本研究对564名大学生在场状态的回收数据进行整理分析,以此掌握高校思政课教学场域中大学生的在场状态。

1. 大学生学习投入基本情况描述

大学生学习投入基本情况包括学习投入的各项目平均分、各维度平均分以及各项目基本状况这三个方面。

(1)大学生学习投入各项目平均分

如图2-1所示,大学生在高校思政课教学场域中的学习投入各项目平均分从3.53到5.18不等,但都在3.5以上,说明大学生在该场域中的学习投入水平为中等偏上。学习投入的动机方面(Q1、Q2、Q3、Q5、Q7、Q9)各项目得分都较高,均为4分以上,Q2的平均分达到了5.18;学习投入的精力方面(Q4、Q8、Q10、Q12、Q15、Q17)大多数项目得分偏低,仅有两个项目(Q4、Q10)达到4分以上;学习投入的专注方面(Q6、Q11、Q13、Q14、Q16)大多数项目得分都达到

---

① 动机:指个体非常喜欢学习并对学习充满兴趣,理解学习的意义,并在学习中体验到快乐。
② 精力:指个体具有充沛的精力和良好的心理韧性,为自己的学习努力付出而不易疲倦,并且在困难面前能够不退缩。
③ 专注:专注的特点表现为个体全神贯注于自己的学习,沉浸在自己的学习当中,达到忘我的境界。

4分以上,但 Q14 得分仅为 3.53。总体来看,大学生的学习投入水平居于中等偏上的水平,但仍有待改进,尤其是学习投入的精力方面亟待调整,如在思政课教学过程中,如果感觉内容比较枯燥,有些同学就会出现开小差、打瞌睡等消极行为。大学生学习投入的专注方面也需改进,如有的学生在看到其他同学玩手机时,很容易被影响、同化,使得学习受到干扰,从而脱离教学场域。从总体上来看,大学生的学习投入水平仍需进一步提升。

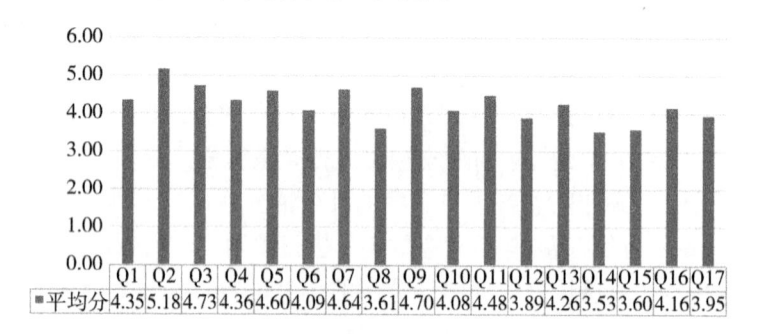

	Q1	Q2	Q3	Q4	Q5	Q6	Q7	Q8	Q9	Q10	Q11	Q12	Q13	Q14	Q15	Q16	Q17
平均分	4.35	5.18	4.73	4.36	4.60	4.09	4.64	3.61	4.70	4.08	4.48	3.89	4.26	3.53	3.60	4.16	3.95

图 2-1　高校思政课教学场域中大学生学习投入各项目平均分

(2) 大学生学习投入各维度平均分

如图 2-2 所示,在高校思政课教学场域中,大学生的动机、精力和专注方面的平均分存在一定差距,其中学习投入的动机得分最高,专注其次,学习投入的精力均分最低。虽然大学生的学习意识比较强,但却容易受到外界环境或学习本身存在的困难所影响,从而导致学习投入精力不足,心理韧性不够,专注力也容易分散,难以达到全神贯注学习的忘我状态。

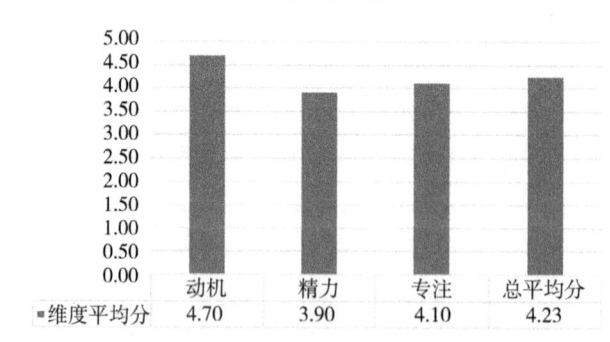

	动机	精力	专注	总平均分
维度平均分	4.70	3.90	4.10	4.23

图 2-2　高校思政课教学场域中大学生学习投入各维度平均分

(3) 大学生学习投入各项目情况

如表 2-2 所示,在学习动机方面(Q1)33.3% 的大学生经常感到精力充沛,有 3.5% 的大学生总是感到精力充沛。这体现了他们参与思想政治教育学习的动机较充足。对于高校思想政治教育的价值和意义的看法(Q2)，37.1%的大学生经常觉得很有价值和意义，21.8%的大学生总是觉得很有价值和意义。对于身处高校思政课教学场域中的学习时间感体验(Q3)，29.1%的大学生经常觉得时间过得很快，10.8%的大学生总是觉得时间过得很快。这在很大程度上体现出有较多的大学生在思想政治教育方面的学习动机较为充足。其中，一种积极动机——兴趣对于大学生在思想政治教育场域中的体验意义重大。对于学习是否感兴趣(Q5)这一问题，32.3%的大学生认为自己有时对高校思想政治教育的学习感兴趣，29.3%的大学生认为自己经常对学习感兴趣，10.1%的大学生认为自己总是对思想政治教育的学习感兴趣。对于学习能否激发求知欲这一问题(Q7涉及学习动机的持续性)，31.9%的大学生认为学习有时能够激发其求知欲，28.5%的大学生认为学习经常能够激发其求知欲，12.8%的大学生认为学习总是能够激发其求知欲。对于"专心学习时，我体验到了快乐"(Q9:学习动机的主观体验层面，能够直接推动动机的持续性)这一问题，在高校思政课教学场域中，36.9%的大学生认为有时能体验到快乐，26.4%的大学生认为经常能体验到快乐，16.5%的大学生总是能体验到快乐。

表 2-2　高校思政课教学场域中大学生学习投入动机维度各项目得分的百分比

项目	从来没有	几乎没有	很少	有时	经常	十分频繁	总是
1. 学习时，我感到精力充沛	1.6%	2.5%	10.8%	42.6%	33.3%	5.7%	3.5%
2. 我觉得学习很有价值和意义	1.6%	1.2%	4.3%	20.7%	37.1%	13.3%	21.8%
3. 学习时，我觉得时间过得很快	1.5%	3.4%	9.6%	36.0%	29.1%	9.6%	10.8%
5. 我对学习感兴趣	1.8%	3.0%	10.4%	32.3%	29.3%	13.1%	10.1%
7. 学习能激发我的求知欲	2.0%	2.4%	10.3%	31.9%	28.5%	12.1%	12.8%
9. 专心学习时，我体验到了快乐	1.4%	2.7%	8.7%	36.9%	26.4%	7.4%	16.5%

如表 2-3 所示，在学习精力方面，在高校思政课教学场域中，对于"学习或上课时，我充满活力(Q4)"这一问题，42.4%的大学生认为自己有时充满活力；30.9%的大学生认为自己经常充满活力，5.0%的大学生认为自己总是充满活力。对于学习精力的恢复(Q8)，32.6%的大学生认为自己有时早晨一起床就充满学习的力量；12.9%的大学生认为经常充满学习的力量；3.9%的大学生认为总是充满学习的力量。这一问题的分值分布显示只有小部分的大学生能够通过一晚上的休息恢复学习精力。对于学习状况的满意度(Q10)，37.9%的大

学生有时对自己的学习感到满意;19.7%的大学生经常感到满意;5.9%的大学生总是感到满意。这体现了在高校思政教学场域中,大学生的学习成就感普遍较高,较高的成就感能够减少学习精力的损耗。对于"在学习过程中,即使精神疲惫,我也能很快恢复"(Q15)这一问题,34.6%的大学生认为有时能够很快恢复,11.7%的大学生认为经常能够很快恢复;仅有2.1%的大学生认为总是能够很快恢复。这一问题的得分比例说明在精力恢复方面,只有较少的大学生能够以较快的速度恢复,这就需要追溯是学习内容枯燥还是外界干扰等因素。对于"即使学习进展不顺利,我也能精力充沛地坚持下去"(Q17)这一问题,39.2%的大学生有时能够精力充沛地坚持下去,14.2%的大学生经常能够精力充沛地坚持下去,4.8%的大学生总是能够精力充沛地坚持下去。这一问题主要测量大学生在学习精力方面的毅力与自控力,以及面对思想政治教育过程中的学习挫折能否表现出积极乐观的学习态度。

表2-3 高校思政课教学场域中大学生学习投入精力维度各项目得分的百分比

项目	从来没有	几乎没有	很少	有时	经常	十分频繁	总是
4. 学习或上课时,我充满活力	1.3%	2.0%	12.9%	42.4%	30.9%	5.5%	5.0%
8. 早晨一起床,我就充满学习的力量	6.5%	10.8%	29.8%	32.6%	12.9%	3.5%	3.9%
10. 我对自己的学习感到满意	2.1%	8.0%	20.0%	37.9%	19.7%	6.4%	5.9%
12. 我能充满活力地连续学习很长时间	2.2%	8.2%	26.6%	37.4%	16.7%	4.3%	4.6%
15. 在学习过程中,即使精神疲惫,我也能很快恢复	4.1%	12.6%	30.3%	34.6%	11.7%	4.6%	2.1%
17. 即使学习进展不顺利,我也能精力充沛地坚持下去	2.0%	8.9%	23.6%	39.2%	14.2%	7.3%	4.8%

如表2-4所示,在学习专注方面,"对于学习时,我很专注,以至于忘记了周围的一切"(Q6)这一问题,39.5%的大学生认为有时很专注;19.5%的大学生认为经常很专注。对于"学习时,我专心致志"(Q11)这一问题,39.9%的大学生认为自己有时专心致志;30.7%的大学生认为自己经常专心致志。对于"在学习上,我喜欢探究新问题"(Q13)这一问题,34.8%的大学生认为自己有时喜欢探究新问题,23.8%的大学生认为自己经常喜欢探究新问题。对于"学习时,我达到了忘我的境界"(Q14),33.5%的大学生认为自己有时达到了忘我境界;5.0%的大学生认为达到忘我境界的频率十分频繁。对于"学习时,我能集中注意力,不易分心"(Q16),38.1%的大学生有时能集中注意力,22.3%的大学生

能经常集中注意力。

表 2-4　高校思政课教学场域中大学生学习投入专注维度各项目得分的百分比

项目	从来没有	几乎没有	很少	有时	经常	十分频繁	总是
6. 学习时,我很专注,以至于忘记了周围的一切	1.9%	5.7%	22.0%	39.5%	19.5%	5.7%	5.7%
11. 学习时,我专心致志	1.1%	2.1%	11.3%	39.9%	30.7%	8.3%	6.6%
13. 在学习上,我喜欢探究新问题	1.5%	6.2%	18.3%	34.8%	23.8%	8.3%	7.1%
14. 学习时,我达到了忘我的境界	6.6%	13.8%	28.7%	33.5%	8.9%	5.0%	3.5%
16. 学习时,我能集中注意力,不易分心	1.2%	5.9%	20.4%	38.1%	22.3%	7.1%	5.0%

2. 大学生心理脱离基本情况描述

对于大学生在高校思政课教学场域中的投入失效现状,本研究主要通过心理脱离的基本情况进行把握,对大学生心理脱离的总体情况以及各项目情况进行分析。

(1) 大学生心理脱离总体情况

如表 2-5 以及图 2-3 所示,在高校思政课教学场域中,大学生的心理脱离四个项目的平均分差距不大,总体来看场域内的心理脱离水平偏低,这也印证了大学生在思政课教学过程中的学习投入水平较高,同时,心理脱离量表各项目得分呈现正态分布。

表 2-5　大学生心理脱离描述统计

	样本数	最小值	最大值	总和	平均值	标准差
Q18	564	1	6	1 678	2.98	1.243
Q19	564	1	6	1 405	2.49	1.216
Q20	564	1	6	1 199	2.13	1.073
Q21	564	1	6	1 590	2.82	1.224
有效个案数(成列)	564					

(2) 大学生心理脱离各项目情况

通过对大学生在思想政治理论课堂中心理脱离的问卷调查,发现大学生在思政理论课上的心理脱离现象并不鲜见。对于"上课时,我常常忘了听讲"(Q18)这一问题,有 26.8% 的大学生表示有些同意,8.0% 表示同意,2.0% 表示非常同意;对于"上课时,我一点也不想听课或学习"(Q19)这一问题,14.9% 的

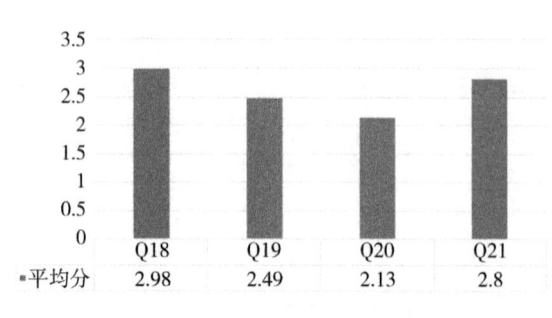

	Q18	Q19	Q20	Q21
平均分	2.98	2.49	2.13	2.8

图 2-3　高校思政课教学场域中大学生心理脱离各项目平均分

大学生表示有些同意,3.9%的大学生表示同意,1.8%的大学生表示非常同意;对于"上课时,我远离课堂和学习"(Q20)这一问题,有8.3%的大学生表示有些同意,有1.4%的学生表示同意,0.9%的大学生表示非常同意;对于"在课堂上,我常常做一些与上课无关的事情"(Q21)这一问题,有19.7%的大学生表示有些同意,5.5%的大学生表示同意,2.8%的大学生表示非常同意(具体数据见表2-6)。

表 2-6　高校思政课教学场域中大学生心理脱离各项目得分的百分比

项目	非常不同意	不同意	有些不同意	有些同意	同意	非常同意
18. 上课时,我常常忘了听讲	13.4%	24.1%	25.7%	26.8%	8.0%	2.0%
19. 上课时,我一点也不想听课或学习	24.1%	30.7%	24.6%	14.9%	3.9%	1.8%
20. 上课时,我远离课堂和学习	34.0%	33.2%	22.2%	8.3%	1.4%	0.9%
21. 在课堂上,我常常做一些与上课无关的事情	14.2%	28.9%	28.9%	19.7%	5.5%	2.8%

总体来看,在高校思政课教学过程中,大部分大学生学习投入的水平较高,较少出现心理脱离的现象。然而有部分大学生时常出现心理脱离,甚至有个别大学生在整个教学过程中基本上都呈现出心理脱离的状态。

3. 大学生幸福感的基本情况描述

大学生在高校思政课教学场域中的投入体验现状,本研究主要通过大学生的幸福感进行把握。如图 2-4 所示,大学生在高校思政课教学场域中的幸福感各项目平均分从 2.17 到 4.73 不等。根据各项目的均分,可以看出大学生的幸福感整体水平为中等偏上。

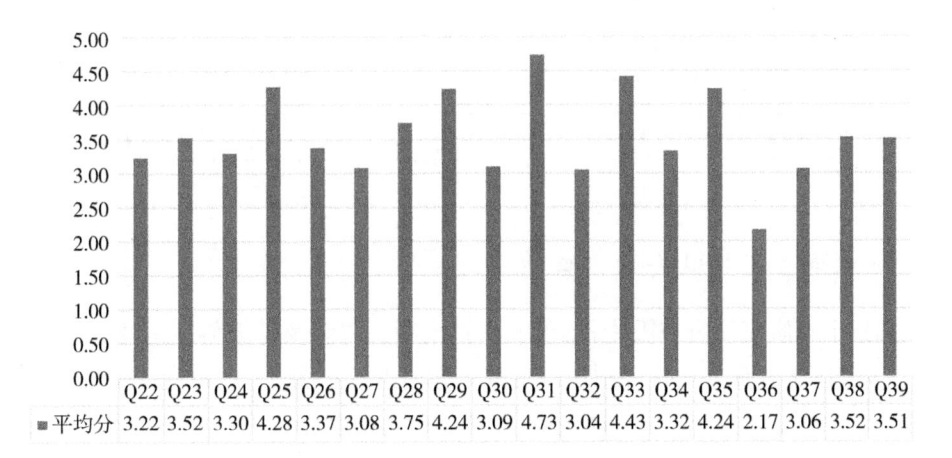

图 2-4　高校思政课教学场域中大学生幸福感各项目平均分

Q	Q22	Q23	Q24	Q25	Q26	Q27	Q28	Q29	Q30	Q31	Q32	Q33	Q34	Q35	Q36	Q37	Q38	Q39
平均分	3.22	3.52	3.30	4.28	3.37	3.08	3.75	4.24	3.09	4.73	3.04	4.43	3.32	4.24	2.17	3.06	3.52	3.51

（三）信度检验分析

本研究采用内部一致性（克伦巴赫 α 系数）对量表的信度进行检验,大学生学习投入量表 α 系数为 0.931,心理脱离量表 α 系数为 0.842,幸福感量表 α 系数为 0.865,说明该问卷的总体可靠性较高。

如表 2-7 所示,问卷各因素的内部一致性系数在 0.834~0.853 之间,总量表的内部一致性系数为 0.931。说明该问卷的信度指标具有较高的可靠性。

表 2-7　高校思政课教学场域中大学生学习投入现状调查问卷信度分析

维度	项目数	克伦巴赫 α 系数
精力	6	0.849
动机	6	0.853
专注	5	0.834
总体	17	0.931

如表 2-8 所示,问卷因素的内部一致性系数为 0.842,说明该问卷的信度指标具有较高的可靠性。

表 2-8　高校思政课教学场域中大学生心理脱离调查问卷信度分析

维度	项目数	克伦巴赫 α 系数
心理脱离	4	0.842

如表 2-9 所示,问卷因素的内部一致性系数为 0.865,说明该问卷的信度

指标具有较高的可靠性。

表 2-9　高校思政课教学场域中大学生幸福感调查问卷信度分析

维度	项目数	克伦巴赫 α 系数
幸福感	18	0.865

（四）大学生在场状态的人口学分析

基于本研究的场域限定，问卷的人口学项目仅涉及年级与性别两个方面。因此，人口学变量差异将分别从以上两个方面进行分析。

1. 大学生学习投入、心理脱离、幸福感的性别差异

通过独立样本 t 检验，对不同性别（男生、女生）被试的学习投入的动机、精力、专注的得分和学习投入总体得分、心理脱离的得分以及幸福感的得分进行差异性分析，结果可见表 2-10。结果表明，大学生学习投入的精力、专注度以及总体的学习投入水平在性别上存在显著差异。

表 2-10　不同性别的差异性分析

	男	女	t	df	Sig
动机	4.719±1.108	4.688±0.907	0.350	562	0.726
精力	4.086±1.097	3.838±0.854	2.896**	562	0.004
专注度	4.272±1.137	4.030±0.843	2.805**	562	0.005
学习投入	4.359±1.027	4.185±1.027	2.074**	562	0.039
心理脱离	2.594±1.018	2.607±0.966	−0.143	562	0.886
幸福感	3.555±0.550	3.545±0.566	0.187	562	0.852

注：** 在 0.05 显著性水平上显著相关。

2. 大学生学习投入、心理脱离、幸福感的年级差异

通过独立样本 f 检验，对不同年级（大一、大二、大三、大四）被试的学习投入的动机、精力、专注度的得分和学习投入总体得分、心理脱离的得分以及幸福感的得分进行差异性分析，结果可见表 2-11。结果表明，大学生学习投入的动机、专注度以及总体的学习投入水平在年级上差异显著。

表 2-11　不同年级的差异性分析

	大一	大二	大三	大四	f	df	Sig
动机	4.530±1.051	4.769±0.878	4.921±0.805	4.935±0.966	5.902**	563	0.001

续表

	大一	大二	大三	大四	f	df	Sig
精力	3.879±1.014	3.877±0.811	4.000±0.887	4.033±0.992	0.744	563	0.526
专注度	4.007±1.044	4.083±0.822	4.286±0.817	28.773±6.198	3.049**	563	0.028
学习投入	4.139±0.969	4.242±0.725	4.402±0.743	4.425±0.874	3.214**	563	0.017
心理脱离	2.602±0.964	2.549±0.937	2.585±1.008	2.810±1.144	0.832	563	0.476
幸福感	3.580±0.558	3.455±0.487	3.604±0.606	3.511±0.648	2.012	563	0.111

注：** 在0.05显著性水平上显著相关。

（五）大学生在场状态的相关分析与回归分析

为把握大学生在高校思政课教学场域中投入变量之间的关系，本研究对问卷调查数据进行相关性分析与回归分析。

1. 大学生学习投入、心理脱离及幸福感的相关分析

如表2-12所示，大学生的学习投入、心理脱离、幸福感各因子之间均显著相关，几个因子之间相关系数大于0.4，说明之间的关系非常紧密。具体而言，学习动机、学习精力、学习专注之间呈现紧密正相关，而心理脱离与学习投入的动机呈显著负相关，与总体学习投入也呈显著负相关，同时与幸福感也存在显著负相关，而幸福感与学习投入及各因子呈现显著的正相关。总而言之，大学生的学习投入状态、投入失效、投入体验能够反映他们是否实现有效在场。

表2-12 高校思政课教学场域中大学生学习投入、心理脱离、幸福感的相关系数

项目	动机	精力	专注	学习投入	心理脱离	幸福感
动机	1					
精力	0.714**	1				
专注	0.717**	0.820**	1			
学习投入	0.904**	0.916**	0.918**	1		
心理脱离	−0.400**	−0.368**	−0.376**	−0.420**	1	
幸福感	0.340**	0.336**	0.313**	0.362**	−0.400**	1

注：** 表示在0.05显著性水平上显著相关。

2. 大学生投入状态的回归分析

为了把握大学生在高校思政课教学场域中的在场状态，深入了解大学生学

习投入、心理脱离以及幸福感之间的影响关系,需要对模型1(心理脱离影响学习投入)、模型2(幸福感影响学习投入)、模型3(学习投入影响幸福感)、模型4(心理脱离影响幸福感)、模型5(学习投入影响心理脱离)这五个模型进行回归分析。

根据表2-13的结果,模型1、2、3、4、5都得到了验证,在高校思政课教学场域中,大学生的心理脱离会显著地降低学习投入(模型1),大学生的幸福感会导致学习投入显著提高(模型2),大学生的学习投入会导致幸福感的显著增加(模型3),大学生的心理脱离会导致幸福感的显著降低(模型4),大学生的学习投入会导致心理脱离的显著降低(模型5)。由此可见,关乎大学生在场状态的三个方面是相互影响的,其相关性的研究既有助于随后的在场困境分析,也有益于明确教学场域在场性构建的思路,即增强大学生的学习投入,同时避免在场域中的心理脱离,并增加他们的幸福感体验。

表2-13 高校思政课教学场域中大学生投入状态的回归分析

自变量		因变量				
		学习投入		幸福感		心理脱离
		模型1	模型2	模型3	模型4	模型5
性别		−0.095	−0.095	0.030	−0.005	−0.038
年级		0.151	0.145	−0.070	−0.006	0.091
心理脱离		−0.424***			−0.400***	
幸福感			0.364***			
学习投入				0.374***		−0.435***
模型概览	R^2	0.206	0.159	0.137	0.160	0.185
	调整后的R^2	0.202	0.155	0.132	0.156	0.181
	F值	48.495***	35.375***	29.557***	35.567***	42.470***

注:*** 表示在0.01显著性水平上显著相关。

三、高校思政课教学场域中大学生的在场困境

大学生在高校思政课教学场域中的投入程度反映出他们的在场状态,在场状态根据学习投入水平可分为三个层次:"到场(attendance)、配合(cooperation)、投入(commitment)"[①](详情见表2-14)。位于"到场"层次的大学生对

---

① 林义树.参与理论和参与教学——通过创造"场合"的参与培养真正人类社会的创造力[C]//中国创造学会.国际创造学学术讨论会论文集.日本武藏大学人文学部,2002:206-216.

教学价值与意义的理解较为片面，他们通常是以个体的角色被动地投入场域。"配合"层次的大学生能够遵循高校思政课教学场域的规则和秩序，并能动地参与教育活动，但是他们投入的水平也很有限，仅能发挥部分的行动力量，因为是大学生配合老师，所以主要发挥的是"教师的力量"，而难以形成师生之间的教学合力。Commitment 除了可以译为"投入"，还可译为"奉献"或"保证"。位于"投入"层次的大学生会以较高的水平投入高校思想政治教育，他们会为了教学活动而奉献自我，承担责任，保证教育活动的实施与持续，并且这有益于他们更全面地理解学习内容，深化认知水平。"投入"意味着他们已经融入高校思政课教学场域，实现了其自身的在场性。然而，当前大学生的投入状况并不乐观，无论是学习投入、投入的失效还是投入的体验，都反映了部分学生脱离场域的倾向。

表 2-14　大学生在场状态的三个层次①

层次	概念	态度	行动水平	投入的范围	信息流向	理解深度	知性（intelligence）深度②
1	到场	被动地	个体的	局部	单向	片面的	知识（knowledge）
2	配合	能动地	群体的	范围不大	双向	部分的	认识（cognition）
3	投入	创造性地	有组织的	全面	多向	综合的	意识（conscious）

（一）大学生的学习动机不足引发到场困境

自我决定理论（self-determination theory）认为能力感（competence）和自主性（autonomy）这两种基本的心理需要是理解动机的基础，人类的动机可分为动机缺失（amotivation）、外在动机（extrinsic motivation）和内在动机（intrinsic motivation）③，这三种类型的动机在人的动机发展过程一般会接续出现。通过调查问卷的数据分析，高校思政课教学场域中的大学生学习投入动机呈现出正态分布趋势，大部分学生的动机水平居于外在动机向内在动机转化的阶段，但是仍有不少大学生的动机水平处于外在动机阶段，甚至无动机的阶段。

---

① 林义树.参与理论和参与教学——通过创造"场合"的参与培养真正人类社会的创造力[C]//中国创造学会.国际创造学学术讨论会论文集.日本武藏大学人文学部，2002：206-216.

② 知性深度，意指深入到人们内心的精神性的深度。在高校思想政治教育场域中，知性深度能够反映教育对大学生思想观念的影响程度。

③ RYAN R M, DECI E L. Self-determination theory and the facilitation of intrinsic motivation, social development, and well-being[J]. American Psychologist, 2000, 55(1):68-78.

总体而言,大学生投入思想政治教育的动机不足会影响他们"出席"场域,从而导致"到场"困境。依据大学生的动机发展程度进行划分,高校思政课教学场域中的在场困境可以分为无法到场、勉强到场和到场缺席这三种类型。

1. 无法到场:大学生投入场域的动机缺失

问卷调查的数据显示,一部分大学生在高校思政课教学场域中"从来没有"学习投入的动机(见 Q1、Q2、Q3、Q5、Q7、Q9)。一方面,高校思政课教学场域中大学生投入的动机缺失,主要是因为他们缺乏内在动机。例如,有的大学生认为学习没有价值和意义(Q2),对学习不感兴趣(Q5),不能激发求知欲(Q7),体验不到学习的快乐(Q9)等等,这些能力感的缺失使得大学生在思想政治教育学习过程中无法产生内在动机,从而采用逃课、迟到、早退、请假等方式避免到场,这部分学生几乎不会出席高校思想政治教育的活动,有个别学生甚至连考试都不参加,这反过来印证了其动机缺失的状况。另一方面,高校思政课教学场域中大学生学习投入的动机缺失,还可能由于其对外部要求的漠视而导致外在动机的匮乏。有的大学生对于学校的规章制度和教学的规范秩序毫不在意,甚至对于挂科、重修、退学等惩罚措施也无动于衷,外在动机的匮乏使得大学生缺乏内在动机的后果更为凸显。

2. 勉强到场:大学生投入场域的外在动机弱化

"外在动机是指人们为了获得表扬、奖励、某种利益,或是为了避免某种惩罚而引发的动机。"①高校思政课教学场域投入的外在动机既包括课堂积极发言时教师的赞赏、参与比赛所获得的荣誉、取得优异成绩后取得的奖学金等等,也包括学校的管理制度、教学的规范秩序、班级的集体规约等等。有的大学生沉溺于"佛系""丧"等低欲望亚文化之中,既难以发现学习的乐趣,也无法领悟学习的意义。"个人的无意义感,即那种觉得生活没有能够提供任何有价值的东西的感受,成为根本性的心理问题。"②以低欲望水平进入思政课教学场域的大学生,仅仅是不想受到惩罚或为了避免麻烦,而勉强到场,他们更多的是被动卷入教学场域,主观能动性发挥更无从谈起。虽然他们身处场域之中,却并不愿投入场域之中的实践活动,或是潦草应付教师的任务要求,或是随波逐流,跟随大部分学生的行动而有所行动。

3. 到场缺席:大学生投入场域的内在动机不足

在高校思政课教学场域之中,具有较高欲望水平的大学生,为了顺利完成学

---

① 韦冬雪.思想政治教育过程矛盾和规律研究[M].北京:光明日报出版社,2011:67.
② 吉登斯.现代性与自我认同:现代晚期的自我与社会[M].赵旭东,方文,译.北京:生活·读书·新知三联书店,1998:126.

业,获得夸奖或奖励,会保持到场状态,他们能够配合教师和其他同学完成课堂活动,并能取得较好的学习成绩。然而,内在动机不足的大学生,尽管能够完成教学所要求的任务,却难以持久地投入其中。缺少内在动机的大学生常常会对高校思想政治教育认同不足。认同是投入的前提[1],"只有认可场域中隐含的价值观念,并内化于以禀性系统作为主要外显的精神系统之中,才能以'有效在场'的状态参与日常实践活动。"[2]大学生对高校思想政治教育的认同是其保持良好在场状态的先决条件,既体现在对于教育意义的认同,也体现在对于教育内容的认同。然而,当前大学生在思政课教学中的投入水平提示,尽管大部分学生能够出席场域,但有部分学生对于教师的教育活动并不配合,敷衍了事,得过且过,被动地完成教师布置的任务,他们仅仅将思政课教学看作获取知识的渠道,在学习过程中仅仅是对碎片化的知识进行片面地理解,难以体会思想政治教育对于人本身的意义,从而时常表现为无效地"在场",学习效率难以得到保证的同时,也深刻影响着教学效果。甚至有的大学生在高校思政课教学场域中利用无线网络资源,投入娱乐、虚拟社交等场域,利用短暂的愉悦感和虚假的充实感来替代投入思政课教学场域意义的正当性与价值感,实际上他们是在逃避思政课学习,形成了基于在场心理脱离的"到场的缺席"。

无论是外在动机的缺失还是内在动机的匮乏,都会在不同程度上影响大学生在高校思想政治教育过程中的投入水平,从而影响他们的到场状态。与此同时,个体的外在动机与内在动机状态会相互影响,在互动过程中阻碍或促进高校思政课教学场域中大学生的"到场"。

(二)大学生的学习精力不足引发参与困境

本研究的问卷调查数据显示(Q4、Q8、Q10、Q12、Q15、Q17),在高校思政课教学场域中,大学生的学习投入精力水平呈现正态分布,大部分学生的学习投入精力都是"有时"才能发挥作用,更需要关注的是,有不少大学生的学习投入的精力"很少""几乎没有""从来没有"发挥作用。高校思政课教学场域中大学生的学习投入精力不足,一方面体现为大学生在学习过程中容易疲倦,不愿为学习付出努力。例如,有的大学生在上课过程中常常抱怨枯燥乏味,并以此为借口而不愿投入精力参与课堂活动。另一方面,大学生的学习投入精力不

---

[1] 黄一玲,焦连志."90后"大学生思想政治理论课学习投入现状调研与分析[J].延边党校学报,2014,30(2):102-104.

[2] 韩巧霞.大学生思想政治教育接受问题研究:基于文化资本分析方法视角[M].北京:知识产权出版社,2018:174.

足,还体现在有的大学生在遇到困难时容易退缩、放弃,表现出较低的心理韧性。当遇到学习环境较差或生活事件干扰时,有的大学生会因为心理韧性不足而耗费大量精力去应付环境影响或生活事件的困扰,所以在参与场域中的活动时会显得精力不足,从而影响参与效果。"高效的课堂参与应该是行为、情感、认知这三方面的共同投入。"①参与的行为、情感、认知三个方面缺一不可,因此,高校思政课教学场域的参与困境涉及参与行为的受阻、参与情感的淡漠以及参与认知的弱化。

1. 参与行为受阻:大学生投入场域的活力不足

问卷调查 Q4、Q8 这两个问题测量了大学生在高校思政课教学场域中的学习活力状况,数据显示,大部分学生在学习或上课时,仅仅有时会充满活力。通过一晚的休息,学习活力的恢复状况也并不理想,仅有 5.08% 的大学生总是会感觉"充满学习的力量",大部分学生仅感觉有时会"充满学习的力量"。学习活力的不足使得他们在进入思政课教学场域时,容易产生懈怠、无力等消极心理,在很大程度上减弱了课堂参与水平。大学生的参与行为"是一种外显性形态。主要包括学生课堂出席情况、课前预习、课堂任务的完成、做笔记、课堂讨论、提问、答疑等方面。"②有些大学生学习投入活力的不足对于他们参与以上课堂活动而言,都会造成不同程度的阻力,尤其当他们遇到一些客观因素影响时,会放大不利因素的消极影响。在场域内部的相互作用下,学习活力不足会导致高校思政课教学场域中的整体行动水平下降,学习投入的范围也会受到制约,场域内双向的信息流动也会被削弱。

2. 参与情感淡漠:大学生投入场域积极体验的匮乏

参与的情感因素指涉大学生在高校思政课教学场域中的情感体验,"主要包括学生对课堂知识的好奇感、课堂学习时的愉悦感、取得成绩时的成就感、课堂学习的厌倦感以及被提问的紧张感等心理上的感受。"③问卷调查的数据显示(Q10),大部分学生在思想政治教育的学习过程中,并非时常感受到积极的体验,仅有时会"对学习感到满意",有部分学生甚至从未"对学习感到满意"。满意的体验既涉及学习过程的愉悦感,也与学习的成就感相关,那么不满意的体验就会导致学生对于学习产生沮丧、挫败或倦怠等消极情绪,积极体验的不足伴随着消极情绪的滋长,这种状况会损耗学习参与的情感基础,同时,也会对所参与的场域产生失望、抵触或阻抗等消极体验。

---

①② 张霄霄.大学生课堂参与现状调查研究——以 Y 大学为例[D].昆明:云南大学,2018:11.
③ 张霄霄.大学生课堂参与现状调查研究——以 Y 大学为例[D].昆明:云南大学,2018:12.

与此同时,"学习中的情感体验对学习者主要有两方面的影响,一是情感体验会直接影响学习者的心理活动,情感体验的异同会唤醒学习者不同的心理状态;二是学习者的情感体验会直接反应在学习者的行为实践上面。"[1]因此,高校思政课教学场域中大学生的参与情感既会唤醒他们对于思想政治教育活动的心理状态,体现出融入场域或脱离场域的状态,也会直接影响他们的参与行动。如果缺乏足够的场域投入积极体验,在教学过程中大学生容易出现参与情感淡漠的现象,而影响其参与行动与参与效果。

3. 参与认知弱化:大学生投入场域的心理韧性不足

参与认知是指对于参与的作用、意义、价值等知识的获得或应用的心理过程。参与认知涉及参与的"认识、综合分析、运用、评价等思维活动过程,其中评价主要是指质疑和反思。"[2]在本研究中,参与认知的积极表现在以下几个方面:大学生在思想政治教育过程中能够明确其参与活动的目标;能够理解所参与的场域中活动的意义与价值;参与之后能够对自身表现进行反思,以不断改善参与的效果。在高校思政课教学场域中,较高的参与认知水平有助于大学生增强参与的能动性与理解深度,然而,心理韧性的不足很容易削弱参与认知水平,"心理韧性是个体能够承受较严重的破坏性变化,同时表现出尽可能少的消极行为的能力。"[3]本研究的问卷调查数据显示(Q12、Q15、Q17),在高校思政课教学场域中,大学生的心理韧性水平普遍较低,学习活力的持久性、活力恢复的效率以及学习活力的耐受力都难以支撑大学生的参与认知强度,因而对大学生在高校思政课教学场域中的有效参与产生负性影响。

(三) 大学生的学习专注不足引发投入困境

专注是一种全身心投入的舒适状态,学习专注则是将精力集中于学习,并在此过程中能够体验到愉悦的感受。学习专注有助于大学生更有效地投入高校思政课教学场域,自主地进行有组织的行动,能动而全面地参与教学互动,并激发他们在教育过程中的创造性。然而,问卷调查的数据显示(Q6、Q11、Q13、Q14、Q16),高校思政课教学场域中大学生的学习专注水平呈现正态分布,大部分学生学习专注水平不高,仅 28.29% 的大学生经常可以做到学习时专心致

---

[1] 徐丽丽. 中职学生 MOOC 学习中的情感体验对学习参与度的影响研究[D]. 宁波:宁波大学,2018:7.

[2] 张娟娟. 大学生课堂有效参与研究——以 H 大学为例[D]. 武汉:华中农业大学,2016:13.

[3] WERNER E. Resilience in development[J]. Current Directions in Psychological Science,1995,4(3):81-84.

志,因此,学习专注的不足会影响大学生在高校思政课教学场域中投入的效果。

1. 学习专注不足损耗大学生在高校思政课教学场域中的自主性

著名的认知神经科学家迈克尔·波斯纳曾写道:"专注力机制构成了我们感知世界以及自主调节思想和感受的基础;专注力收放自如,这是判断、性格和意志的基础。"[①]因此,专注力在投入学习过程中起着至关重要的作用,拥有较强专注力的大学生能够在学习过程中自主地调节思想和感受,从而容易保持对学习的持续专注。"专注力的主动参与,有助于自上而下意识[②]的运行,它可以避免我们每天按照自动模式过着行尸走肉般的生活。我们可以对广告说'不',对周围发生的事情保持警惕,质疑下意识的习惯性行为或加以改善。"[③]因此,专注力不足会削弱大学生对高校思政课教学场域的感知力,同时还会影响他们调节思想和感受的自主性,当遇到吸引他们的场域之外的事物时,可能会产生"自下而上意识"[④],使其沉浸其中而脱离场域。显然,大学生在思政课教学过程中的有效投入更需要"自上而下意识",然而专注力的不足难以驱动这类意识发挥作用,因此,在高校思政课教学场域中,大学生的学习自主性较为容易受到损耗,从而影响他们投入场域的自主性。

2. 学习专注不足抑制大学生在高校思政课教学场域中的能动性

"思想等等是主观的东西,做或行动是主观见之于客观的东西,都是人类特殊的能动性。"[⑤]由此可知,人的能动性既涉及认知也涉及实践。人的能动性主要表现在以下三个方面:"一是对现实的有意识的选择反映。二是认识事物的本质和规律。三是保持和监督有目的的活动的进行。"[⑥]无论是何种方式的能动性,都需要建立在专注的基础上。在高校思政课教学场域中,大学生需要同时保持认知与实践的能动性,才能有效地投入场域。然而,大学生学习专注的不足使得他们在场域中的行动,缺乏稳定性和持续性,常常被场域之外的事物所吸引,导致认知能动性难以稳定地发挥,而进一步导致其思想政治教育的能动性效率低下。

---

① ③ 包祖晓. 做自己的旁观者:用禅的智慧疗愈生命[M]. 北京:华夏出版社,2017:105.

② "自上而下意识"具有以下特点:一是运行较慢;二是自主的;三是需要努力;四是具有自我控制功能,(有时)能够压制自动反应,抑制情绪冲动;五是能够学习新模式,制订计划,(某种程度上)监管自动功能。

④ "自下而上意识"具有五个特点:一是按照大脑的时间衡量,运行速度更快,以毫秒计算;二是不自主的和自动的,永远处于开启状态;三是直觉性的,通过关联网络运行;四是冲动的,由情绪驱动;五是指挥习惯性行为,指引行动。

⑤ 毛泽东选集:第二卷[M]. 北京:人民出版社,1991:477.

⑥ 黄希庭,郑涌. 心理学导论[M]. 3版. 北京:人民教育出版社,2015:61.

3. 学习专注不足削弱大学生在高校思政课教学场域中的有效在场

"各个场域及其子场域的最终集合体现为社会总场域,在社会空间内,场域之间、子场域之间都存在着压力和张力的互动,并在互动中确立行动者的实践图式,包括:博弈策略、规划方案、仪式规范。只有认可场域中隐含的价值观念,并内化于禀性系统作为主要外显的精神系统,才能以'有效在场'的状态参与日常实践活动。场域的边界并非一成不变的,它是在历史的推力中不断变动的。"[1]因此,大学生在高校思想政治教育场域的在场状态也会受到诸多场域的干扰,通过影响学习专注的方式而呈现出无效在场的状态。例如,在上课时,有的学生被互联网虚拟世界所吸引而分散专注力,呈现出心理脱离与学习投入交织状态,影响大学生在高校思政课教学场域中的稳定在场状态。同时,学习投入的专注不足还会影响大学生的幸福感体验,调查数据显示,学习投入的专注维度与大学生的幸福感呈正相关,专注力不足带来的消极体验反过来会影响大学生的学习专注,进而影响他们的有效在场。

四、高校思政课教学场域中教师的在场状态与困境

当大学生置身高校思政课教学场域中时,与教师等其他行动者进行有效的教育互动,方能实现有效在场。尽管问卷调查数据只显示有部分学生投入场域面临困境,但是,高校思政课教学场域中的教育行动是整体性行为,部分大学生的行为表现会通过客观关系的互动对整个场域产生影响,从而干扰其他学生的投入,甚至影响教师在场域中的行动力量,最终对教育效果产生不容乐观的影响。因此,探究高校思政课教学场域中行动者的在场状态,还须对教师的在场状况进行把握。

(一)高校思政课教学场域中教师的在场概况

为了更为深入地掌握教师的在场状况,本研究围绕场域中的客观关系、投入、惯习、文化资本等问题对23位高校思想政治教育一线教师进行了访谈(基本信息见表2-15)。这些教师在教学关系、师生的投入、教育策略、文化资本等方面都有各自的切身体会,尽管他们来自不同的高校,所授课程不尽相同,所教学生的专业也有所不同,但这些教师对于高校思想政治教育都是不忘初心、满怀热情,竭尽所能地引导大学生投入教育场域,投身国家建设。

---

[1] 韩巧霞.大学生思想政治教育接受问题研究:基于文化资本分析方法视角[M].北京:知识产权出版社,2018:174.

表 2-15 访谈教师基本信息

编号	性别	年龄	高校层次	工作类型	从教年限	班级规模
1	男	31~40 岁	大专	专任	1 年以下	81~100 人
2	女	31~40 岁	二本	专任	1~5 年	81~100 人
3	男	31~40 岁	一本	兼职	6~10 年	50 人及以下
4	男	41~50 岁	一本	专任	15 年以上	81~100 人
5	女	31~40 岁	一本	专任	6~10 年	100 人以上
6	男	31~40 岁	一本	专任	1~5 年	100 人以上
7	女	50 岁以上	一本	专任	15 年以上	100 人以上
8	女	31~40 岁	二本	专任	11~15 年	100 人以上
9	女	20~30 岁	大专	兼职	1~5 年	50 人及以下
10	男	31~40 岁	二本	专任	11~15 年	81~100 人
11	女	31~40 岁	二本	专任	1~5 年	51~80 人
12	男	41~50 岁	一本	专任	15 年以上	50 人以下
13	男	41~50 岁	二本	专任	11~15 年	81~100 人
14	男	31~40 岁	大专	专任	1~5 年	100 人以上
15	女	41~50 岁	一本	专任	15 年以上	100 人以上
16	男	50 岁以上	一本	专任	15 年以上	81~100 人
17	女	31~40 岁	大专	专任	6~10 年	100 人以上
18	男	31~40 岁	二本	专任	6~10 年	81~100 人
19	女	31~40 岁	二本	专任	1~5 年	51~80 人
20	男	41~50 岁	大专	专任	6~10 年	81~100 人
21	女	31~40 岁	二本	兼职	11~15 年	51~80 人
22	女	41~50 岁	三本	专任	11~15 年	50 人及以下
23	男	20~30 岁	大专	专任	1 年以下	100 人以上

1. 教师对于教学关系的定位

大多数教师认为高校思政课教学场域中的教学关系应当是一种师生之间的辩证关系。通过这一主题的访谈材料进行词频查询,发现排在前列的高频词(详情见图 2-5)分别为"学生、关系、教学、教师、互动、教学相长、平等、尊重、和谐"等,其中"教学相长"被提及 6 次。这些高频词可以大致反映出被访谈的教师对于高校思政课教学场域中客观关系的态度与看法。

首先,场域中的教学关系需要强调学生的主体地位。大学生是高校思政课

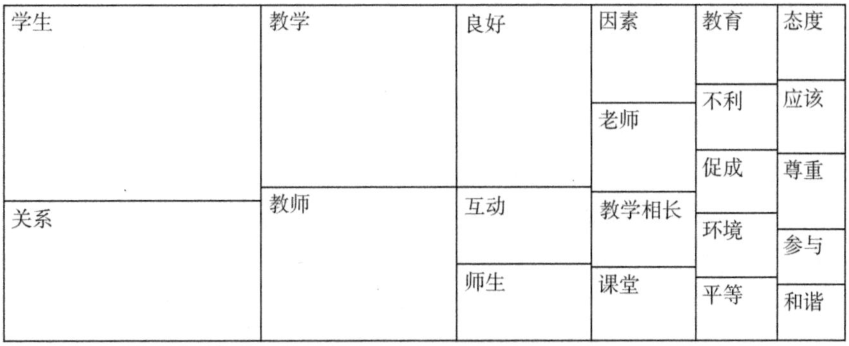

学生	教学	良好	因素	教育	态度
				不利	应该
			老师	促成	尊重
关系	教师	互动	教学相长	环境	参与
			师生	课堂	平等	和谐

图 2-5　良好教学关系访谈词频分析矩形图

教学的主体,教育关乎他们自身的成长成才,唯有以"主人翁"身份投入教学过程中,才能发挥其积极能动作用。对于主体地位的认同还可以驱动他们更充分地投入教育过程,对教学内容和学习过程产生兴趣,并能保持学习投入所需的精力与专注。

在高校思想政治教育过程中,大学生需要更好地发挥"主人翁"的能动性,因为思想政治教育作为他们大学学习生涯的一部分,也是他们完善自身社会属性、适应社会要求的过程。如果大学生具备强烈的"主人翁"责任意识,其一,他们可以在思想政治教育过程中充分发挥自身的主动性。其二,他们会更专注地投入教育过程,在很大程度上减少外界的干扰;其三,他们会把学到的东西真正地加以运用,不是嘴上说说,也不是光想想;其四,他们会主动地关注学习效果,及时进行反思,并加以反馈,乐于与老师进行交流沟通。总而言之,大学生若能发挥自身的能动性,可以感受到教育过程中的乐趣与意义,使教育更具效果;大学生若未能发挥其能动性,表现为被动、敷衍,甚至阻抗,那么对于教师而言是一种激励,也有助于提高教育效果(受访者 No.17)。

其次,场域中的教学关系需要兼顾师生双方的成长。高校思想政治教育是一种整体行动,当教师与大学生置身于高校思政课教学场域中,为了实现思想政治教育目的而投入教育活动时,他们的行动便交织在一起,相互影响,在教育过程中不断提升自己的能力和素养。然而,当前有很多因素容易影响教学相长的师生关系,如教师对于学生思想状态或心理需要缺乏了解,学生对于教育本身存在偏见,还有的学生在教育过程中放任自己的懒惰或懈怠,这些因素都会对场域中教学的辩证关系产生不利影响。

良好的教学关系是教师厚积薄发、深入浅出,学生求知若渴,二者相互作用,达到教学相长。良好的教学关系能令教师和学生都愉快相处,共同进步,教师教有所得,学生学有所获。教学关系应该是平等的、和谐的、教学相长的。一方面,教师要关怀学生,尊重学生的个性;注重知识积累和教学方法,在教育实施过程中能够厚积薄发、深入浅出。另一方面,学生要尊敬教师,师生之间形成良性互动的常态。促成良好教学关系的因素有:教师良好的素养、认真负责的态度,学生较好的素质和积极参与课堂的态度,适合学生的课外活动等。而阻碍良好教学关系形成的因素包括:教师敷衍的教育态度、照本宣科式的教学,学生的学习态度不端正,其他学科教师对于思政课教师的不当评价等(受访者 No.1)。

2. 场域中教师的文化资本状况

高校思政课教学场域中教师的文化资本既包括"具身化"的文化资本,也包括客观状态的文化资本,还包括制度状态的文化资本,大部分教师较为注重客观状态的文化资本,并努力积累更为丰富和更具优势的思政课教学文化资本。与此同时,在信息化技术不断进步的今天,文化资本的获得路径变得多元化了,学生可以通过互联网选择文化资本的获得路径,因此教师若想保持文化资本优势须付出更多的努力。由于有的大学生具有较强的自主学习能力,他们在高校思想政治教育开始之前就已经提前获得了一部分文化资本,因此,有的教师会认为自身的文化资本并不具有比较优势,但大部分教师还是认为自己具有一定优势,并为了保持自身的文化资本优势而不断加强学习。

教师传授与其他知识获取渠道相比,仍具有某些方面的优势,比如思考的深度和独特视角的理解等。但在信息化愈演愈烈的今天,这种优势感觉越来越不明显了。不过,与其他知识获取渠道相比,如网络渠道,我的优势主要在于思辨和整体化,但是劣势也很明显,如:资源不够丰富,更新速度不快,表现方式单一等。同时,这个问题还涉及课程思政范畴,高校思政不仅仅是思政教师的责任,更是全体教师的责任,因此,要充分发挥各学科的文化资源优势来投入教育。我本人从马克思主义理论学科转到公管学科,对思政课程和课程思政理解较透,我会抓住学生心理提升教学水平,结合自身人生丰富的经历和学科背景,比较具有文化优势。那么应当如何增强文化资本的优势呢?一是学无止境,能者为师,当好老师的前提是当好学生;二是注重体验与思考,在教育过程中用心体验,不断反思;三是不耻下问,在这个时代保持文化优势很难,保持谦虚的态度是基础;四是练好内功,积累丰富的文化资源;五是关注现实,掌握新的文化资源;六是运用多样的文化表现方式。总的来说,就是增加专业素养,钻研经典文献,加速知识更新。今后我将通过理论学习与实践探索继续提高本学科的文化资本优势(受访者 No.20)。

3. 场域中教师的教育惯习

在高校思想政治教育实施过程中,教师会逐渐形成稳定的教育策略,即塑造应对高校思政课教学场域中实践活动的教育惯习。惯习的形成与教育活动的经验密切相关,如表 2-16 所示,从教时间一年以下的教师,还没有形成较为固定的教育策略,他的教育惯习还在塑造当中,随着从教经验的丰富,教师的教育惯习渐渐稳定下来,并且有的教师的教育惯习具有灵活多变的特点。

表 2-16　从教年限与教育策略的交叉分析

从教年限	1年以下 (1人)	1～5年 (7人)	6～10年 (5人)	11～15年 (5人)	15年以上 (5人)
是否会运用固定的教育策略	不会	有时会或不会	4人会, 1人不会	会(但常转换教育方法)	会(但灵活多变)

虽然在具体的教育过程中,我会使用不尽相同的教育方法,但是习惯上会不知不觉地运用固定的教育策略,比如自己在教学过程中喜欢使用"提问—思考—回答—评价—总结"的策略进行师生互动,还有在提及某一重要概念的时候,通常会用"是什么？为什么？怎么办？"的逻辑进行讲授。对于不同的学生群体,固定的教育策略会有不同的效果。如不同专业的学生,对于倾向于思辨的方法反应各不相同,设计类专业的学生对此常常表现漠然,计算机类专业的学生却比较有兴趣;还有不同代际的大学生,他们的话语敏感度有所不同,一些流行语的掌握和运用很有必要。总的来说,我会灵活运用多种教育策略,对于不同专业的学生可能会选取不同的教育方法。教育的精髓就是有教无类与因材施教,需要了解不同类型的学生的特点,用他们容易接受的语言与方式去与之交流及影响他们。任何教育策略的最终目的都是心灵的沟通,围绕这个目的可以不断尝试、纠正、总结(受访者 No.16)。

(二)高校思政课教学场域中教师的投入状况

在高校思政课教学场域中,教师的投入普遍处于较高的水平,无论是面对哪种教育层次的大学生,或是面对多大的班级规模,教师都能较好地投入教学过程中(详情见表 2-17),这体现出高校思想政治教育工作者的责任感和主体意识。当学生的投入水平处于一般、较低甚至很低的状态时,教师仍然能以较高的投入水平开展思政课教学。然而,大部分教师认为自己是否投入与学生的投入水平密切相关,当学生投入水平不足时,教师会受到较大的负面影响,尤其在情绪上会感觉沮丧、自责、失落、失望、恼火等等。反之,如果学生充分投入教育场域之中,教师会受到很大的鼓舞和激励,从而产生积极的情绪体验(详情见图 2-6)。这些访谈信息可以大致反映出教师在高校思政课教学场域中具有较强的投入动机(既包括内在动机也包括外部动机),能够以饱满的精神状态投入场域,但是投入的体验却很容易受到大学生投入水平的影响,因此,投入也是把握大学生在场困境与教师在场困境之间关系的关键。

表 2-17 教师的投入程度与大学生的投入水平情况

任教层次	一本(8)			二本(8)			三本(1)	大专(6)		
班级规模	50人及以下(2)	81~100人(2)	100人以上(4)	51~80人(3)	81~100人(4)	100人以上(1)	50人以下(1)	50人以下(1)	81~100人(2)	100人以上(3)
教师投入	NO.3 较高 NO.12 很高	No.4 一般 No.16 较高	No.5 较高 No.6 很高 No.7 较高 No.15 很高	No.11 较高 No.19 很高 No.21 很高	No.2 较高 No.10 较高 No.14 一般 No.18 很高	No.8 较高	No.22 很高	No.9 较高	No.1 较高 No.20 较高	No.14 较高 No.17 很高 No.23 较高
学生投入	No.3 一般 No.12 较高	No.4 一般 No.16 较高	No.5 一般 No.6 较高 No.7 一般 No.15 一般	No.11 一般 No.19 较高 No.21 一般	No.2 一般 No.10 较高 No.14 一般 No.18 较高	No.8 一般	No.22 一般	No.9 一般	No.1 较低 No.20 较低	No.14 一般 No.17 较低 No.23 很低
教师投入与学生投入是否相关	No.3 有关 No.12 有关	No.4 关系不大 No.16 有关	No.5 有关 No.6 有关 No.7 有关 No.15 有关	No.11 有关 No.19 十分有关 No.21 有关	No.2 有关 No.10 有关 No.14 有关 No.18 有关	No.8 有关	No.22 有关	No.9 有关	No.1 直接相关 No.20 有关	No.14 正相关 No.17 有关 No.23 有关

在我所教的学生当中,大部分投入水平一般,部分学生缺乏充足的学习动机,学习过程中常常无精打采,甚至心不在焉,他们很容易放下学习转而投入到手机游戏等娱乐活动中去。当然,因为我在大专院校任教,所教的大学生在之前的学习阶段就未能养成良好的学习习惯,并且有些学生的学习态度很不端正,因此,他们很难适应相对自主的大学学习。与此同时,高校思想政治教育与中学的思想政治理论课存在着一部分重复的内容,不少学生认为以前学过,现

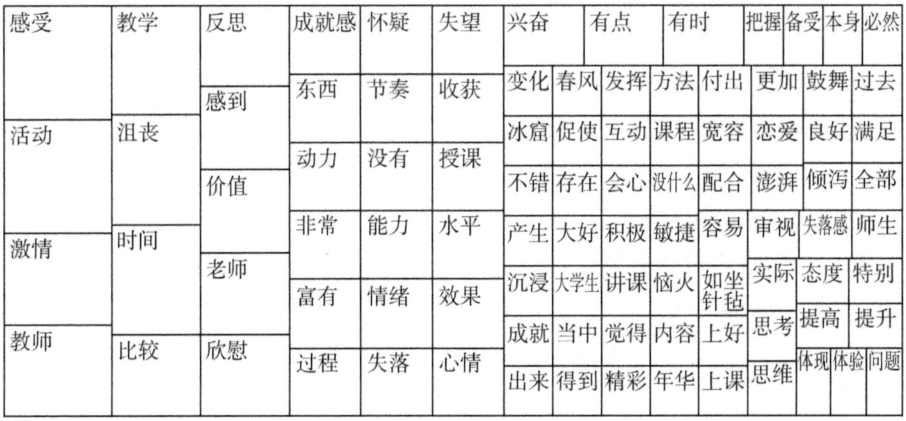

第二章　高校思政课教学场域中行动者的在场状态与困境

感受	教学	反思	成就感	怀疑	失望	兴奋	有点	有时	把握	备受	本身	必然
		感到	东西	节奏	收获	变化	春风	发挥	方法	付出	更加	鼓舞	过去
活动	沮丧		动力	没有	授课	冰窟	促使	互动	课程	宽容	恋爱	良好	满足
		价值	非常	能力	水平	不错	存在	会心	没什么	配合	澎湃	倾泻	全部
激情	时间		富有	情绪	效果	产生	大好	积极	敏捷	容易	审视	失落感	师生
		老师				沉浸	大学生	讲课	恼火	如坐针毡	实际	态度	特别
教师	比较	欣慰	过程	失落	心情	成就	当中	觉得	内容	上好	思考	提高	提升
						出来	得到	精彩	年华	上课	思维	体现体验	问题

图 2-6　学生投入对于教师影响的词频分析矩形图

在就没必要学了,这种观念大大削弱了思想政治教育对学生的吸引力。雪上加霜的是,手机与无线网络无法被阻隔在课堂之外,来自网络世界的干扰使得大学生的学习投入水平更加不容乐观。不过,这些并不会成为我逃避教育责任的借口,为了能够取得较好的教育效果,我会花比较多的时间备课,尤其在教学方法和教学资源方面会花费非常多的时间,上课时通常也是全心投入,如果学生也同样投入的话,下课铃响了都觉得意犹未尽。并且在上完一个班级的课之后,在给另一个班级授课之前,会对同样的授课内容进行再次备课,以完善授课内容,提高教育效果。然而,学生的投入状态会对我的情绪产生一定影响,如果学生表现得比较投入,我会带着更为愉快甚至幸福的心态去备课和上课,反之,如果他们表现不好,我会带着低落的情绪准备课程教案或课件,课上可能会给自己一种不良的心理暗示,使得教育效果受到影响。我会觉得失望、沮丧,甚至对自己的教学能力产生怀疑,并且很长时间陷入消极的情绪当中,通过较长时间的疗愈才能投入下一次的教育活动。除了大学生的学习投入之外,还有一些因素可能会影响我对教育活动的投入,如对教育内容的熟悉与感兴趣程度,是否具有良好的精神状态,教育过程中是否有灵感、有信心等等(受访者 No. 21)。

(三) 高校思政课教学场域中教师的在场困境

与大学生的在场困境有所不同的是,教师投入高校思政课教学的水平普遍较高,他们具有强烈的动机、充沛的精力、长久的专注,这些品质支撑着他们在面对投入水平并不太高的大学生时仍保持较高的投入状态,并期待在教学过程中激发大学生的投入行动。

首先，教师的在场困境体现为如何实现教学之间的辩证关系。从表2-17当中不难看出，无论位于哪一个教育层次，学生投入高校思政课教学场域的水平与教师的投入水平存在着一定差距。在这种略微失衡的教育生态下，一方面，面对投入水平较低的学生，教师既要保持师生之间整体行动的投入有效性，也要引导和激发大学生的学习投入，这需要损耗大量的精力，从而引发在场困境。另一方面，较低的学生投入水平会在很大程度上导致教师产生消极的情绪体验，从而影响教育投入的持续性与动机水平，如果这些消极体验持续很长时间，可能会引发教师的职业倦怠，从而影响他们的有效在场。如何消解场域中的消极体验，避免与学生产生对立，并尊重学生的主体地位，也是教师需要面对的难题。

其次，教师的在场困境还体现在如何在新的历史方位中增强文化资本的优势，并实现教育目标与时代要求的契合。"新时代"的到来，使高校思想政治教育既面临机遇，又面临挑战，习近平新时代中国特色社会主义思想的提出，国家对于思想政治教育的重视，还有信息技术带来的便利，这些都为教师的有效在场提供了机遇。然而，挑战与机遇并存，如何增强大学生对"新思想"的认同，如何解决思想政治教育的教育地位与教育效果的不相匹配问题，如何应对信息技术发展引发的副作用，这些都是教师在高校思政课教学场域中所面临的困境。

最后，教师的在场困境涉及如何增强教育惯习与场域的适配性。从教时间较短的教师需要塑造与高校思政课教学场域相适配的教学惯习，而从教时间较长的教师需要关注不同代际大学生之间的差异，及时转变教学惯习。然而，惯习的塑造需要教师在长期的场域实践过程中逐渐将场域结构沉淀于自身，这种机制容易导致教学策略的固化，以至于教学惯习难以转变。因此，塑造适配的惯习并加以灵活自如地运用，是教师应对在场困境的重要方法。

第三章

高校思政课教学场域中行动者在场困境的归因分析

依据高校思政课教学场域运行机制及行动者在场状态的实证分析,结合现有的研究不难发现,影响师生在场状态的因素主要有场域结构、文化资本、惯习以及主体性等。而这些因素的变化并非仅仅来自高校思政课教学场域之内,还涉及该场域所处的具体现实的社会结构。"致力于人的精神生活的思想政治教育只有深入社会结构之中,回到社会结构场域的母胎中,才能绽放新的理解与诠释,展开新的批判与重建,其理论才能得以通透。"[1]要分析高校思政课教学的现状,既需要把握高校思想政治教育与所处场域的关系,也需要明了其内部行动者之间的关系。高校思政课教学场域是国家元场域的子场域,而国家场域又处于更加宏观的世界之中。因此,高校思政课教学场域中行动者在场困境的归因将主要从国际形势、社会转型以及高校思政课教学场域本身三个方面进行分析。

---

[1] 卢岚.从触及灵魂到触动利益——思想政治教育的社会合作之维[J].理论与改革,2014(1):137-143.

一、复杂多变的国际局势对于场域结构、文化资本及学习主体的影响

高校思政课教学场域所处的元场域身处更为广阔的国际舞台,尽管国际形势的变化并不能直接对场域中的行动者以及其位置关系产生作用,但它总会通过层层场域,像有磁力般地以各层级的场域为中介作用于高校思政课教学场域中的行动者身上。

(一)全球化使高校思政课教学场域的结构趋于复杂

"全球化是描述和指称这样一种人们经验到的事实和趋势:生产力和科学技术的发展,打破了人类活动的时空界限,以人的活动之间的极强的相关性为依托,使整个世界联为一体。"[①]全球化趋势的发展使得各个国家之间经济、文化等界限变得不再那么分明,甚至在政治领域也出现来自其他国家的影响因素。"单个人随着自己的活动扩大为世界历史性的活动,越来越受到对他们来说是异己的力量的支配,受到日益扩大的、归根结底表现为世界市场的力量的支配。"[②]因此,在全球化的推动下,世界市场驱动着越来越多的行动者进入全球性的社会分工体系之中,这就意味着,全球范围内的社会分工使得每个身处其中的人都必须在各种复杂的客观关系网络中找到自己的一席之地。复杂多样的客观关系使得行动者在场域中受到越来越多的"磁力"的作用,这些"作用力"交织在一起,对高校思政课教学场域的结构产生不同程度的影响。

"经济全球化将资源配置纳入整个世界经济体系,科技进步突飞猛进,经济发展不平衡不断加大,各国经济的依存关系进一步加深。"[③]各国经济的依存关系使得社会主义社会与资本主义社会的经济活动相互交织,联系紧密。例如,有的大学生作为消费者,当他们购买进口商品时,不免参与到与资本主义社会经济关系相关的活动当中,他们在享受这些经济活动所带来的权益的同时,可能会在不知不觉当中受到资本主义意识形态影响,从而给高校思政课教学场域在场性构建带来挑战。

[①] 杨芳.马克思的社会分工理论及其当代意义[M].西安:陕西人民出版社,2008:289.
[②] 中共中央马克思恩格斯列宁斯大林著作编译局.马克思恩格斯选集:第一卷[M].北京:人民出版社,1995:89.
[③] 雷志成.高校思想政治教育面临的时代性问题研究[M].长春:东北师范大学出版社,2018:83.

(二) 文化多样化加剧高校思政课教学场域中的文化资本竞争

在全球化趋势加快发展的当今世界,文化的多样化也以愈演愈烈之势呈现于世人面前,"各种思潮、理论、主义风起云涌,不同国家不同民族的文化、价值观相互碰撞、交融,国际文化环境也发生了新变化,出现了新情况,产生了新问题"①。尤其是随着文化软实力作为发展战略的地位凸显,多样化的文化在各个国家的文化交流过程中不可避免地进入大学生的视野,而某些别有用心的西方国家,大肆宣扬资产阶级自由化言论,对他国进行思想文化渗透,甚至推行文化霸权。"文化霸权主义国家将西方文明作为进步的现代文明,给弱国带去严重的文化自卑感,甚至可能使他们丧失文化主权,天长日久,弱国民众会成为西方文化的盲目崇拜者,对外来的文化不加分辨全盘接受,而对本国文化不予珍惜,对本国历史轻易否定,对本民族历史和文化丧失自信。"②随着我国综合国力日益增强,中国在世界舞台上的位置越来越重要,中国特色社会主义文化也得到了越来越多国家的赞赏与认同,这在某些西方国家看来却是威胁和称霸。于是,这些西方国家借由全球化优势,加紧推动文化霸权,企图压制中国的进一步发展。"西方国家通过垄断世界传播媒介进行文化侵略,力图在各发展中国家推行其经济、政治模式。"③如此,这些戴着所谓"民主""自由""人权"等面具的文化资本,在高校思政课教学场域中,妄图占据主导地位。

(三) 社会信息化易使学习主体迷失在网络的虚拟世界

社会信息化的重要标志之一是互联网的飞速发展和广泛应用。互联网的普及之广,使得高校思想政治教育也无法置身事外。当然,社会信息化对于思政课教学而言拓宽了教学路径,提供了新的媒介,也使师生之间的联系不仅仅局限于课堂之中。然而,社会信息化所带来的信息渗透、"信息爆炸"对于高校思想政治教育的挑战也同样不容忽视。西方的敌对势力已经"把互联网作为西化、分化战略图谋的重要平台,借助虚拟社区、搜索引擎、网站论坛、聊天室、新闻跟帖及微博等多种方式,散布宣扬资产阶级自由化言论,进行思想文化渗透……"④归根到底,西方敌对势力企图运用信息化手段裹挟高校思政课教学场域中行动者的主体性,诱使他们沉迷于网络游戏、电影电视、虚拟社交等互联

---

① 张红霞.高校思想政治教育实效性研究:以文化多样化视角[M].北京:光明日报出版社,2011:81.
②③ 陈艳宇.文化冲突与多元文化导论[M].北京:中国民主法制出版社,2017:211.
④ 孙大为.思想政治教育视野下的大学生网络民主参与发展研究[M].北京:知识产权出版社,2015:9.

网活动，无法投入现实世界，以此削弱高校思政课教学效果。具体来说，社会信息化的负面影响主要体现在以下几个方面：

首先，社会信息化可能增加大学生卷入"文化渗透"场域的风险。互联网的普及使得信息的获取更为便利，但同时也容易增加大学生遭受不良信息影响的风险。"境外敌对势力利用国内公共热点事件，移花接木，炮制假新闻和谣言，煽动网民情绪，藐视真相。西方一些国家资本介入，利用其话语霸权优势，断章取义，放大中国社会问题，抨击中国的政治、经济等制度，动摇中国共产党的执政根基。面对国内外形形色色的社会思潮，由于认知能力有限，大学生容易陷入其中难以自拔，形成刻板印象。"[1]尤其当移动网络技术突破了教学的时空限制，人们可以随时随地来往于互联网的世界时，大学生身处高校思政课教学场域，可能会被西方的"文化渗透"所吸引，而被西方意识形态文化资本所裹挟的各色信息成为与教师的理论传授、思想引导、情绪感染敌对的力量，从而削弱高校思想政治教育的实效性，易使部分大学生出现在场的心理脱离。在西方文化渗透的作用下，有的大学生带着片面的、情绪化的眼光看待国家政权和国家意识形态等问题，否定中国特色社会主义的优越性，否定执政党的历史地位和现实价值，同时也否定高校思想政治教育的作用和意义，甚至企图脱离高校思政课教学场域。

其次，网络游戏等虚拟场域干扰大学生在高校思政课教学场域之中的主体性发挥。有的大学生选择投入虚拟场域而不是教学场域，有其主体性需要的根源。"主体行为都可以从人的主体性需要追根溯源。"[2]步入大学校园之后，无论是生活环境，还是学习氛围都与以往的教育阶段有所不同，以往的教学场域除了教师实时掌控和支配场域之外，还有家长对于大学生课余时间的管控。大学生的主体性很大程度上是由外力所监控或驱动的，一旦进入相对宽松的学习环境，便难以发挥其能动性，甚至受到教育场域之外的诱惑而与场域脱节，转而投入虚拟的网络世界。这种虚拟世界不同于现实世界，其需求的满足方式与现实世界有所不同，"现实生活环境下主体需求的满足途径是通过主体实践联系主客体关系，包括满足需求的现实信息源也是在主体生产实践或生活实践的探索过程中获取，并通过主体精神实践进行筛选和验证获得的。主体之间在现实实践中即使形成共同协作关系，也是在具体的实践中发生信息的交流与合

---

[1] 李海文.在场却"离场"：解读高校思政课堂之困境[J].河北农业大学学报（社会科学版），2019，21(2):81-85.

[2] 汪广荣.虚拟生存与人的主体性发展[M].合肥:合肥工业大学出版社，2013:249.

作"①。一旦习惯了虚拟场域的行为模式,就会难以适应教学场域的实践要求,这样就进一步地引发大学生逃避学习、脱离场域的行为,使得大学生自身主体性在教学场域之中无法得到满足,结果就是转而投入虚拟场域以满足主体性需要。与此同时,虚拟场域之中的一些行动者受到利益驱使,针对青少年群体设计使之沉迷的游戏或娱乐内容。"网络对于主体需要的满足无非就是在青少年缺失性需要和成长性需要日益增长的前提下吸引青年学生积极参与和运用互联网,而网络的经营与包装的背后却掺杂着市场微观主体的切身利益。"②各种使人沉迷的网络活动背后,隐藏着人的主体性的异化。当互联网中的信息占据了行动者的主体性,那行动者在高校思政课教学场域中的主体性就处于"失能"状态,此时无论文化资本多么有吸引力或是所设置的实践活动多有意义,也难以弥补。

最后,对于网络的过度依赖会让人养成即时满足、娱乐泛化、思维图像化、互动虚拟化的习惯,而这些习惯大都与现实社会当中实践活动的要求相背离,也对思想政治教育造成了很大的干扰。在教学过程中发展自我、完善自我,塑造与社会化要求相一致的社会属性本身就需要一个相对漫长的过程,所以所获得的成效并不能立刻显现,需要相当的耐心去完成。而教学过程不可能时时都轻松快乐,需要付出努力甚至忍受艰辛,仅仅凭借娱乐化的心态是难以适应这一过程的。在高校思政课教学场域中需要进行大量的理论认知,在这些环节中抽象思维和思辨能力都是必不可少的,如果习惯于图像化的思维,那就容易导致理论学习枯燥乏味的思维固化,产生逃避的心理或行为。高校思政课教学场域的互动过程,不可能全部都在互联网当中进行,同时互动的主题主要是围绕现实社会展开的,然而虚拟化的互动惯习往往忽视现实需要。

二、社会转型对高校思政课教学场域的影响

"思想政治教育不仅是一种思想交往活动,更是一个社会经验活动事实。它真实直接地参与并推动社会变迁。"③高校思政课教学场域作为国家场域的子场域之一,承担着培育与强化大学生社会意识形态的责任,以确保大学生具有对国家的认同感与归属感,从而激发其对中国特色社会主义建设的历史使命

---

① 汪广荣.虚拟生存与人的主体性发展[M].合肥:合肥工业大学出版社,2013:249.
② 汪广荣.虚拟生存与人的主体性发展[M].合肥:合肥工业大学出版社,2013:250.
③ 卢岚.社会结构转型:思想政治教育研究的一个新的生长点[J].思想教育研究,2018(12):35-40.

感和责任感。"从上层建筑的角度看,相对于国家政权所处的权力场域而言,思想政治教育场域处于一种被统治的地位,其职责在于服务国家政权。其日常运作的合法性,以及所需的资本,都有赖于国家政权的分配。"[①]当前我国正处于社会转型的快速发展阶段,因此,高校思想政治教育必然受到社会转型的直接影响。"所谓社会转型,是指社会结构和社会运行机制从一种形式向另一种形式转换的过程。"[②]因此,在社会转型过程中,国家场域的社会结构和运行机制的变化会对高校思政课教学场域造成不同程度的影响。

(一)社会结构转变使高校思政课教学场域的构建更为复杂

高校思想政治教育首先是国家场域中的绝对政治性实践,它表现为一种国家机器的意识形态形式[③]。因此,高校思政课教学场域首先是政治性实践空间,并且围绕着这一核心推动符合国家发展要求的社会化进程。"在根本上,思想政治教育不是作为一个教育内容出现社会生活之中,相反,它必然作为对社会具体的政治化和社会化的根基在国家和社会之中存在着。"[④]然而,随着社会转型的不断深化,复合式的转型方式使得我国的社会结构变得更为复杂,在从乡村社会向城市社会、计划经济向社会主义市场经济、农业社会向工业社会与知识经济社会、封闭社会向开放社会的复合转型过程中,社会结构的复杂性要求高校思想政治教育在动态多变的国家场域中,围绕较为稳定的意识形态要求进行场域构建。

当前的社会转型肇始于改革开放,从改革开放以来思想政治教育的主要任务不难看出,高校思想政治教育正是依循每个发展阶段的中心任务进行主题转换的。改革开放伊始,"拨乱反正"是我国当时的时代主题,对于高校思想政治教育而言,最为紧迫的是:把握时代特征,从青少年的鲜明思想特点出发,做好他们思想上的"拨乱反正"。而"拨乱反正"之后面临的就是改革开放的重大命题,高校思想政治教育更需要应对改革开放的形势与要求:"要结合现实生活,从理论的高度来回答现实生活中提出的问题;要批判地评价国内外的各种社会思潮;要扩展大学生的视野和社会知识面。加强大学生思想政治工作要有组织

---

① 戴卫义,黄金结.大学生思想政治教育的场域探析[J].江苏高教,2015(1):117-120.
② 郑杭生,李强.社会运行导论:有中国特色的社会学基本理论的一种探索[M].北京:中国人民大学出版社,1993:306.
③④ 黄菊,蓝江.作为意识形态国家机器的思想政治教育——一个思想政治教育元问题研究[J].武汉理工大学学报(社会科学版),2009,22(1):91-95.

上的保证,即统一领导,建设队伍,发动教师做学生思想政治工作。"①而随着社会主义市场经济体制的建立和完善,高校思想政治教育进一步引导学生解放思想,以正确认识社会主义市场经济的本质,并把握市场的局限性,警惕市场泛化的风险;面对知识经济的到来,高校思想政治教育更加注重人的需要、人的主体性、人的价值和人的发展,社会价值与个人价值的内在统一,教育者主体性和受教育者主体性的统一②。

从改革开放以来的社会转型过程来看,高校思想政治教育一直都积极主动地应对社会转型所带来的社会结构变化,然而,如果缺乏场域的整合,这些应对措施只能在某个方面或某些方面起到有限的作用,"思想政治教育与社会结构的无缝隙磨合则是体现在两个层面上:一是由社会分化所导致的思想政治教育的嵌入过程;二是思想政治教育在社会分层结构中的融合生长过程。思想政治教育只有融合生长于社会生活结构中,才能对生活现实体验投射一种反思与批判意识,以清醒地看到其自身存在的危机,以减少其盲目性"③。因此,要更好地契合复合转型中的社会结构,需要从高校思政课教学场域构建着手,使高校思政课教学场域融入国家场域的具体社会生活结构,实现场域结构与社会结构的契合。

(二) 社会群体分化增加了高校思政课教学场域中行动者的差异性

社会结构的转化导致社会分化加剧,其中所包含的社会群体分化则意味着社会差异性增加,"在加速转型期,社会分化的烈度、速度、深度和广度相比于其他任何时期都要深刻,以致社会整合常常无法适应它的变化,而使社会出现'断裂和失衡'现象"④。不同的社会群体之间可能存在着利益矛盾、思想差异和价值取向差异。高校思想政治教育不可能仅仅对一种社会群体进行实践,而是会面对各类群体成员,因此社会群体的差异性不可避免地转化为思想政治教育主体的差异性,进而对高校思政课教学产生影响。一方面,这种主体差异性体现为学生与学生之间的差异。"一是学生学习兴趣、方法、态度、风格、动机、目的、努力程度等学习行为属性方面的差异;二是学习成绩、学习能力、专业知识、综

---

① 林群.大学生思想政治工作刍议[J].大连轻工业学院学报,1986(2):6-10.
② 辽宁大学马克思主义学院.思想政治理论课教育教学探索与改革[M].沈阳:辽宁大学出版社,2010:44-47.
③ 卢岚.从触及灵魂到触动利益——思想政治教育的社会合作之维[J].理论与改革,2014(1):137-143.
④ 郝朝晖.疏离与回归:社会转型期高校师生冲突及调适[M].武汉:华中师范大学出版社,2017:49-50.

合能力、职业素质等学习结果方面的异质性。"①大学生学生主体的差异性,意味着教师要"因材施教",以往的同向"作用力"的场域已经转变为多向"作用力"的场域。另一方面,这种主体差异性还存在于教师与教师之间。"教师主体除了受到社会、文化、环境、个人等因素影响外,还受到工作经历、职业背景、社会资源、专业、研究领域、事业心、利益诉求等因素的影响。"②教师与教师之间的主体差异会影响到场域结构的稳定性,只有协调好这些差异性,形成合力才能有助于场域的构建。主体性差异的增加,使高校思政课教学场域中行动者之间的客观关系变得更为复杂。

首先,来自不同社会群体的大学生,他们所拥有的资本类型和资本优势各不相同。有的大学生主要拥有的是文化资本,并且十分重视文化资本的作用,在高校思政课教学场域之中,他们能够较为专注地投入到获得思想政治教育文化资本的活动之中,对于经济资本的吸引力并不敏感。而有的大学生却更重视经济资本,他们关注专业课程的学习和专业技能的提升,对于思政课这类无法直接带来经济资本的课程缺乏投入的主动性。面对这两类大学生,需要采取不同的教育策略,这既增加了高校思政课教学场域构建的复杂性,也使大学生的有效在场面临挑战。

其次,来自不同社会群体的大学生,他们先前塑造的惯习也不尽相同。人的惯习最初形成于家庭,社会群体的分化对家庭场域的结构也产生了很大影响,不同的家庭场域会生成别具一格的家风,因此类属于不同社会群体的家庭场域自然而然地塑造出不同的惯习。家风会对大学生的认知和行为产生潜移默化而持久的影响,甚至可以说它是思想政治教育的微观场域。"家风是家庭文化的表达,包括家庭成员的生活态度、习惯养成和默化教育等,这种家庭文化对家庭成员影响是持久的,细微的。"③受到不尽相同的家风熏染的大学生,他们的惯习存在着多方面的差异。因此,要对来自不同社会群体的大学生进行思想政治教育,需要考虑惯习因素对他们在高校思政课教学场域之中在场性的影响,更重要的是,鉴于学生先前惯习与场域的不相适配,高校思政课教学场域需要引导他们塑造更加契合社会结构的惯习。

最后,作为高校思政课教学场域之中的行动者,同时也是高校思政课教学场域的主导者,教师所具备的文化资本关系到场域的构建与持续,也在很大程

---

①② 曾明星,李桂平,周清平,等."翻转课堂"教育场域:主体异质性、惯习冲击与价值建构[J].高等工程教育研究,2015(5):186-192.
③ 牟冬梅.家风:思想政治教育的微观场域研究[D].长春:东北师范大学,2017:16.

度上影响大学生的在场有效性。然而教师之间也存在着文化资本的差异性,从纵向来看,中学政治课教师拥有的文化资本与大学思想政治理论课教师拥有的文化资本或多或少是存在差异的,这种差异会影响思想政治教育对于大学生的吸引力,如果大学教师的文化资本并不具优势,那么学生会在心理上投入之前的思政课教学场域,对身处之中的场域却怀有抵触心理。从横向来看,不同课程的任课教师所具有的文化资本优势各不相同,这些优势在一定程度上来自于他们所属的社会群体。而文化资本的差异会影响高校思政课教学场域的构建以及大学生的在场有效性,教师并非都能使所有的学生产生共鸣,以充分地投入高校思政课教学场域,从而实现教学场域的在场性构建。

(三)"物化意识"使高校思政课教学场域的价值导向受到干扰

"人自己的活动,人自己的劳动,作为某种客观的东西,某种不依赖于人的东西,某种通过异于人的自律性来控制人的东西,同人相对立。"[①]卢卡奇通过"物化"这一概念揭示了资本主义社会当中的一种普遍社会现象,人与人之间的关系表现为物与物的关系,并且人所创造的物反过来控制了人,人以及人与人之间的关系都被物化了,而资本主义制度进一步地强化了物化结构[②]。物化不仅影响人本身,也影响人的意识,成为"物化意识"。"物化意识存在于资本主义社会中,是物化结构在人的意识中内化的显现,……物化意识是对物化结构的肯定和认同,表明对外在规律的控制的完全服从和人的主体性的丢失。"[③]随着我国社会主义市场经济的不断发展,西方资本主义社会的"物化意识"也随着经济全球化的浪潮进入了人们的视野。拜金主义、功利主义、物欲至上等极端的"物化意识"纷至沓来,对人们的价值观念造成极大干扰。"物化意识"很容易使人陷入过分强调效率、追逐物质财富增长的片面价值导向,而忽视作为人自身的存在意义和价值,在一定程度上阻碍了人的全面发展。与此同时,"物化意识"的干扰不仅存在于经济领域,而且已经蔓延至高等教育场域,同样也干扰了高校思政课教学场域的价值导向。

首先,"物化意识"容易引发工具理性与价值理性的割裂。随着资本主义生

[①] 卢卡奇.历史与阶级意识 关于马克思主义辩证法的研究[M].杜章智,任立,燕宏远,译.北京:商务印书馆,1999:152-153.

[②] 卢卡奇.历史与阶级意识 关于马克思主义辩证法的研究[M].杜章智,任立,燕宏远,译.北京:商务印书馆,1999:143-145.

[③] 张芮."物化""物化意识"及物化意识的阶级表现——基于《历史与阶级意识》[J].马克思主义哲学研究,2018(2):176-182.

产力的发展,物化具体表现为人们的劳动越来越趋向于狭隘、精细的分工,并且这种分工在资本主义社会商品经济条件下日益合理化、常态化,使产品不再是劳动过程的对象,而表现为一种日益合理化、专门化的商品的局部的组合。这种劳动分工趋向容易促使大学生仅仅关注自己的专业知识,甚至是某一项技术的知识,将追求事物的最大功利效果作为目的。然而,实际上,工具理性与价值理性是不可分割的。一个人合目的、合规律的社会实践活动的成功,即个人精神价值向社会价值的转化,取决于价值理性与工具理性的统一。社会主义核心价值体系作为高校思政课教学场域的价值导向,其最终目的是要引导大学生关注行为对于人本身的价值,不仅关注对于个人,而且关注对于整个社会群体的人的价值与意义。围绕着"富强、民主、文明、和谐、自由、平等、公正、法治、爱国、敬业、诚信、友善"这些价值标准关键词构建而成的社会主义核心价值体系,旨在引导大学生树立契合社会主义社会发展要求的价值观,推动自身的自由而全面的发展,实现个人价值与社会价值的统一。而"物化意识"仅仅片面地强调工具理性,诱导大学生单方面地关注专业技术,而忽视人文素养、道德素质以及精神追求,与此同时,"物化意识"将人与人的关系、人与社会的关系转化为物与物的关系,割裂了个人价值与社会价值的关系。因此,"物化意识"会对高校思政课教学场域中的价值导向带来冲击。

其次,"物化意识"容易导致价值主体的缺失。"物化现象展现出两种表现形式:其一,在客观方面,在资本主义社会中,物化现象展现为物与人的对立,人们可以认识商品市场的规律,并可以利用商品市场的规律,但是始终无法制服物与人相对立的规律;其二,在主观方面,物化现象表现为人与人之间的对立和人与自身之间的对立,人的活动物化为一种商品,人的活动不再依赖于人自身"[1],这就意味着物化会导致人服从于物,并且无法克服物与人之间的对立,从而失去价值主体地位。"物化意识对商品形式的直接性进行肯定,并试图加强和巩固物的性质的直接性,以保证在资本主义社会的物化结构中产生永久性的价值增殖,卢卡奇认为,无论是人的肉体还是心灵都渗入了'表面的合理化',在物化社会中,生活的各个方面都是孤立的,并且在物化的人看来,孤立的各个方面都是具有不可抗拒的规律的。"[2]"物化意识"容易使人们产生一种错觉,即盲目服从孤立的物的规律,这就消解了人的价值主体性,使人失去了作为实现价值的个体的自主性和能动性,而社会主义核心价值体系强调的是对于人的价

---

[1][2] 张芮."物化""物化意识"及物化意识的阶级表现——基于《历史与阶级意识》[J]. 马克思主义哲学研究,2018(2):176-182.

值主体的肯定,即"事物是否有价值由主体判断,并且价值是由主体创造的"。因此,"物化意识"在价值主体方面也会对高校思政课教学场域的价值导向造成干扰。与此同时,'物化意识'不仅使无产阶级丧失整体性和主体性、缺乏批判精神,而且也是对资本主义制度的肯定和保护,是阻碍社会进步的力量。对于大学生而言,当他们遭遇"物化意识"的阻碍,就更需要通过思想政治教育加以扫除。

三、高校思政课教学场域自身的影响因素

高校思政课教学场域之中大学生的投入及在场有效性问题,并不仅仅受到国际环境、元场域与高等教育场域的外部因素影响,场域内在因素对于大学生在场状态会产生更为直接的影响。高校思政课教学场域内行动者的主体性、惯习、文化资本、体验需要等都会对大学生的场域投入以及在场状态产生影响。

(一) 高校思政课教学场域中行动者的主体性有待激发

尽管场域理论旨在消除主客体之间的二元对立,但这并不意味着可以忽视场域之中的主体性,那么主体性究竟是什么呢?学界关于主体性的涵义主要有以下四种观点:"一是主体对客体的主观能动性;二是主体对客体的优越性和支配性;三是人作为主体在同客体的对象性活动关系中表现出来的属性;四是主体性具有两重意义:一方面是指人类的生存方式、活动方式和对世界以及自身的把握方式,另一方面是指对象性活动中主客体中主体的特性。"[①]本研究主要涉及第一种涵义,在思想政治教育过程中尽可能地发挥主体的主观能动性。然而,在当前高校思政课教学场域中,不仅存在着主客体关系的对立,还有实践的主体性有待激发的问题,以及社会主体性和个体主体性的隔离问题。

1. 高校思政课教学场域仍然存在主客体关系的对立

关于高校思想政治教育主客体的观点十分丰富,有"单主体说"、"双主体说"以及"主体间性说"[②]。随着对于主客体问题的研究和理解的深入,在高校思想政治教育过程中,已经出现了不少注重师生双方主体性的教学方式,比如引导探究、任务驱动、翻转课堂等等。

然而,仍有不少研究者和教育工作者认为思想政治教育中教育者是主体,受教育者是客体。在具体的思想政治教育过程中,大学生通常被当作客体。

---

① 张洪凯.近年来主体性问题讨论述评[J].社会科学战线,1994(3):54-59.
② 王新举.后现代背景下的高校思想政治教育[M].北京:知识产权出版社,2016:129.

"在传统思想政治教育中,教育者是实施教育、管理、改造的主体,受教育者则是被教育、被管理、被改造的客体,教育者与受教育者的关系是明显的主客体之间的权威——服从关系。"[1]这种传统的思维惯性既与我国的教育传统相关,也与苏联的教育模式有关。"从教育传统看,中国古代讲究'子不教父之过',子女的教育出了问题不是从其自身内部寻找原因,而是从家长和老师等外部因素上找原因,这样无形中就忽视了学生自身主体性问题。从苏联教育模式看,苏联的思想政治教育将列宁的'灌输'理论绝对化,出现了思想政治教育内容上的教条化和教育方法上的形式化,而新中国成立后我国的思想政治教育模式几乎是从苏联搬袭过来的,从课程设置、教材选用、教学内容确定、教学法研究到教育机构设置甚至教育制度都带有很深的苏联教育制度的痕迹。"[2]作为大学生,主体意识成长是其人格发展过程中不可或缺的一部分,在师生主客体对立的教育过程中,主体发展诉求在主客体关系的冲突中难以得到满足,这不仅可能会使得大学生在思想政治教育过程中的主体性受到约束,同时也会让教师在高校思政课教学场域中的行动力量遭到阻滞而被削弱。因此,在高校思政课教学场域内容易出现师生关系的疏离现象,使得本应朝着共同方向前进的两股行动力量却呈现出相互拒斥的倾向,进而影响思想政治教育的实效性。

当然,当前高校思想政治教育师生的主体性已经受到了十分的重视,并且在许多高校思想政治教育工作者和大学生的共同努力下落到了实处。但是主客体之间的对立还存在于另一种不容忽视的现象当中,那就是在高校思政课教学场域中出现了一些新的媒介和实践客体,新的媒介包括电脑、手机及与之配套的网络、软件等,这些媒介的出现,一方面为高校思想政治教育提供了新的途径和表现形式,它们"丰富了思想政治教育的形式,变革了思想政治教育的方法,拓展了思想政治教育的研究领域,优化了思想政治教育的系统资源"[3]。但是,另一方面,新的媒介也在客观上带来了高校思想政治教育新的实践客体——关于新科技成果的思想观念、道德修养、政治素养等等,甚至有研究者提出了网络思想政治教育[4]。这些新媒介与以往传统的教学方式所用媒介的固定单一特点大相径庭,很容易吸引大学生进入新媒介所构建的空间,使得教育主体把关注置于媒介之上而忽视思想政治教育本身。因此,作为高校思想政治教育实践客体的新媒体反而成为教育实施的干扰或阻力,新媒体的普及"加速

---

[1] 张彦.思想政治教育主体性研究[M].广州:广东人民出版社,2006:246.
[2] 程太生,张峰.高校思想政治教育的四个关系及其教育学反思[J].高等教育研究,2011(2):91-96.
[3] 陈宗章.社会场域中思想政治教育现代转型的动力探析[J].求实,2014(4):84-88.
[4] 刘梅.试论网络思想政治教育[J].学术评论,2000(3):50-52.

了多元化价值观的传播,同时网络空间中的交往也失去了规范的有效约束。这促使人们的思想观念和生活状态发生重大改变,意识形态领域更加复杂"[1]。这种类型主客体的对立以分散主体的专注力的方式影响教育效果,甚至诱使大学生脱离教育场域转向手机与网络所构型的场域,最终导致高校思政课教学场域的有效在场困境。

2. 高校思想政治教育的实践主体性尚未充分发挥

在场域中,行动者策略实施的效果不仅取决于惯习的适用性和资本的丰富性,同时还取决于主体性。主体性能够"使自己的生命活动本身变成自己意志的和自己意识的对象"[2]。主体性是衡量行动者主体力量的尺度,"主体具有自由自觉的能动性,具有自我反思、自我完善、自我控制的能力,并通过对象化的实践和认识活动改造自然、改造社会和改造自身,从而创造了不断生成的世界与人自身"[3]。高校思想政治教育既是认识的发展和完善过程,也是实践的促动和跃迁的过程。"实践和认识作为主体的自觉活动,其过程和结果中都渗透着主体性因素,不了解实践和认识的主体性就不能真正理解实践和认识活动。"[4]因此,高校思政课教学场域中的主体不仅涉及认识,也涉及实践。

行动者的主体性不仅体现在认识过程当中,更体现于实践过程。"思想政治教育立足于改变受教育者的思想和行为,提高教育者的素质和能力;受教育者立足于改变自身,并对教育者施加有效影响。思想政治教育成为改造社会的有效力量。"[5]在高校思政课教学场域的语境中,实践主体性是基于师生共同体的实践而生发的促进思想政治教育实践活动的行为的主体能动性。但是在高校思想政治教育过程中,往往更关注认识主体性,而对实践主体性或是直接忽视,或是流于形式。"思想政治教育的实践主体性就是一种微观、弹性、柔性的实践主体性。"[6]"所谓微观,是指思想政治教育的实践对象是人的内在微观的思想精神世界和行为;所谓柔性,是指主要运用思想斗争、说服教育和疏导等非物质性、非强制性的手段改造人的思想行为,提升人的思想政治品德水平;所谓弹性,是指由于对人的思想的改变是一个艰难和漫长的过程,曲折、反复甚至暂

---

[1] 陈宗章.社会场域中思想政治教育现代转型的动力探析[J].求实,2014(4):84-88.
[2] 中共中央马克思恩格斯列宁斯大林著作编译局.马克思恩格斯全集:第三卷[M].北京:人民出版社,2002:273.
[3] 蒋平.论高校思想政治教育场域的建构与优化[J].现代教育科学,2013(3):126-130.
[4] 吕梁山.马克思主义哲学原理[M].沈阳:辽宁民族出版社,2003:108.
[5] 张彦.思想政治教育主体性研究[M].广州:广东人民出版社,2006:167-168.
[6] 张彦.思想政治教育主体性研究[M].广州:广东人民出版社,2006:165.

时的倒退是客观存在的,整个过程是长期、反复和螺旋式上升的过程。"①由此可见,相对于认识主体性,实践主体性的激发和巩固是较为困难的,因此在具体的思想政治教育实施过程中,教师为了教学效果更偏重认识主体性,学生也因为评分机制等原因容易忽视实践主体性的发挥。

(二) 高校思政课教学场域中"迟滞"现象凸显

"当个人与社会都处于稳定状态时,各个层次井然有序,变革总是符合预期的,因此说每个个体都'如鱼得水',也就是说其中的习性(惯习)与场域是完全适配的。"②然而,当持续的惯习与新的场域结构不相适应的时候,就会出现"迟滞"(hysteresis),这就意味着行动者无法在新的场域中运用往常的实践策略。"迟滞为习性(惯习)与场域相生相克所导致的必然结果。"③在高校思政课教学场域中,教师和大学生都可能因为既有的惯习与场域结构不相适应而发生迟滞现象。

从大学生的课堂状态来看,出现了不少与思想政治教育场域实践目的相悖的现象,在很大程度上破坏了思想政治教育场域的稳定性。有些大学生在思想政治理论课教学过程中呈现出漠然(indifference)的状态。"漠然是一种价值论上的状态;是一种伦理上的不偏不倚状态;它还是一种知识上的状态,众人注目之事,我却无力辨别。"④因此,这种漠然状态,一方面是因为有些学生由于缺失学习动力而产生的无意义感,另一方面是因为对于场域之中知识体系的构建不知所措。这种漠然可以随着学习的投入和理解的深入逐渐消解,但是一旦习惯于漠然,就可能转化为另一种"迟滞"现象——逃避。有些大学生在选择逃避高校思政课教学场域时,方式各不相同,有的选择逃离场域的物理空间,有的选择用其他行为挤占心理空间。不管是哪种方式,都会影响场域的稳定性和持续性。

从教师的惯习角度看,以往的教育场域并未如同当前的思想政治教育场域那般复杂,哪怕基于"超距作用"的理念进行教育实践也未尝不可,而在面对更为复杂的教育场域时,教师的惯习如果仅仅是停留在适应以往教育场域的状态,那必然会出现相应的迟滞。有的教师仅仅关注教育内容的灌输,并坚信从社会意识形态到大学生思想观念可以通过"超距作用"而实现,因此很少对教学理念和教学方法进行反思;而有的教师为了维系固有惯习在高校思政课教学场

---

① 张彦.思想政治教育主体性研究[M].广州:广东人民出版社,2006:165-166.
② 格伦菲尔.布迪厄:关键概念(原书第2版)[M].林云柯,译.重庆:重庆大学出版社,2018:160.
③ 格伦菲尔.布迪厄:关键概念(原书第2版)[M].林云柯,译.重庆:重庆大学出版社,2018:159.
④ 布尔迪厄,华康德.反思社会学导引[M].李猛,李康,译.北京:商务印书馆,2015:145.

域中的行动策略效用,便企图用权威把互联网、新媒介(如手机)等隔绝在场域之外。这类惯习都是在行为主义学习理念基础上的教育实践过程中形成的,因此难以适应建构主义学习理念的教学活动,如何整合高校思政课教学场域的物理传递与心理构建,是高校思想政治教育工作者面临的一个难题。

(三)高校思政课教学场域中的文化资本吸引力亟待增强

"一种资本总是在既定的具体场域中灵验有效,既是斗争的武器,又是争夺的关键,使它的所有者能够在所考察的场域中对他人施加权力,运用影响,从而被视为实实在在的力量,而不是无关轻重的东西。"[①]显然,在高校思政课教学场域中起作用的是文化资本,但是与布尔迪厄所研究的诸多场域不同的是,在该场域,文化资本并非师生双方斗争的武器,而是认识世界、改造世界的理论武器,也是与反动意识形态做斗争的武器。对于大学生而言,高校思政课教学场域中所涉及的文化资本,其获得方式不是争夺,而是赋予。因此,在缺乏激烈竞争(或斗争)的前提下,获取文化资本的动机就显得不那么强烈了,这就不可避免地产生文化资本吸引力弱化的问题。

一方面,大学生获得文化资本的途径变得多元化,从教育过程中获得的文化资本与从网络途径中获得的文化资本似乎在内容上没有多大差异,反而前者在表现形式上不及后者丰富多样。尤其是网络新媒体的出现,突破了信息传播的时空界限,"技术进步所引发的新媒体革命尤其是网络技术发展改变了思想政治教育空间环境。网络空间的虚拟性、开放性、无标识性等特征,向我们呈现了一个全新的空间形象"[②]。在高校思政课教学场域中,出现了文化资本获取途径多种选择的可能性,传统的课堂途径竞争力渐渐不具优势。另一方面,高校思想政治教育所提供的文化资本本身具有一定的局限性。由于顾及内容的全面性和权威性,作为客观化的文化资本——教材文本大量使用文件式的内容和话语风格,虽然这种类型的话语表述精准,但却难以激发大学生的学习兴趣或学习动机。与此同时,教材的部分内容尚未与以往教育阶段所学内容进行衔接,文化资本中出现了不少重复性的内容,部分大学生因为这种重复性,抱着一知半解的心态进入教育场域,因而显现出轻视课程、漠视课堂的抵触心理。在遇到问题或面临提问时,有的大学生"临时抱佛脚"似的在移动网络上搜寻答案,"理论如果不进头脑不入人心,不与学生已有知识对接,而外挂于网络中,需

---

① 布尔迪厄,华康德.反思社会学导引[M].李猛,李康,译.北京:商务印书馆,2015:124.
② 陈宗章.社会场域中思想政治教育现代转型的动力探析[J].求实,2014(4):84-88.

要时过一下场,效果肯定折扣不少"①。尽管这类学生仍然会运用思想政治教育的文化资源,但是这种运用是表面化敷衍式的应付,而非真正将其当作武装头脑的理论武器。因此,高校思政课教学场域之中文化资本吸引力的弱化对于大学生在场状态具有较大的负面影响。

(四) 大学生日益增长的学习体验需要难以得到满足

捷克教育学家夸美纽斯认为教育的较高境界就是"使别人能学得快捷、愉快和彻底"②。达到这种境界能够使得参与教育实践的行动者的学习体验需要得到很大的满足。"学生的学习体验既是对教师教学活动的心理反应,又是驱动其开展自主学习活动的心理要素。使学生获得积极、丰富、深刻的学习体验,日益成为现代教学理念的重要内容和教学改革的重要方向。"③增强学生的学习体验不仅是尊重学生的心理发展规律,也是顺应时代发展趋势。与此同时,当前国家对于高校思想政治教育提出了更高的要求,强调思想政治理论课教师"思维要新,学会辩证唯物主义和历史唯物主义,创新课堂教学,给学生深刻的学习体验,引导学生树立正确的理想信念、学会正确的思维方法"④。这种需要的增长与马克思主义意识形态理论存在着内在契合。"马克思主义理论认为,意识形态是理性思想和感性经验的统一,它不仅具有宏大的规范理论体系,也包含丰富的情感体验、社会习俗、时尚艺术、风土人情、衣食住行等感性形式。"⑤从认知体验的维度来看,大学生不仅有知识真理性的需要,还有内容趣味性的需要;从情感体验来看,不仅有家国情怀的需要,还有个体情感需要;从价值体验来看,不仅有社会价值实现的需要,还有个人价值认同的需要;从行为体验来看,不仅有参与实践环节的需要,更有投身社会行动的需要。总的来说,在高校思政课教学场域中,大学生并不满足于知识的获取、素养的提升和能力的增强,他们更注重学习过程中的知识真理性与趣味性的统一、情绪体验、价值感和效能感,期待更多的获得感、成就感和幸福感。而在具体的施教过程,当前的思想政治教育并不能完全满足大学生的这一系列学习体验需要。思想政治理论课教学常常偏重"阶级斗争、社会革命、人类解放等宏大叙事的阐释,有时

---

① 李海文.在场却"离场":解读高校思政课堂之困境[J].河北农业大学学报(社会科学版),2019,21(2):81-85.
② 夸美纽斯.大教学论·教学法解析[M].任钟印,译.北京:人民教育出版社,2006:288.
③ 杨威.论思想政治理论课的学习体验及其优化路径[J].马克思主义与现实,2019(6):192-198.
④ 习近平.用新时代中国特色社会主义思想铸魂育人 贯彻党的教育方针落实立德树人根本任务[N].人民日报,2019-3-19(1).
⑤ 唐慧玲.高校思想政治教育隐性育人场域的微观建构[J].国家教育行政学院学报,2018(4):47-52.

并不能辅之以感性经验的传递,不联系本地区历史典故、重大战役、先烈事迹,不关注个体感性实践及日常生活的经验观察体认,课堂教学就显得枯燥乏味、索然无趣,甚至使意识形态成为空中楼阁,从而影响思想政治教育的有效性"[①]。有的学生通常抱怨学习过程无聊枯燥、内容重复,有的学生认为课堂氛围沉闷,有的学生觉得价值标准过于理想化脱离现实,还有学生感觉学习效率较低,很少能体会到成就感。既然难以从思想政治教育场域获得足够的学习体验,有的学生就转向了其他场域寻求获得感、成就感和幸福感的满足,这最终会导致这些学生脱离高校思政课教学场域,从而削弱思想政治教育的实效性。

  大学生的心理脱离不仅会影响高校思想政治教育效果(心理脱离会降低大学生的学习投入水平,甚至可能导致不良的学习惯习,从而影响教育效果),还会影响其自身在思想政治教育场域之中的直观体验——幸福感,而这一体验也会在很大程度上影响高校思想政治教育的效果。高校思想政治教育效果的削弱又可能使教师或学生产生消极体验,进一步加剧场域之中的心理脱离现象,形成一种场域内的恶性循环。

  总而言之,国际场域、国家场域以及高校思政课教学场域发生的一系列变化,使得高校思想政治教育先在的场域结构已经无法适应当前的教育形势,无法保障大学生有效地投入思想政治教育场域,也难以实现场域之中辩证统一的教学关系,甚至已经影响到了高校思政课教学场域的持续性。面对新时代高校思想政治教育的新情况与新变化,党中央、国务院在《关于加强和改进新形势下高校思想政治工作的意见》中,提出要坚持全员全过程全方位育人。"'三全育人'是系统性的综合改革,意味着育人工作理念、内容、方法、载体上的创新,人才培养政策、机制、体制的调整和优化。"[②]不难看出,这一育人体系蕴含着"场域"的构建要求,即关注教育过程中的关系协调、教育策略以及运行机制,这三个方面分别对应着高校思政课教学场域的客观关系、惯习与结构。因此,为了落实"三全育人"方针,应对当前的诸多挑战与在场困境,高校思政课教学场域的构建势在必行。

[①] 唐慧玲.高校思想政治教育隐性育人场域的微观建构[J].国家教育行政学院学报,2018(4):47-52.
[②] 刘承功.高校"三全育人"的核心要求、目标任务和实现路径[J].思想理论教育,2019(11):92-95+111.

第四章

高校思政课教学场域构建的时代要求

"一个社会场域并不是固定不动的,它很可能随着它特定的历史轨迹滑动,这种历史性关系到场域的塑造、运作以及维持与适应它所需要的知识范畴。"[1]倘若场域脱离具体的时代情境,那么行动者的惯习就会出现与场域不适配的迟滞现象,当迟滞出现时,就意味着场域亟待构建,并需要抓住时代契机进行场域构建[2]。同时,高校思政课教学场域已经出现了迟滞现象,故而,分析和把握新时代下高校思政课教学场域的构建契机十分必要。党的十九大不仅回溯了中国的社会主义发展道路,也明确了中国特色社会主义已经进入了新时代,这是我国发展新的历史方位。高校思想政治教育不仅要以马克思主义为指导,同时也要"因时而进,因势而新"[3]。这说明高校思政课教学要随时代而新,因时代而动,因时代而进,因此,"新时代"的出场,为高校思政课教学场域构建带来了新的契机。

---

[1] 格伦菲尔. 布迪厄:关键概念(原书第2版)[M]. 林云柯,译. 重庆:重庆大学出版社,2018:87.
[2] 格伦菲尔. 布迪厄:关键概念(原书第2版)[M]. 林云柯,译. 重庆:重庆大学出版社,2018:163.
[3] 习近平. 把思想政治工作贯穿教育教学全过程 开创我国高等教育事业发展新局面[N]. 人民日报,2016-12-09(1).

一、"新时代"：高校思政课教学场域构建的历史定位

"顺应时代潮流，把握时代特点，回答时代课题，是中国共产党永葆旺盛生命力和坚强战斗力，不断从胜利走向胜利的一个重要原因。"[①]作为党和国家的意识形态教育的重要阵地——高校思想政治教育，同样也需要顺应时代潮流，回应时代召唤，应对时代挑战，准确地进行历史定位。"人们自己创造自己的历史，但是他们并不是随心所欲地创造，并不是在他们自己选定的条件下创造，而是在直接碰到的、既定的、从过去承继下来的条件下创造。"[②]时代要求规定了高校思政课教学场域的构建方向，历史使命决定了高校思政课教学场域的构建要求。"中国特色社会主义进入新时代，思想政治教育在新的历史方位上必须明确自身的历史使命，以加强全社会的理想信念为目标引领、以大力提高人民的思想道德素质为任务驱动、以增强人民的'四个自信'为责任担当。"[③]那么，高校思想政治教育在这个历史方位中，要引导大学生肩负新时代的历史使命，坚定理想信念，将个人理想与民族复兴的社会理想相结合，同时，增强"四个自信"，结合时代要求提高自身的思想道德素质，为投身新时代之中的国家建设做好理论积淀、思想准备和知识储备。这一系列具体要求也就意味着高校思政课教学场域需要以"新时代"作为构建的历史定位。

（一）我国社会主要矛盾的新变化决定高校思政课教学的主要任务

中国特色社会主义进入"新时代"，是基于我国社会主要矛盾发生的新变化做出的论断。"我国社会主要矛盾已经由人民日益增长的物质文化需要同落后的社会生产之间的矛盾，转化为人民日益增长的美好生活需要和不平衡不充分的发展之间的矛盾。"[④]社会主要矛盾的转变意味着经济、政治、文化等国家各个领域的最主要矛盾发生了变化，这种变化不是凭空出现的，而是一个长期积累的过程："经过改革开放40年努力，我国稳定解决了十几亿人的温饱问题，总体上实现了小康，不久将全面建成小康社会，人民美好生活需要日益广泛，不仅对物质文化生活提出了更高要求，而且在民主、法治、公平、正义、安全、环境等

---

① 中共中央宣传部. 习近平新时代中国特色社会主义思想三十讲[M]. 北京：学习出版社，2018：52.
② 中共中央马克思恩格斯列宁斯大林著作编译局. 马克思恩格斯文集：第二卷[M]. 北京：人民出版社，2009：470-471.
③ 刘宏达. 新时代思想政治教育的历史使命、理论基础与实践要求[J]. 学校党建与思想教育，2017(23)：10-15.
④ 中共中央宣传部. 习近平新时代中国特色社会主义思想三十讲[M]. 北京：学习出版社，2018：53.

方面的要求日益增长。"①这些日益增长的要求对高校思想政治教育提出了新的历史任务。梳理新中国成立以来的历史脉络,不难发现,随着社会主要矛盾的变化,高校思想政治教育的主要任务也在不断发生变化。1956年,党的八大指出我国社会的主要矛盾是先进的社会主义制度同落后的社会生产力之间的矛盾,那时的高校思想政治教育主要任务就是激励大学生投身到社会主义的大建设大发展之中,到最艰苦的地方去;1962年,八届十中全会指出我国社会的主要矛盾是无产阶级同资产阶级的矛盾,高校思想政治教育主要任务就转变为阶级斗争教育,引导大学生主动同资产阶级思想、作风、行为做斗争;1981年,随着改革开放的不断推进,十一届六中全会指出我国社会的主要矛盾是人民日益增长的物质文化需要同落后的社会生产之间的矛盾,因此,高校思想政治教育的主要任务转向社会整合(即维护社会稳定为主的社会性功能)②,在改革开放初期,这种社会整合侧重于政治层面的社会整合,随着社会主义市场经济的发展,逐渐转向经济层面的社会整合,而之后改革开放进入深化期,高校思想政治教育的主要任务是文化层面的社会整合。而随着社会主要矛盾转变为人民日益增长的美好生活需要和不平衡不充分的发展之间的矛盾,"人民美好生活需要日益广泛,不仅对物质文化生活提出了更高要求,而且在民主、法治、公平、正义、安全、环境等方面的要求日益增长"③。高校思想政治教育所涉及的领域越来越多,我们可以称之为"全方位"的思想政治教育。

高校思想政治教育的功能之一是调节社会的稳定,要应对当前的社会主要矛盾,可从两个方面着手。一方面,引导大学生对日益增长的美好生活需要与个人现实进行自我协调,达到一个相对平衡的状态,用理性的态度、辩证的头脑,看待自身需要与社会现实的落差,引导他们的个人理想与社会理想相统一;另一方面,激励大学生投身于中国特色社会主义建设事业,改变不平衡不充分发展的现状,为他们提供精神动力和智力支持。与此同时,高校思想政治教育本身也随着社会主要矛盾的转变发生了一些变化,以往的教育模式越来越难以适应大学生日益增长的教育体验需要,高校思政课教学场域也出现了不平衡不充分的现象,因此,为了完成新时代赋予的历史任务,需要结合新时代的特点,对高校思政课教学场域进行构建。

---

①③ 中共中央宣传部.习近平新时代中国特色社会主义思想三十讲[M].北京:学习出版社,2018:53.
② 辽宁大学马克思主义学院.思想政治理论课教育教学探索与改革[M].沈阳:辽宁大学出版社,2010:44-47.

（二）我国社会共同目标的新动向决定高校思政课教学的目标指向

明确了高校思想政治教育的历史任务后，还要明确该任务最终目的，也就是朝着什么样的目标奋斗。高校思想政治教育一以贯之的目标是培养社会主义事业的建设者和接班人，但是在不同的历史阶段，社会共同目标的具体内容不尽相同，随着社会共同目标的变化，高校思想政治教育的具体指向也有所调整。新时代的奋斗目标可以概括为"两个一百年"，"党的十九大综合分析国际国内形势和我国发展条件，既对决胜全面建成小康社会提出明确要求，又将实现第二个百年奋斗目标分为两个阶段安排。从2020年到2035年，在全面建成小康社会基础上，再奋斗15年，基本实现社会主义现代化；在基本实现现代化的基础上再奋斗15年，到本世纪中叶把我国建成富强民主文明和谐美丽的社会主义现代化强国"[①]。这一系列奋斗目标，也是高校思想政治教育在新时代奋斗的具体目标指向，围绕着这些既让人倍感压力又令人心向神往的目标，会使高校思想政治教育的过程更具现实意义，更有针对性，能为高校思政课教学场域中的行动者提供更丰盈的意义世界。

（三）国际环境的新趋势使高校思想政治教育面临新的挑战

"我国正处在从大国走向强国的关键时期，'树大招风'效应日益显现，外部环境更加复杂，一些势力对我国的阻遏、忧惧、施压不断增大。需要从新的历史方位、新的时代坐标，科学认识和全面把握国际局势和周边环境的新变化。"[②]面对多变、严峻、复杂的世界局势，大学生很容易受到西方势力所鼓吹的披着"民主、自由、人权"外衣的思想蛊惑。一方面，有的大学生可能会卷入由"西方资本"裹挟的文化场域或经济场域而不自知，在不知不觉当中受到资本主义意识形态的侵染；另一方面，有的大学生片面地看待国家之间的差异，拿自家的短处比他国的长处，无视祖国的历史性成就和社会制度优势，转而投入资本主义意识形态场域。因此，摆在高校思想政治教育面前的，是前所未有的巨大挑战，既要应对西方国家各种形式的"和平演变"，也要引导大学生武装自身头脑，明辨是非，避免受到西方意识形态的侵蚀。

---

① 中共中央宣传部. 习近平新时代中国特色社会主义思想三十讲[M]. 北京：学习出版社，2018：54.
② 中共中央宣传部. 习近平新时代中国特色社会主义思想三十讲[M]. 北京：学习出版社，2018：55.

二、"新思想"：高校思政教学场域中文化资本的重要内容

高校思想政治教育的文化资本包括马克思主义理论体系、中国化的马克思主义成果、中华优秀传统文化以及中国特色社会主义文化，它们既是高校思想政治教育的主要内容，也是国家赋予大学生的文化源泉，在高校思政课教学场域中，文化资本是实现武装头脑、坚定立场、汲取力量等教育实践的关键所在。而习近平新时代中国特色社会主义思想进一步地丰富了高校思政课教学场域的文化资本，增添了浓厚的时代色彩。

（一）习近平新时代中国特色社会主义思想是马克思主义中国化最新成果

"习近平新时代中国特色社会主义思想运用马克思主义立场观点方法，聚焦新的时代命题，凝结新的思想精华，总结开创性独创性的实践经验，提出一系列新思想新观点新论断，构建起新的理论体系。这一思想内涵十分丰富，包括新时代坚持和发展中国特色社会主义的总目标、总任务、总体布局、战略布局和发展方向、发展方式、发展动力、战略步骤、外部条件、政治保证等方面的基本问题，并根据新的实践对经济、政治、法治、科技、文化、教育、民生、民族、宗教、社会、生态文明、国家安全、国防和军队、'一国两制'和祖国统一、统一战线、外交、党的建设等各方面作出理论分析和政策指导。"[①]从习近平新时代中国特色社会主义思想的内涵来看，这一理论成果坚持了马克思主义基本原理，是对毛泽东思想、邓小平理论、"三个代表"重要思想和科学发展观这一系列马克思主义中国化理论成果的继承和发展，内容几乎涉及国家发展的所有领域，并且以人民为中心，从统领全局的角度对新时代中国特色社会主义建设做出合理规划。"这一思想为发展马克思主义作出了中国的原创性贡献，谱写了马克思主义新篇章。"[②]

首先，习近平新时代中国特色社会主义思想是以马克思主义哲学为理论基础的。"坚持和运用马克思主义的立场、观点、方法，重视和善用马克思主义哲学思维方式，是习近平新时代中国特色社会主义思想的鲜明理论特色。"[③]这一关于新时代中国特色社会主义的理论成果不仅体现了辩证唯物主义和历史唯物主义，也反映了马克思主义哲学的世界观和方法论。例如，关于社会主要矛

---

① 中共中央宣传部.习近平新时代中国特色社会主义思想三十讲[M].北京：学习出版社，2018：5-6.
② 中共中央宣传部.习近平新时代中国特色社会主义思想三十讲[M].北京：学习出版社，2018：13.
③ 王丰.习近平新时代中国特色社会主义思想的哲学研究[D].北京：中共中央党校，2018：33-34.

盾转变的观点,是基于我国当前的发展状况和人民生活状态等社会存在而做出的判断,这是对社会存在决定社会意识的与时俱进的运用;同样,坚持"四个自信",也是对"社会意识对社会存在具有反作用"理论思想的灵活运用。

其次,习近平新时代中国特色社会主义思想是以人民为出发点和落脚点的。马克思主义理论体系的重要组成部分之一是科学社会主义,它的立论基础是"解放全人类以及实现人的自由而全面的发展",即围绕着广大人民群众的利益展开理论构想和理论探索。习近平新时代中国特色社会主义思想自始至终强调"人民对美好生活的向往,就是我们的奋斗目标"①。无论是社会主要矛盾论断当中对"人民日益增长的美好生活需要"的关注,还是对"中国梦也是人民的梦"的强调,或是对于民生建设过程中人民群众获得感的重视,都体现了该理论成果以人民为中心的思想。"为人民谋幸福,是中国共产党人的初心。我们要时刻不忘初心,永远把人民对美好生活的向往作为奋斗目标。"②

最后,习近平新时代中国特色社会主义思想是吸收了中华优秀传统文化的精髓的。作为马克思主义中国化的最新理论成果,不仅要坚持马克思主义基本原理,也需要秉持"中国化"理论逻辑,中国化意味着将马克思主义基本原理同中国具体实际相结合,需要在不同的发展时期将其本土化,这种本土化不是简单地将其编译为中国文本用于指导实践,而是需要与中华优秀传统文化相融合,形成符合我国具体国情的指导思想。"中国特色社会主义文化,源自于中华民族五千多年文明历史所孕育的中华优秀传统文化,熔铸于党领导人民在革命、建设、改革中创造的革命文化和社会主义先进文化,植根于中国特色社会主义伟大实践。"③习近平新时代中国特色社会主义思想当中有许多理念、观点都体现了中华优秀传统文化的精髓④。"中华优秀传统文化作为中华民族的精神血脉和文化标识,具有凝心聚力的重要作用,对于推动中国特色社会主义发展,实现中国现代化和中华民族的伟大复兴具有重要的价值。"⑤无论是从"不忘初心、方得始终"的使命担当,还是从"一带一路"的国际倡议,或是从推动中华优秀传统文化创造性转化、创新性发展,都能够看出习近平新时代中国特色社会主义思想对于我国优秀传统文化的继承与弘扬。

---

① 习近平谈治国理政:第一卷[M].北京:外文出版社,2014:4.
② 中共中央宣传部.习近平新时代中国特色社会主义思想三十讲[M].北京:学习出版社,2018:85.
③ 习近平.决胜全面建成小康社会 夺取新时代中国特色社会主义伟大胜利——在中国共产党第十九次全国代表大会上的报告[M].北京:人民出版社,2017:41.
④⑤ 邓纯东.习近平新时代中国特色社会主义思想的本质特征[J].马克思主义研究,2018,(08):5-12+124+159.

（二）习近平新时代中国特色社会主义思想是大学生成长成才的指导思想

其一，习近平新时代中国特色社会主义思想有助于拓展大学生的格局。大学生是中国特色社会主义建设事业的生力军，他们的成长成才关系到中国特色社会主义事业的发展。"每一代青年都有自己的际遇和机缘，都要在自己所处的时代条件下谋划人生、创造历史。"①因此，在新时代的历史方位，置身于什么样的格局之中，将影响大学生以何种视野看待这个世界，看待社会现实；他们是关注中华民族伟大复兴的"大时代"，还是仅仅专注于自身利益得失的"小时代"，这取决于大学生选择置身于哪个"时代"，选择什么样的思想力量伴随着大学生的成长，是大学生需要面临的时代考题，在"考试"过程中他们将学会观察、思考、探索、选择及实践。因此，习近平新时代中国特色社会主义思想有助于增强大学生在新时代中国特色社会主义场域中的投入体验，引领他们勇担中华民族复兴大任。

其二，习近平新时代中国特色社会主义思想有助于大学生实现个人理想与社会理想的统一。坚持个人奋斗目标与国家、民族的奋斗目标相统一，把个人理想融入社会理想之中，在为实现社会理想而奋斗的过程中实现个人理想，这是大学生成长成才的必由之路。在新时代的历史阶段中，大学生的个人理想需置于"中国梦"的宏大框架之中，而习近平新时代中国特色社会主义思想从国家、民族、人民三重视角，对这一社会共同理想进行多维度的阐释，并且指出了实现这一共同理想的现实基础——当前取得的党和国家事业的历史性、根本性成就，同时还提出了实现这一理想的多方面路径。总而言之，习近平新时代中国特色社会主义思想对于"中国梦"的描绘，使中华民族伟大复兴的途径更加立体、生动、可期地展现在世人面前，这些都有益于大学生将自己的青春梦想与宏观的"中国梦"社会理想相融合，为实现中国梦注入自己的力量。

其三，习近平新时代中国特色社会主义思想有助于提高大学生的实践能力。"新时代习近平关于青年大学生成长成才思想符合青年大学生思想行为发展规律，为青年大学生成长成才提供了行动指南。"②大学生最终都将步入社会，他们在社会生活当中将会面临着复杂的现实问题，需要应对来自工作、家

---

① 习近平在北京大学师生座谈会上的讲话（全文）[EB/OL]. 中国政府网（2014-05-05）[2023-06-17]. https://www.gov.cn/xinwen/2014-05/05/content_2671258.htm.
② 黄瑞雄，黄杰. 新时代习近平关于青年大学生成长成才思想研究[J]. 思想政治教育研究，2018，34(2):7-11.

庭、人际交往等各方面的压力,如果对于所处的时代尚未具备较为全面、理性的认识和把握,那他们的实践能力将大打折扣。习近平新时代中国特色社会主义思想当中对于社会主要矛盾变化的阐释能够让大学生更加深入地理解和认识当前的社会现状,而社会主要矛盾的变化正是反映社会实践要求的指针;关于"四个全面"和"五位一体"的论述有助于大学生清晰而全面地把握我国社会主义事业发展的目标指向和发展战略;总体国家安全观与全面建成世界一流军队的理念则能够给予人民足够的安全感,这有助于大学生以稳定安然的心态去实现社会理想。

(三)习近平新时代中国特色社会主义思想蕴含富有时代色彩的中国精神

投身中国特色社会主义建设事业,不仅需要理论武器和指导思想,也需要强大的精神动力。习近平新时代中国特色社会主义思想就蕴含着这样的精神动力,即富有时代色彩的中国精神。"人无精神则不立,国无精神则不强。精神是一个民族赖以长久生存的灵魂,唯有精神上达到一定的高度,这个民族才能在历史的洪流中屹立不倒、奋勇向前。"[①]无论是高校思想政治教育本身,还是为实现培育担当中华民族伟大复兴时代新人的教育目的,精神支撑和精神动力都是不可或缺的。高校思想政治教育过程中,不可能都是一帆风顺,曲折坎坷在所难免,中国特色社会主义建设事业同样如此。如何激发大学生家国情怀?如何给予大学生足够的精神支撑和精神动力? 这就要求高校思政课教学提供富有中国精神的教育内容。习近平新时代中国特色社会主义思想既蕴含着以爱国主义为核心的民族精神,也蕴含着以改革创新为核心的时代精神,这既体现在中华民族伟大复兴的中国梦之中,也体现在贯彻新发展理念、全面深化改革、形成全面开放新格局、建设美丽中国、构建人类命运共同体等理论内涵之中。

三、"共同体":构建高校思政课教学场域的理念遵循

习近平新时代中国特色社会主义思想的内容中,"共同体"一词出现的频率很高。如,该理论成果认为中国梦在本质上是"国家富强、民族振兴、人民幸福"[②]三位一体的价值追求;中国特色社会主义建设的总体布局是"经济建设、

---

① 习近平谈治国理政:第二卷[M].北京:外文出版社,2017:47-48.
② 中共中央宣传部.习近平新时代中国特色社会主义思想三十讲[M].北京:学习出版社,2018:36.

政治建设、文化建设、社会建设、生态文明建设"五位一体的有机整体,而生态文明建设又是建立于"人与自然是生命共同体"基础之上,"人与自然是相互依存、相互联系的整体,对自然界不能只讲索取不讲投入、只讲利用不讲建设"①。关于新时代中国特色社会主义的战略布局,描绘了"全面建设社会主义现代化国家、全面深化改革、全面依法治国、全面从严治党"的"四个全面"战略布局;关于中国特色大国外交,提出推动构建人类命运共同体。由此可见,"共同体"是贯穿习近平新时代中国特色社会主义思想构建的重要理念。

(一)"共同体"强调事物之间的客观关系

"中华民族共同体、人类命运共同体、生命共同体为我们处理新时代民族—民族、民族—国家、国家—国家、人—自然关系描绘了蓝图,指明了方向。"②也就是说,习近平新时代中国特色社会主义思想中所指涉的共同体强调人与自然的关系、人与社会的关系、国家与国家之间的关系。

马克思主义理论当中就有关于人与自然关系的阐述:"在实践上,人的普遍性正表现为这样的普遍性,它把整个自然界——首先作为人的直接的生活资料,其次作为人的生命活动的对象(材料)和工具——变成人的无机的身体。自然界,就它自身不是人的身体而言,是人的无机的身体。人靠自然界生活。这就是说,自然界是人为了不致死亡而必须与之处于持续不断地交互作用过程的、人的身体。……人是自然界的一部分。"③人与自然之间的生命共同体,是以人与自然的共生共存关系为基础的,人与自然之间的客观关系是人类社会得以发展的前提,自然界是人类产生、演进以及形成人类社会的客观基础和先决条件,毫无疑问,人类是自然界的一部分,这决定了人类不能超越人与自然的客观关系进行实践活动,必须要遵循自然规律进行一系列生活活动和生产活动。人与自然的客观关系决定了人类要延续和发展,就必须置身于和谐共生、辩证统一的生命共同体之中。

关于人与社会的关系,中华民族共同体以社会共同理想为指向,阐释了国家利益、民族利益及个人利益之间是紧密联系的。在阶级社会当中,这种利益往往是相互冲突的,充满着残酷的斗争。但随着阶级社会消失,人与社会的关

---

① 中共中央宣传部.习近平新时代中国特色社会主义思想三十讲[M].北京:学习出版社,2018:243.
② 周丹,王相红.习近平关于"共同体"思想的传承与创新[J].上海市社会主义学院学报,2019(5):17-22.
③ 中共中央马克思恩格斯列宁斯大林著作编译局.马克思恩格斯选集:第一卷[M].北京:人民出版社,1995:45.

系建立在共同利益的基础之上,"代替那存在着阶级和阶级对立的资产阶级旧社会的,将是这样一个联合体,在那里,每个人的自由发展是一切人的自由发展的条件"①。在阶级社会条件下,人与社会之间的关系要么是体现为个体对社会的绝对依存,要么是特权阶级运用社会工具对其他阶级进行支配,从而体现支配与被支配的关系。然而,只有在共产主义社会自由人联合体的框架下,人与社会客观关系的依存与聚合状态方能得以真正彰显。中华民族共同体正是在共产主义社会作为共同理想指引下,凸显中华各民族人民相互融合统一于中国特色社会主义社会之中的凝聚有机体。

"各民族的原始封闭状态由于日益完善的生产方式、交往以及因交往而自然形成的不同民族之间的分工消灭得越是彻底,历史也就越是成为世界历史。"②随着全球化的不断深入,历史越来越呈现出它世界性的一面。国家与国家之间的联系日益紧密,这种客观关系在共同应对人类面临的恐怖主义、网络安全、重大传染性疾病、气候变化等各种挑战时,显得更为重要。"这个世界,各国相互联系、相互依存的程度空前加深,人类生活在同一个地球村里,生活在历史和现实交汇的同一个时空里,越来越成为你中有我,我中有你的命运共同体。"③关注国家之间的客观关系意味着国际事务不能任由某些国家"唯我独尊、强买强卖"的霸权行径,不能让国际关系陷入支配与被支配、强制与被强制的境地,而是要坚持"对话协商、共建共享、合作共赢、交流互鉴",建立"美人之美、美美与共"的国际关系。

无论是人与自然的关系,还是人与社会的关系,或是国家与国家之间的关系,都是高校思政课教学得以展开的关系基础,也是高校思政课教学场域在场性构建的深层次要求。

(二)"共同体"关注实践活动的整体力量

无论是人与自然生命共同体,还是中华民族共同体,或是人类命运共同体,最终目的都是使实践活动过程中的整体力量最大化,而共同体是通过发挥实践主体的合理作用来实现整体力量的最大化。参与实践活动的主体,当他们的作用力方向不一致时,就会出现实践力量的内耗,削弱实践力量的整体效果,反

---

① 中共中央马克思恩格斯列宁斯大林著作编译局.马克思恩格斯选集:第一卷[M].北京:人民出版社,1995:294.
② 中共中央马克思恩格斯列宁斯大林著作编译局.马克思恩格斯选集:第一卷[M].北京:人民出版社,1995:88.
③ 中共中央宣传部.习近平新时代中国特色社会主义思想三十讲[M].北京:学习出版社,2018:286.

之,当他们都朝着同样的方向发挥作用时,就能够形成实践活动的合力,实现整体力量的最大化。人类对于人与自然之间的关系判断经历了"天定胜人""人定胜天""天人合一"的曲折认识过程,在"天定胜人"的阶段,人屈服于大自然的力量,畏惧自然现象,人的力量与自然力量各自朝着不同的方向发生作用力,鲜有交集,因此合力作用无从说起;在"人定胜天"的阶段,人类因为生产力的快速发展和劳动工具的普遍掌握,对于大自然开始无度地索取和贪婪地掠夺,从表面上看来,人类控制着大自然的力量,似乎形成了一种合力,但实际上,人类的作用力与大自然的本源力量处于对立状态,正如恩格斯所说:"我们不要过分陶醉于我们人类对自然界的胜利。对于每一次这样的胜利,自然界都对我们进行报复。"[1]正是越来越明显地感受到大自然对人类的"报复",在一次次抵御自然灾害和重建家园的过程中,体会到人与自然之间关系的共生共存、共荣共进,中国共产党人才提出要构建人与自然生命共同体,在这一实践活动框架下,人遵循自然规律,在自然的承载范围内进行实践活动,因而使得人与自然的力量能够实现最大的合力。

中华民族共同体也强调在实现"中国梦"的道路上,激发国家、民族和个人的整体力量。如果一个国家只顾综合实力的发展,而无视民生福祉,则很容易出现对个人的剥夺;如果仅重视某个群体的利益或个人利益,则会限制国家的整体发展,陷入"民富国弱"的境地。中华民族共同体把国家利益、民族利益和个人利益置于共同的广阔空间之中,形成凝聚力和向心力,使得三者能够形成合力作用。同样的,人类命运共同体之间整体力量的发挥需要形成国家与国家之间的合力作用,减少国家交流互动过程中的内部损耗,实现互利共赢。

(三)"共同体"有助于置身其中的成员投入场域

无论是生命共同体,人类命运共同体,还是中华民族共同体都属于实践共同体的范畴,实践共同体是这样的一种群体:所有成员都拥有共同关注点,共同致力于解决同一问题,或是为未来共同的主题而投入热情,并在此过程中通过持续的相互作用而获得自身的发展与成长[2]。"习近平共同体思想不是狭隘的邻里共同体或民族主义共同体,相反,它突破了邻里空间的狭隘性与民族主义

---

[1] 中共中央马克思恩格斯列宁斯大林著作编译局.马克思恩格斯选集:第四卷[M].北京:人民出版社,1995:383.

[2] GRAVEN M, LERMAN S, WENGER, E. Communities of practice: Learning, meaning and identity[J]. Journal of Mathematics Teacher Education, 2003, 6(2):185-194.

的封闭性,并呈现出基本场域的完整性和系统性。"①因此,习近平新时代中国特色社会主义思想所倡导的共同体能够激发各方成员投入共同体实践场域,保持有效在场。也就是说,"共同体"有助于置身其中的成员投入场域。

首先,"共同体"关照各成员的需要,为他们投入共同体场域提供了驱动力量。共同体各成员能够"依靠共同体获得身份、地位和权力,也依靠共同体帮助其满足各种依靠自身无法满足的需要,如应付重大的灾害、疾病等带来的困难,通过参加共同体的各种活动来满足其精神需要,如获得社会认同感和归属感等"②。无论是为了社会认同需要与归属需要的满足,还是为了获得抵御风险的能力,抑或是为了在社会群体中拥有一席之地,这些需要都会成为共同体成员的内在驱动因素,促使他们在社会实践场域之中自主自觉地到场、参与以及有效投入。

其次,"共同体"的身份认同作用有助于各成员在共同体场域中实现有效在场。"共同体"通过彰显成员之间的相互关系,以及成员与共同体之间的关系,对其内部成员的身份进行确认与构建。"关系本身即结合,或者被理解为现实的和有机的生命——这就是共同体的本质。"③基于客观关系所造就的共同体成员的身份,一旦被各成员理解与认同,就能够加固成员之间以及各成员与共同体之间的情感联系,与此同时,共同体成员会对共同体所确认的共享价值、共同规范和意义,以及共享的历史进行一定程度的承诺④。因此,在身份认同的作用之下,共同体成员能够有效地投入社会实践场域,避免在场的心理脱离现象,实现在场有效性。

最后,"共同体"精神家园有助于增强成员在共同体场域中的积极体验。"共同体是一个'温馨'的地方,一个温暖而又舒适的场所。它就像一个家(roof),在它的下面,可以遮风避雨;它又像一个壁炉,在严寒的日子里,靠近它,可以暖暖我们的手。"⑤从这个意义上来说,共同体是一个令人产生美好想

---

① 刘海军,王平.习近平共同体思想的场域、逻辑与价值研究[J].湖北社会科学,2017(5):5-11.
② 张志旻,赵世奎,任之光,等.共同体的界定、内涵及其生成——共同体研究综述[J].科学学与科学技术管理,2010,31(10):14-20.
③ 胡鸿保,姜振华.从"社区"的语词历程看一个社会学概念内涵的演化[J].学术论坛,2002(5):123-126.
④ 周濂.政治社会、多元共同体与幸福生活[J].华东师范大学学报(哲学社会科学版),2009,41(5):11-19.
⑤ 郑莉,仝雅莉.和谐社会的探求:西方社会建设理论文选[M].杭州:浙江大学出版社,2010:4.

象的"精神家园"①。一方面,共同体作为精神家园能够为各成员提供安全感。例如,2019年底,我国面临暴发新冠疫情的巨大危机,在经历最初的迷茫与慌乱之后,作为中华民族共同体的每个成员,齐心协力共同战"疫",取得了多方成效,在危难面前,中华民族共同体会为每一位中华儿女提供安全感,这种安全感使得中华儿女凝聚在一起,更加坚定全国上下战胜疫情的决心,积极投身战"疫"行动。另一方面,共同体作为精神家园能为共同体成员带来和谐相处的舒适感。"在共同体中,我们能互相依靠对方。如果我们跌倒了,其他人会帮助我们重新站立起来,没有人会取笑我们,也没有人会嘲笑我们的笨拙并幸灾乐祸。"②在全球面临新冠疫情大流行的危急时刻,中国作为人类命运共同体一员,在自身刚度过疫情高峰的时候,就立刻为其他成员提供及时而有效的援助,就如同刚开始这些共同体成员帮助中国一样。由此可见,共同体成员之间和谐相处的舒适感有益于共同体成员持续而有效地投入共同体的实践活动。

四、"新表达":高校思政课教学场域互动的话语范本

"话语既是一种表现形式,也是一个行为形式,——以这种形式,人们有可能与这个世界彼此产生作用。"③习近平新时代中国特色社会主义思想要被广大民众知晓、理解、认同和运用,需要借助话语的力量。"任何理念、理论和政策,都要通过话语来影响人,通过影响人来达到目标。"④只有通过话语这一载体,这一思想武器才能对人们产生作用。思想政治教育话语"既不单一地指语言学中的语法规则和语言结构,也不完全只是个人的言说行为,而是语言在具体运用过程中与语境之间构成的一种建制性关系"⑤。因此,习近平新时代中国特色社会主义思想借助学理性话语、生活化话语和国际化话语等话语描述形式彰显话语权力,强化话语效果,从而提升该理论的影响力。

(一)学理性话语

习近平新时代中国特色社会主义思想是"立足时代之基、回答时代之问的

---

① 张志旻,赵世奎,任之光,等.共同体的界定、内涵及其生成——共同体研究综述[J].科学学与科学技术管理,2010,31(10):14-20.
② 郑莉,仝雅莉.和谐社会的探求:西方社会建设理论文选[M].杭州:浙江大学出版社,2010:4.
③ 费尔克拉夫.话语与社会变迁[M].殷晓蓉,译.北京:华夏出版社,2003:59.
④ 何玉兴.话语影响力研究的学术价值和现实意义[J].社会科学论坛,2017(12):90-97.
⑤ 潘晴雯.高校思想政治教育新话语系统的生成——以科学发展观为视域[J].东南大学学报(哲学社会科学版),2010,12(4):117-120+128.

科学理论"①,该理论的科学性不仅体现在对马克思主义理论的继承与发展,对中国具体国情的反映,也体现在学理性话语的运用。例如,"中国梦"是关于新时代中国特色社会主义奋斗目标的话语体系。"中国梦"凝聚着历代中国人的夙愿,它也是中国共产党的历史使命,本质上,它的实现意味着国家富强、民族振兴以及人民幸福。然而,"中国梦"并不仅仅局限于中国人自身的复兴之梦,它与世界各国人民的梦想息息相关,"中国日益走近世界舞台中央的国际地位和影响力,决定了中国的梦想,不仅关乎中国的命运,也关系世界的命运"②。总而言之,"中国梦"实现了"政治话语与大众话语、现代话语与传统话语、民族话语与世界话语"③的辩证统一,它是一个逻辑严密的话语体系,具有鲜明的学理性特点,体现了马克思主义理论的科学性。

(二) 生活化话语

"思想、观念、意识的生产最初是直接与人们的物质活动,与人们的物质交往,与现实生活的语言交织在一起的。"④作为马克思主义中国化的最新理论成果,习近平新时代中国特色社会主义思想要根植于人们的内心,成为实实在在的理论武器和精神力量,就要融入现实生活,用生活化的语言进行表达,交流互动。"习近平新时代中国特色社会主义思想的话语表达高度提炼大众意识并将其强化为国家意志,形成百姓喜闻乐见、通俗易懂的话语特色。"⑤关于社会主要矛盾的论述,把人民群众对于生活各个方面的期待和向往总结为"美好生活的需要",此话语既涵盖经济、政治、文化、社会、生态等方面的愿景,又贴近日常生活和现实需要,容易引发人们内心的共鸣。在2017年的新年贺词中,习近平同志在提及时代赋予的使命时,发出"撸起袖子加油干"的号召,这不仅表明共产党人对国家未来发展做出的承诺,也能够激发人们奋勇向前、真抓实干的热情。生活化的话语生动易懂,能激起人们的情境体感,因而能够在民众之间广为传播。在全面从严治党方面,出现了"打铁必须自身硬""'老虎''苍蝇'一起打""扎牢制度的笼子""照镜子、正衣冠、洗洗澡、治治病"等生活化的话语,这些通俗易懂、朴实无华的言说方式既贴近群众,又贴近生活,易被广大人民群众理

---

① 中共中央宣传部.习近平新时代中国特色社会主义思想三十讲[M].北京:学习出版社,2018:1.
② 中共中央宣传部.习近平新时代中国特色社会主义思想三十讲[M].北京:学习出版社,2018:37.
③ 许卫中,郑传东.中国梦——马克思人学思想的中国话语[J].黑河学刊,2019(6):54-58.
④ 中共中央马克思恩格斯列宁斯大林著作编译局.马克思恩格斯选集:第一卷[M].北京:人民出版社,1995:72.
⑤ 胡银银.习近平新时代中国特色社会主义思想话语特色探析[J].思想理论教育导刊,2019(1):16-19.

解、接受和认同。

  生活总是发生在具体的时代背景之下的,"思想政治教育话语权构建要契合新时代语境。任何思想、理论、话语都是时代的产物,也将伴随时代的变迁而发展、创新、转化"①。因此,高校思政课教学话语还需要契合新时代的生活语境,与时俱进,把握时代脉搏,引发大学生的思想共鸣。

(三)国际化话语

  身处大发展大变革大调整的世界格局之中,"世界多极化、经济全球化深入发展,社会信息化、文化多样化持续推进,新一轮科技革命和产业革命正在孕育成长,各国相互联系、相互依存,全球命运与共、休戚相关,和平力量的上升远远超过战争因素的增长,和平、发展、合作、共赢的时代潮流更加强劲"②。因此,习近平新时代中国特色社会主义思想的国际化话语应时代潮流和世界局势而生,让世界听见、听懂,甚至认同来自中国的"声音"。国际化的话语有助于增进其他国家对中国的了解,尤其是对于我国对外交流意图与动向的了解,它将在外交过程中给予他国安全感和信任感。"中国秉持共商共建共享的全球治理观,倡导国际关系民主化,坚持国家不分大小、强弱、贫富一律平等,支持联合国发挥积极作用,支持扩大发展中国家在国际事务中的代表性和发言权。中国将继续发挥负责任大国作用,积极参与全球治理体系改革和建设,不断贡献中国智慧和力量"③。这一蕴含大国外交思想的话语,既能够展现中国在国际舞台上担当责任的大国姿态,同时也发出了独具社会主义特色的中国声音。

  总而言之,"新时代"为高校思政课教学场域的构建提供了历史定位,它是构建场域的时代背景,也对场域的构建提出了现实要求;"新思想"理论成果赋予了高校思政课教学场域丰富的优势文化资源,从而有助于增加场域对大学生的吸引力;"共同体"为高校思政课教学场域构建提供了"共赢"视野,有助于师生共同投入场域,保持有效在场的稳定性;"新表达"的话语方式为高校思想政治教育的话语构建提供了可供遵循的范本,有助于提升思想政治教育表现力。

---

  ① 贾钢涛,张鑫.新时代思想政治教育话语权构建的基本原则[J].广西社会科学,2019(1):173-177.
  ② 中共中央宣传部.习近平新时代中国特色社会主义思想三十讲[M].北京:学习出版社,2018:285.
  ③ 习近平.决胜全面建成小康社会 夺取新时代中国特色社会主义伟大胜利——在中国共产党第十九次全国代表大会上的报告[EB/OL].(2017-10-27)[2023-10-24].https://www.gov.cn/zhuanti/2017-10/27/content_5234876.htm.

第五章

高校思政课教学场域的在场性构建策略

在当前高校思政课教学场域之中,大学生的"在场"状态并不乐观,有部分大学生呈现出与场域"脱节"的现象,同时还在一定程度上影响了教师的在场状态。为了应对场域外部条件的变化,为了呼应"新时代"的召唤,为了满足大学生的思想政治教育需要,进而提高高校思想政治教育的实效性,需要对高校思政课教学场域进行构建,从"投入"着手,增强大学生的学习投入,有效避免投入失效,并增强大学生的积极体验。具体而言,即树立高校思政课教学场域育人理念,提高高校思政课教学场域的吸引力,激发高校思想政治教育行动者的主体力量,塑造高校思想政治教育行动者的惯习,增强高校思政课教学场域之中的幸福感。

一、树立高校思政课教学场域育人理念

"理念是经过长期思考及生活实践所形成的思想观念、理想追求、精神向往和哲学信仰的抽象概括。教育理念则是在教育的实践过程中形成的对教育活动的理性认识以及在教育思维活动中形成的教育观念。"[1]高校思政课教学场域的构建理念,不仅要明确思想政治教育基本问题的本质和其内在的客观规律,还要把握高校思想政治教育的目的、方法、方向,同时还要考虑大学生的学习需要、思想动态和心理特点,并在场域构建的实践过程中不断发展、完善。

(一)明确构建高校思政课教学场域的目的

"在社会历史领域内进行活动的,是具有意识的、经过思虑或凭激情行动的、追求某种目的的人;任何事情的发生都不是没有自觉的意图,没有预期的目的。"[2]因此,要对高校思政课教学场域进行构建,首要的问题就是明确高校思想政治教育是为了什么。思想政治教育的目标指向合目的性、社会取向以及人本取向[3]。因此,高校思想政治教育的目标即实现大学生培育当中的合目的性、社会取向和人本取向。那么,高校思政课教学场域的构建就是为了更好地落实高校思想政治教育目标,整合以上三个方面的目标指向。

1. 高校思政课教学场域是为了协调社会要求与个人诉求

高校思想政治教育的目标之一是引导大学生达成社会要求和个人诉求的辩证统一,即实现思想政治教育的合目的性。"所谓思想政治教育的合目的性,就是在确定思想政治教育目标时,既要满足符合社会历史发展规律的社会要求、又要充分满足实现人的全面发展的个人诉求,要将人的发展和社会的现实充分结合起来,是主观性与客观性、整体性与差异性、政治性与教育性的统一。"[4]实现思想政治教育的合目的性并非易事,需要解决主观意愿与客观现实之间的矛盾,这就要求运用一种与之相适应的理论工具。

场域这一理论工具本身就是为了调和主观与客观之间的二元对立。高校思政课教学场域是在客观条件的基础上,发挥场域内行动者的主观能动性进行构建的,构建的过程既涉及主观世界的改造,也涉及客观世界的改造。"思想政

---

[1] 常佩艳.文化视野下高校思想政治教育实践研究[M].北京:九州出版社,2018:23.
[2] 马中共中央马克思恩格斯列宁斯大林著作编译局.克思恩格斯选集:第四卷[M].北京:人民出版社,1995:247.
[3] 倪愫襄.思想政治教育元问题研究[M].北京:中国社会科学出版社,2014:166-198.
[4] 倪愫襄.思想政治教育元问题研究[M].北京:中国社会科学出版社,2014:166-167.

治教育作为人类精神生产的重要组成部分,是中国共产党人在长期的革命实践中对历史的总结和对现实的反思,其目的就是提高人们的思想道德素质,动员人民为建设社会主义、实现共产主义而奋斗。"[1]提高思想道德素质显然是对主观世界的改造,而建设社会主义、实现共产主义则是对客观世界的改造。"思想政治教育目标的确立除了受到人的主观精神世界的需求和思想实际的影响之外,更重要的是受到客观社会发展的影响。"[2]"马克思主义认为,社会发展最终是由生产力推动的。生产力的发展,不仅为人的体力、智力和思想道德素质的发展创造了条件,而且也对人的体力、智力和思想道德素质提出了更高的要求。从这个意义上讲,思想政治教育目的最终为生产力发展水平所制约。"[3]高校思政课教学效果离不开具体的客观条件,尤其是受到社会发展程度的制约,而思想政治教育题中之义是减弱这种制约性,要调节二者呈现出的主客观对立关系,需在场域的框架下,促进主观性与客观性、整体性与差异性、政治性与教育性之间的有机统一。

2. 高校思政课教学场域是为了实现思想政治教育的社会取向

"思想政治教育的目标是促进人的发展和社会的进步。"[4]但是人的发展需要离不开社会的进步。思想政治教育的社会取向包括"政治认同取向、经济发展取向和文化繁荣取向"[5]。那么该如何引导大学生树立符合社会发展要求的政治、经济、文化价值观?如何提高大学生参与中国特色社会主义事业建设的实践能力?如何实现大学生的社会化?这些关键问题仅仅依靠传统的"灌输"或传授很难真正落到实处。而高校思政课教学场域的构建正是为大学生提供一个更加有益的实践空间,在马克思主义思想框架下,对以上问题开展深化认知、激发情感、坚定意志、促发行动等一系列的实践活动。在高校思政课教学场域中,大学生不仅仅是受教育者,也是教育场域的构建者、教育过程的参与者、教育资源的运用者和教育成效的享有者。大学生通过思考、交流、实践、反思,更加发自内心地产生社会认同,更加有动力参与到社会发展的进程中去,因为他们能够充分自主地发挥自己的主观能动性,而不是被动地接受、表面化地认同。

3. 高校思政课教学场域是为了实现思想政治教育的人本取向

"马克思主义认为,真正的社会发展必须以人的发展和人的现代化为前提,

---

[1][2] 倪愫襄.思想政治教育元问题研究[M].北京:中国社会科学出版社,2014:168.
[3] 陈万柏,张耀灿.思想政治教育学原理[M].2版.北京:高等教育出版社,2007:75.
[4] 倪愫襄.思想政治教育元问题研究[M].北京:中国社会科学出版社,2014:177.
[5] 倪愫襄.思想政治教育元问题研究[M].北京:中国社会科学出版社,2014:177-182.

思想政治教育目标的社会取向就内在包含着其人本取向。"[1]高校思政课教学场域是围绕着"立德树人"目的，在人与人之间的客观关系基础上构建而成的，无论是构建场域的出发点，还是其构建基础，都具有人本取向的意蕴。首先，"思想政治教育是直接服务于人的生存和发展的，满足人自身在社会中生存与发展的需要是思想政治教育的本原目的"[2]。高校思政课教学场域作为塑造健全人格及实现人的全面发展的实践空间，有助于协调外在的社会需要与内在的人性需求的对立，也有益于调和教师主导与学生主体之间的冲突，还有利于消解思想政治教育方法的物化倾向。教育方法的物化方式是把受教育者当作"被动接收器"，"这种把学生当作被动接收器的方式本身是非道德的，因此非道德的物性化方式是不可能培养和塑造出道德人格的，其结果只能是知行脱节的人格分裂"[3]。而在高校思政课教学场域之中，所有的参与者都是场域的行动者，都具有发挥自身主体性的可能空间，因此，高校思政课教学场域能够实现思想政治教育的人本取向，并且这也是构建场域的题中之义。

因此，高校思政课教学场域的构建，必须高度重视和明确高校思想政治教育的中心环节，即立德树人。无论时代如何变化，都要牢牢把握大学生思想政治教育的主线，把培养全面发展的人放在首位，遵循规律、明确目标、掌握数据和完善条件，促进大学生思想政治素质的提高，引导学生转向自由而全面的发展。

(二) 运用建构主义学习理论进行场域构建

"无论是行为主义者的'学习是反应的强化'，还是认知主义者的'学习是个体的认知'等观点，都忽略了隐藏在学习者知觉图式和行动图式背后，作为根源性存在的社会结构。"[4]稳定社会结构是高校思想政治教育的目的之一，在高校思想政治教育过程中，社会结构的根源性因素起着至关重要的作用，因此，高校思想政治教育的有效实施不能仅仅依靠"反应强化"或完善"认知"，而需要根据社会结构的变化及时调适，因而这种对高校思想政治教育动态性的要求，就必须以建构主义学习理论作为基础。"长期以来，在我国现实的大学教育实践中，师生之间基于'权威—服从'这一线性关系的信息传输活动，以考试为主的证书性评估方式，大学生以'记忆—复制'为主的学习实践，都进一步巩固和强化了

---

[1] 倪愫襄.思想政治教育元问题研究[M].北京:中国社会科学出版社,2014:188.
[2] 张耀灿,曹清燕.思想政治教育目的的人学思考[J].广西教育学院学报,2008(2):1-7.
[3] 刘志山.困扰我国高校德育的三大矛盾[J].精神文明导刊,2005(2):54.
[4] 吴俊."场域—惯习"视角下大学生学习实践研究[D].天津:南开大学,2013:45.

大学生在先前的制度化学习经历中早已内化的以服从权威、追求效率、功利主义和结果至上为特征的常规性学习惯习。"①线性的思想政治教育显然不利于高校思想政治教育的开展,也很难发挥出高校思政课应有的教育效果。因此,这就需要转换教育观念,发掘更适合当前高校思想政治教育的教学实践。

1. 建构主义学习理论契合高校思政课的学习规律

建构主义学习理论认为学习是一个意义生成和理解构建的过程,这个过程基于学习者原有的知识经验和实践经验,并且通常通过社会互动才能完成。作为高校思想政治教育对象,大学生是具有主体差异的社会个体,他们适应社会环境、实现社会化、塑造自身的道德修养与政治素养的过程,并不是消极被动地接受或服从的过程,而是需要充分发挥自身的主体能动性的过程。"人的思想品德的形成与发展虽然离不开外部社会环境的影响,但是归根到底还要通过主体内在的思想矛盾运动才能实现。思想政治品德形成与发展的主体内在思想矛盾运动与建构主义的主体主动构建具有统一性。"②因此,高校思政课教学场域内的行动者思想和社会观念之间的矛盾运动与建构主义学习理论存在着内在契合。

具体而言,高校思想政治教育的知识是绝对真理与相对真理的辩证统一。"绝对真理是由发展中的相对真理的总和构成的;相对真理是不依赖于人类而存在的客体的相对正确的反映;这些反映愈来愈正确;每一个科学真理尽管有相对性,其中都含有绝对真理的成分。"③随着社会实践的发展人们不断地深化对真理的认识,高校思想政治教育的知识也逐渐趋近绝对真理。建构主义学习理论有助于大学生依据自身的知识经验构建思想政治教育知识体系,在对知识的理解过程中加强内化,与此同时,还强化了知识运用的情境要求,要求大学生在运用思想政治教育理论知识时关注具体情境及问题的特殊性,具体问题具体分析,实事求是而不是照搬照抄。在高校思政课教学场域之中的教师则应转变思路,关注知识的处理与转换,重视学生对社会现象的理解,在高校思政课教学场域中形成师生共同探究的教学模式。

2. 关注高校思政课教学场域中行动者的主体性

建构主义认为"学习既是认知结构的改变过程,也是个体主动构建自己知识的过程"④。无论是认知结构"同化—顺应—新的同化—新的顺应"的循环发

---

① 吴俊.“场域—惯习”视角下大学生学习实践研究[D].天津:南开大学,2013:192.
② 周向军.高校思想政治理论课教学改革与创新[M].济南:山东大学出版社,2011:22.
③ 列宁选集:第二卷[M].北京:人民出版社,2012:315.
④ 廖策权,梁俊.教育心理学[M].长春:东北师范大学出版社,2018:94.

展,还是个体在主体构建的过程中自我控制的实现,都离不开行动者的主体性发挥。因此,高校思政课教学场域的构建需要兼顾教师和学生的主体性。既要发挥大学生的学习主体作用,也要强调教师的教育主体力量。教师是意义构建的帮助者、促进者,而不仅仅是知识的传授者与灌输者。学生是信息加工的主体,是意义的主动构建者,而不是外部刺激的被动接受者。

一方面,建构主义要求发挥大学生的思想政治教育学习主体性。这就需要了解大学生的知识经验。大学生在以往的思想政治教育过程中积累了较为丰富的知识以及实践经验,在新的思想政治教育场域之中,当面对新问题时,他们会基于已有的相关经验,进行理论推断或道德判断,从而对新问题进行分析、理解,甚至提出相应的对策。因此,高校思政课教学场域之中要关注大学生的思想政治教育知识经验,在以往知识经验基础之上,将新知识融入知识体系。

另一方面,建构主义也要求关注教师的主体性。高校思政课教学始终是一个教学相长的过程,教师的主体力量主导着高校思政课教学场域的构建方向以及教师自身的知识构建。建构主义认为理想的教育环境应当包括"情境、协作、交流和意义构建"。因此,教师的主体力量需要集中于思想政治教育的情境创设、师生及生生协作、行动者之间的交流互动以及教育场域的意义构建等方面。与此同时,教师还需要关注自身的知识构建,完善思想政治教育知识体系,丰富文化资本,增加思想政治教育文化优势。

3. 重视高校思政课教学场域中大学生的学习体验

首先,增添高校思政课教学过程的探究趣味。基于建构主义的教学过程是预设与生成的辩证统一,这就为高校思政课教学场域之中的探究实践活动提供了可能性空间。"探究式学习的实施步骤主要包括:(1)教师在澄清基本规则后向学生呈现一个困惑事件;(2)学生通过询问问题来搜集更多信息,并确立出有关影响因素;(3)学生验证因果关系;(4)学生形成一般原理(实现概括化);(5)教师带领学生讨论他们的思维过程。值得注意的是,在探究式学习中,学生学会的不仅仅是知识,更重要的是探究过程本身。"[①]例如,在讲授理想信念时,其中的一个关键点是引导学生的个人理想与社会理想相结合相统一,这就涉及理想的类型、理想的内涵、理想的特征、理想信念的意义、树立崇高的理想信念等知识点,如果只是按部就班地向学生灌输知识点的内容,很难激发他们的学习兴趣,可以在师生共同探讨下确定主题,之后由学生自主思考深入探究。

其次,激发高校思政课教学意义的自主构建。"建构主义理论认为,意义不

---

① 周向军.高校思想政治理论课教学改革与创新[M].济南:山东大学出版社,2011:22.

是独立于主体而存在的,个体的知识是通过人的主观能动性构建起来的;对事物的理解不是简单地由事物本身决定的,人是在原有知识经验基础上构建自己对现实世界的理解。"①大学生在以往学习过程形成了具有个体特性的思想政治教育知识经验,每个大学生个体的原有经验都有所不同,对于同一事物就可能会存在不同的理解,因此,高校思政课教学场域需要为大学生提供意义构建与教学互动的空间,而教师在讲授知识的过程,需要引导大学生基于现有知识经验,发挥学习动力,将新的知识融入自身知识体系的构建,这一系列意义的自主构建是在师生的互动交流协作下完成的。倘若高校思想政治教育的意义仅仅是由教育者或国家意志直接给予或赋予,那么想要获得认同并不容易,建构主义为高校思想政治教育意义的自主追寻提供了一个新的路径。

最后,促进高校思政课教学场域的有效参与。Hansen(1989)认为当学生认同教育活动的价值时,同时又具有较高的成就期待,他们会以饱满的热情和持续的精力投入教育活动过程之中(详情见表5-1)②。基于建构主义的高校思政课教学场域,一方面通过情境化、自主性、协同性等多种具体教育方式,引导大学生理解、体验、践行高校思想政治教育的价值共识,从而保持较高的价值认同水平。另一方面,高校思政课教学场域的构建意味着大学生在进行思想政治教育活动时,与其他行动者一同通过发挥自身的能动性和积极性对思想政治教育知识进行"内化"与"外化",在这一过程中,大学生能够实现自我反馈与意义构建,从而产生较高的成功期望。较高的价值认同水平与较高的成功期望将能促进大学生尽心尽力地投入到高校思政课教学场域的构建以及场域内的实践活动之中。

表5-1　Hansen的模型③

	低的成功期望	高的成功期望
认为活动无价值	拒绝:拒绝参与	逃避:尽量少做
认为活动有价值	掩饰:假装会做	投入:尽力学习

需要强调的是,高校思政课教学场域之中,要根据教育的具体情况运用建构主义。"建构和理解在教育过程中固然是很重要的,但知识是多种类型的。陈述性知识和程序性知识,这两种知识获得的心理过程和所需的教学条件是不同的。陈述性知识主要靠接受来获得,因而完全否定传授和灌输在教学中的作用也是不

---

① 高文,徐斌艳,吴刚.建构主义教育研究[M].北京:教育科学出版社,2008:178-234.
②③ 布罗菲.激发学习动机[M].陆怡如,译.上海:华东师范大学出版社,2005:13.

对的。"①在思想政治理论教育中我们仍必须坚持正面灌输原则。同时,我们也应清醒地认识到时代在发展,社会在前进,人们的思想在变化,单纯说教式的灌输已不能适应形势的变化,我们必须在方法和手段上加以创新。因此,在高校思政课教学场域中,要依据认识社会现象、理解社会现实、解决社会问题等思想发展要求,针对大学生的心理特点和思想需要,创造性地运用教育过程中的灌输。

(三) 打造高校思政课教学"共同体"

高校思政课教学场域中的实践活动是教师、大学生以及其他行动者之间思想相互作用的过程,在共同的时空之中,场域内的行动者以共在的形式同处于思想政治教育实践活动当中,共同构成教育过程的实践性要素②。高校思政课的实施过程主要是由教师与学生共同参与,他们面对着共同的教育目标、教育内容,担负共同的教育责任,承受着共同的教育结果,"尽管双方在教育实践中所处的角色地位不同,但双方在整个思想政治教育过程中共同体验,共同经历。可以说,教育主体和接受主体双方共同构成了思想政治教育的存在方式"③。高校思政课教学场域是置身其中的行动者的实践活动空间,行动者在场域中具有联结成辩证统一的社会实践共同体的可能,也只有如此才能形成教育的凝聚力,提高高校思想政治教育的效果。因此,高校思政课教学场域需要构建成一个实践"共同体"场域。"只有在共同体中,个人才能获得全面发展其才能的手段"④。运用"共同体"思维进行高校思政课教学场域构建,旨在构建一个基于行动者之间共生平等、相互尊重的辩证关系的实践空间,在该实践框架下围绕教育目标和共同信念,整合和组织教学资源和社会情境。"从社会总体看,思想政治教育有着统一的目标和内容,遵循着基本的活动规律和相同的实践原则与具体要求。这也是思想政治教育共同体的可能性之所在。"⑤因此,高校思政课教学场域的构建,需要在马克思主义理论和中国化的马克思主义理论体系框架下,通过对话、协商和合作的方式进行教学活动,并进行师生之间的交流互动,从而使行动者共享核心价值观和共同的精神力量。

1. 建立高校思政课教学行动者之间的辩证关系

布尔迪厄的社会场域理论认为场域之中有三种类型的客观关系,一种是支

---

① 周向军.高校思想政治理论课教学改革与创新[M].济南:山东大学出版社,2011:24-25.
②③ 隋宁.思想政治教育的"先在结构"研究[D].长春:东北师范大学,2011:47.
④ 中共中央马克思恩格斯列宁斯大林著作编译局.马克思恩格斯选集:第一卷[M].北京:人民出版社,1995:119.
⑤ 戴锐.思想政治教育共同体的运行机制与发展战略[J].思想政治教育研究,2014,30(6):9-12.

配关系，一种是斗争关系，还有一种是辩证关系，前两种关系类型难以形成场域的内在合力，只有在辩证关系的场域中才能形成行动者之间的凝聚力。"当所有的社会运动都完全以一种自上而下的方式进行时，支配的效果就会加强，以至于构成场域的各种争夺关系和辩证关系就会停止发挥作用。"①争夺关系显然会破坏场域的构建与稳定，因此，要发挥高校思想政治教育共同体的行动力量，就需要促成场域之中行动者关系的辩证统一。

首先，强化高校思想政治教育行动者之间的依存关系。高校思想政治教育的工作者（包括教师、管理者、监督者）只有通过与学生之间建立教学关系、管理关系和监督关系才能成为高校思政课教学场域之中的行动者。而学生也是因为高校思政课教学场域中的一系列关系才成为场域内的行动者，因此，行动者之间的依存关系会随着场域的巩固而进一步加强，而行动者关系的加强又会反过来影响场域的发展。

其次，寻求高校思政课教学场域之中利益的最大公约数。"思想政治教育利益共同体的利益关系本质上不是物质利益关系，而是精神利益关系，表现为共同体成员对社会和各自人生发展的价值诉求。"②一方面，要强化教师以及其他思想政治教育工作者对社会整体利益的认同与追求，同时引导大学生就社会整体利益达成共识，并激励他们为社会整体利益努力学习、发展自我。另一方面，要关照教师、大学生及其他场域行动者的个人利益诉求，并协调好个人利益与社会整体利益之间的关系，探求二者之间的最大公约数。

最后，增进高校思政课教学场域行动者之间的信任关系。其一，高校思政课教学场域中信任关系的构建，不仅需要行动者持有信任理念，而且需要行动者之间形成一种基于价值取向共识的相互认同。在高校思政课教学场域中，要充分保证教师与学生的主体性。"思想政治教育的活动开展能否真正意义上彰显主体性的价值与地位"③在很大程度上影响着高校思政课教学场域中的信任度。不仅要保障预设主体性，也要保证现实主体性；不仅要注重个人主体性，还要注重社会主体性。主体性的有效发挥能够增强场域内行动者的自信，而自信是信任关系的基础。其二，在高校思政课教学场域中，应客观认可学生的学习能力。经历之前十几年的学习历程，大学生已经发展出了与自身条件相关的学习特点，在场域中要对于这些特点加以适当的引导，充分发挥这些特点的优势，

---

① 布尔迪厄,华康德.反思社会学导引[M].李猛,李康,译.北京:商务印书馆,2015:129.
② 钱广荣.试论思想政治教育命运共同体——基于思想政治教育学科创新发展的整体性视野[J].思想教育研究,2016(3):10-15.
③ 王学俭,杨昌华.思想政治教育过程中的信任因素研究[J].教学与研究,2017(6):86-92.

引导大学生在思想政治教育场域中实现自我管理和自我教育。其三,在高校思政课教学场域中,要树立师生共同体理念。习近平新时代中国特色社会主义思想中蕴含着丰富的共同体思想,"中国提出命运共同体这个概念……是指政治上互信,经济上互补,任务上互融的三位一体的联合"①。借鉴命运共同体的理念,高校思政课教学场域也可以被看作是一个共同体,是一个师生合作共同体。在思想政治教育的合作共同体中,行动者虽然也是围绕着自我核心构建起来的,但是并没有把其他行动者排除在外,行动者能够在高校思想政治教育共同体中实现"可能自我""应然自我"及"非期望自我"的平衡,并在场域发展的动态过程中保持稳定。这种稳定的合作共同体将有助于师生之间信任关系的联结,并在教育场域内激发出基于信任的责任感。

在新时代的历史条件下,重新形塑符合时代要求的教育场域内的教学关系,以增强高校思政课教学过程中的信任关系,基于信任的客观关系将有助于发挥行动者的主体性价值,也有助于思想政治教育的持续发展。

2. 激发高校思想政治教育凝聚力

首先,要减少行动者之间的内耗。在高校思政课教学场域的诸多行动者之中,都或多或少存在着矛盾冲突。师生之间存在着关于教学时间、教学内容、教学意义的竞争,教师与教师之间存在着关于教育理念的分歧,教师与管理者之间存在着关于教学效果的争辩,这些冲突一方面会给予行动者一定的驱动力,但另一方面,也会引发各行动者之间的内耗。因此,要形成高校思政课教学场域中的凝聚力,就需要发挥矛盾关系的驱动作用,而减少其内耗的一面。

其次,要增强对社会目标的向心力。高校思政课教学的向心力主要源自思想政治教育对于社会稳定和社会发展的重要意义,因此增强行动者对社会目标的向心力需要强化高校思想政治教育与社会现实之间的内在联系,这种内在联系其实是共同体成员所共享的发展要求与目标指向。"共享发展是社会主义的内在本质,同样也是思想政治教育的内在要求和重要体现。对于思想政治教育来说,共享发展就是要求以共同发展的理念实现思想政治教育主客体全面发展。"②也需要增强大学生的社会责任感与社会认同,引导大学生坚定对于社会目标的向往。

3. 建立高校思想政治教育共同体秩序

"思想政治教育本是一个宏大的社会系统工程,需要思想政治教育共同体

---

① 王帆.大国外交[M].北京:北京联合出版公司,2016:172.
② 祖敏,张长立.五大发展理念视阈下思想政治教育发展的理路指向[J].学校党建与思想教育,2019(7):23-26.

的所有成员广泛、深入地不懈探索和实践。"①大学生、教师以及其他思想政治工作者作为高校思政课教学场域之中的行动者,都会对思想政治教育这一社会系统工程产生作用,而且这些作用与行动者之间的关系密切相关。因此,要推动高校思想政治教育的发展与持续,就需要协调好个体个性差异与教育共同体之间的关系。"改善人性的办法无非是教育和制度两种方式。而教育共同体的正常运转正是建立在一定制度的基础上实施教化的过程。"②因此,协调个性差异与共同体之间的关系需要建立和完善一系列的制度化规则,即场域秩序。

首先,围绕共同利益建立场域秩序。"利益是思想政治教育实效性生成的社会关系基础,也是奠定思想政治教育实效性社会价值取向的现实基础。各利益主体需要及其利益关系的平衡和协调,是思想政治教育取得实效性的关键。"③高校思想政治教育的共同利益既涉及个体的利益格局,也反映利益关系的状态,其核心价值与衡量标准就是社会主义核心价值观。这就意味着高校思政课教学场域秩序的建立需要牢固社会主义核心价值观的利益导向地位,拓展场域内行动者的利益格局,并协调好行动者之间的利益关系。当行动者之间的利益关系能够基于未来目的达成一致,并树立起共同的信念,这种利益的精神形态就能够发挥精神力量——"相互之间的、共同的、有约束力的思想信念作为一个共同体自身的意志,应该被理解为默认一致的概念。它就是把人作为一个整体的成员团结在一起的特殊的社会力量和同情"④。围绕共同利益所建立的高校思想政治教育共同体秩序体现了公平性和一致性原则,有利于共同体的协调互动与持续发展。

其次,融合行动者的个性需要巩固场域秩序。"普遍利益只有通过个人才得以实现"⑤,个性需要与普遍的共同利益之间本就存在着辩证关系,高校思想政治教育行动者的个性需要固然各不相同,但共同利益无非是诸多个性需要的集合,是个人利益的最大公约数。高校思政课教学场域秩序的个性需要,需要通过协商方式加以表达,运用公共选择的作用促进行动者之间的相互认同,同时,也可以使行动者对于秩序遵守更具责任感。融合个性需要建立高校思政课教学场域秩序体现了民主性原则,"新时代我国的思想政治教育推行的是全员、

---

① 戴锐.思想政治教育共同体的运行机制与发展战略[J].思想政治教育研究,2014,30(6):9-12.
② 刘阳.论教育共同体的内涵与构建原则[J].当代教育论坛,2014(4):35-42.
③ 代黎明.高校思想政治教育实效性研究[M].北京:北京理工大学出版社,2018:25.
④ 滕尼斯.共同体与社会:纯粹社会学的基本概念[M].林荣远,译.北京:商务印书馆,1999:58.
⑤ 罗素.罗素自选文集[M].戴玉庆,译.北京:商务印书馆,2006:87.

全方位、全过程的育人理念"①。要实现"三全育人",仅仅依靠单方面制定的制度形成秩序约束难以发挥全面效果,因此,高校思政课教学场域秩序要联合教师、管理者、学生以及其他的场域内的行动者共同商讨,制定适应场域构建及发展的公共秩序。

二、增加高校思政课教学场域吸引力

在布尔迪厄所研究的诸种场域之中,资本大都是通过争夺的方式才能获得,然而,"资本是集体的产物,它只有通过社会许多成员的共同活动,而且归根到底只有通过社会全体成员的共同活动,才能运动起来"②。资本只有在特定的社会场域中才能发挥作用,成为社会力量。在社会主义制度前提下,国家通过宏观调控把资本分配到社会的各个领域,从而更有利于充分发挥资本的社会力量。我国高校思想政治教育文化资本同样也是通过赋予的方式取得的,这就意味着高校思政课教学场域难以凭借争夺的方式提高其吸引力,并可能会因外在驱动力的缺失而导致高校思政课教学场域吸引力的弱化。因此,高校思想政治教育需要从丰富文化资本、改善话语方式及拓展传播路径三个方面提高其场域吸引力。

(一)丰富高校思政课教学场域中的文化资本

"思想政治教育场域是一个文化生产和文化传递的场所,也是一个教育者、教育对象等场域内各行动者、教育要素彼此相连形成的一个关系系统。"③同样的,高校思政课教学场域的教师、学生通过场域内的实践活动相互联系,形成了教学位置关系,它决定了文化优势的重要作用,"即成为一种力量或是动力,推动拥有更多、更先进文化资源的一方占据更高的位置,以使其拥有者获得对场域中的其他主体产生影响的能力"④。这就意味着文化资本是影响高校思政课教学场域运行逻辑的基本要素,它"是社会个体及各社会阶级阶层所拥有的显示或标识其文化状况的一切知识、技术、气质,以及各种文化产品和凭证的总称"⑤。高校思政课教学场域内的文化资本涉及思想政治教育的相关知识、技术、文化产品等,是场域关键资源的承载形式。"'文化资本'无疑是思想政治教育场

---

① 唐慧玲.高校思想政治教育隐性育人场域的微观构建[J].国家教育行政学院学报,2018(4):47-52.
② 中共中央马克思恩格斯列宁斯大林著作编译局.马克思恩格斯选集:第一卷[M].北京:人民出版社,1995:278.
③④ 何祥林,张振兴.思想政治教育实效性研究:基于场域的视角[J].教育评论,2014(8):87-89.
⑤ 刘生全.教育成层研究[M].北京:教育科学出版社,2011:161.

域中最为活跃的力量,正是由于这种文化的生产、传递、接受等活动将教育者同教育对象联系在一起。"①高校思政课教学场域优势的关键在于场域之中的文化资本优势,并且场域中的行动者主体性的发挥也需要以文化资本为基础。

1. 优化高校思想政治教育客观文化资本

当前,在高校思政课教学场域中,运用较为频繁的主要是书籍形式的客观文化资本,如教材、教师参考用书及学术期刊。但是客观文化资本的其他形式尚未被充分运用,如革命纪念馆、博物馆等涉及直观具象文化资本的形式较少被运用,而是被纳入思想政治教育的实践环节,偶尔被教师加以运用。然而,运用最为普遍频繁的教材却难以发挥其文化资本的吸引力,其一,高校思政课教材与以往思想政治教育内容存在一定的重复性。这种重复容易导致大学生产生"老生常谈"的感受,从而产生抵触情绪和轻视心理,甚至对高校思想政治教育课程的开设产生怀疑;其二,高校思政课教材之间也存在着重合的内容。思想政治理论课作为大学生的必修课,内容的重复或相似会导致大学生产生对于思想政治理论课大同小异、千篇一律的印象,甚至产生学习倦怠,在很大程度上削弱了思想政治教育客观文化资本的吸引力。

高校思想政治教育客观文化资本的优化首先要从教材着手,高校思想政治教育教材是十分关键的客观文化资本,它会给大学生带来对于思想政治理论课和思想政治教育的直观印象。因此,首先要注重高校思政课教材的衔接性。减少当前教材中与以往思政课教材相重复的内容,深化教材内容,在以往内容的基础上进一步拓展和延伸,以契合大学生的学习需要和心理特点。其次要注重高校思想政治教育教材的生动性。当前的教材在编写过程中为了体现科学性和严谨性,运用大量的理论话语和文件式叙述方式,从而缺乏学生所期待的生动性。因此,编撰高校思政课教材需要从大学生的认知需要和理解视角出发,增强教材文本的情境化与可理解性。

2. 丰富高校思想政治教育制度文化资本

制度文化资本,是行动者在场域之中优势的制度化体现。一方面,思想政治教育工作者需要具备足够的制度文化优势,如教育资格证书、培训证书、学历证书等等。思想政治教育工作者通过熟练掌握制度资本带来的力量,"并将其转化为自己在教育场域中所拥有的优势文化资本,稳固主导地位"②,避免出现"思想政治理论课人人都能上,思想政治工作人人都能做"的现象,促进思想政治教育专业化、科学化。另一方面,要发挥制度文化资本对于大学生的激励作

---

①② 何祥林,张振兴.思想政治教育实效性研究:基于场域的视角[J].教育评论,2014(8):87-89.

用。高校思想政治教育文化资本的制度类型，常常是被包含在高等教育制度文化资本当中的，表现为毕业证书等形式。要发挥制度文化资本的作用，需要凸显思想政治教育制度文化资本在毕业证书获取过程中的重要性，虽然当前思想政治理论课的学分比重已经具有明显优势，但仍有必要创设更加专门化的制度文化资本形式，如各类思想政治教育相关的比赛奖项、社会实践活动的评比制度化等等。

当然，除了文化资本客观形式与制度形式，高校思政课教学场域中的文化资本还有具身形式，该文化资本形式是惯习的重要组成部分，因此留待本章的第四节进行论述。总而言之，无论是哪种形式的文化资本都需要与高校思政课教学场域相适应，"文化资本，当其同时具有最完善的构成与最恰当的超适用性时，它的价值就达到最大"①。只有如此，方能发挥文化资本的场域意义，推动高校思政课教学场域的构建与发展。

（二）改善高校思想政治教育话语方式

"思想政治教育话语内容体系由内核和外围两个部分组成：内核是思想政治教育话语的专属性内容，体现思想政治教育话语的学科特性；外围是思想政治教育话语的扩展性内容，体现思想政治教育话语的普适特性。"②因此，高校思政课教学话语的完善既要巩固和丰富思想政治教育话语内核，增强高校思想政治教育话语的理论厚度和学理深度，也要调整和转变思想政治教育话语外围，营造高校思想政治教育话语的现实语境和时代氛围。"思想政治教育话语需要准确界定其与马克思主义学科属性、学科地位和学科发展相契合的基本概念、原理、范畴、规律和方法的描述而构建思想政治教育学科的学术话语。"③因此，高校思想政治教育话语要从大学生的实际需要出发，将抽象的、高度概括的学术话语转化为贴近大学生实际学习实践和生活实践的现实话语，推动高校思想政治教育话语的学理性、生活化及国际化转变。

1. 从丰富的理论成果中汲取学理话语

首先，要灵活运用马克思主义经典理论成果话语。马克思主义经典理论成果是高校思想政治教育话语源泉，"只有坚持马克思主义在文化建设中的指导地位，才能真正以科学态度继承中国文化的优秀传统和吸收外国文化的积极成

---

① 格伦菲尔. 布尔迪厄：关键概念（原书第2版）[M]. 林云柯，译. 重庆：重庆大学出版社，2018：141.
② 梁庆婷. 新媒体语境下思想政治教育话语体系建构研究[M]. 徐州：中国矿业大学出版社，2017：35.
③ 葛红兵. 思想政治教育话语体系研究[M]. 北京：中国文史出版社，2016：134.

果,才能引领国内多姿多态多样的文化思潮,使其有利于社会主义主流文化的发展"①。因此,高校思想政治教育话语的叙事内容和叙事框架需要以马克思主义理论体系为基础和内核,并在此基础上突出叙事风格和修辞策略的中国特色,无论是在话语的结构要素与结构规律上,还是叙事框架与叙事结构方面,或是话语风格与修辞策略方面,都要体现出具有中国特色的话语风格。

其次,要继承与借鉴中华优秀传统文化话语。"中华优秀传统文化中的经典名句、经典故事蕴含鲜活的当代价值和意义。"②更为重要的是,中华优秀传统文化已经是每个中国人的文化基因中不可分割的一部分,也是我国文化"软实力"最深厚的底蕴。毛泽东思想活的灵魂——"实事求是"这一话语就是源自我国优秀传统文化,这一具有中国气派的高度凝练的话语,是马克思主义辩证唯物主义中的"物质决定意识""意识是对物质的反映""意识对物质具有能动作用"等思想的进一步发展,并继承了中国传统文化对于探寻真理的坚定信念。在习近平新时代中国特色社会主义思想中,对于中国传统文化话语的运用也十分常见,如"民生在勤,勤则不匮",以此倡导劳动光荣、劳动伟大的思想观念;"志之所趋,无远勿届,穷山距海,不能限也;志之所向,无坚不入,锐兵精甲,不能御也。"以此激励大学生树立崇高的理想信念,不忘初心,砥砺前行。运用中华优秀传统文化话语,不仅能够增添高校思想政治教育话语的文化底蕴,还能在新时代历史方位中更好地讲好中国故事。

2. 在多样化的社会实践中凝练生活话语

"随着时代的变迁和语境的改变,思想政治话语也不断得到发展。在思想政治教育外延实现不断拓展的同时,思想政治话语的形式和内容也在不断丰富,具体体现在与现实社会接触中所产生的一些共同的目标、内容和方式。"③社会实践活动推动时代进步和社会发展,进而使思想政治教育语境发生变化,因此,高校思想政治教育话语需要从社会生活当中凝练适用的话语。

第一,从新时代中国特色社会主义建设的伟大实践中提炼生活话语。"思想、观念、意识的生产最初是直接与人们的物质活动,与人们的物质交往,与现实生活的语言交织在一起的。"④作为塑造和引导人的思想、观念、意识的思想

---

① 陈先达.论坚持马克思主义意识形态的指导地位[J].马克思主义与现实,2011(6):23-29.
② 徐稳.高校思想政治理论课教学话语体系的反思与转换[J].教育探索,2017(6):75-78.
③ 兰天峨.新媒体时代青年思想政治教育话语体系构建[J].延安大学学报(社会科学版),2019,41(6):114-119+125.
④ 中共中央马克思恩格斯列宁斯大林著作编译局.马克思恩格斯选集:第一卷[M].北京:人民出版社,1995:72.

政治教育,同样与人的物质活动、物质交往等社会实践活动密切相关,并且在现实生活的实践过程中凝练高校思想政治教育的生活话语。从新时代中国特色社会主义伟大实践取得的历史性成就中,提炼出"厉害了,我的国""新四大发明"等能引起大学生情感共鸣的生活话语;从新时代中国特色社会主义伟大实践的总任务中,精炼出"中国梦""世界梦""两个一百年"等激励大学生努力奋斗的话语;而在实现中国特色社会主义伟大实践的布局之中,又凝练出"五位一体"总体布局和"四个全面"战略布局的大众话语。

第二,从大学生现实生活的实践活动中发掘生活话语。"新的时代环境下思想政治教育话语的转变必须坚持以人为本的核心价值理念,走向'人',走向'现实',从崇高叙事转换到生活叙事。生活是人的存在方式最完整、最生动、最质朴的表达。所谓生活叙事,就是从人的生活中遇到的问题出发解答个人的困惑,在使人的生活得到合理解释的基础上建立起基于生活之上的价值观。"①大学生的成长离不开生活,他们步入社会之后仍然离不开生活,因此,生活话语的运用既是对于大学生心理需要的回应,也是他们步入社会的有益准备。因此,完善高校思想政治教育话语,应当从大学生的现实生活出发,将贴近他们生活的日常用语融入高校思想政治教育话语体系。

3. 在宏大的世界视野下创新国际话语

中国不仅需要听到世界的声音,也需要让世界听到中国的声音,前者意味着思想政治教育需要将国际话语进行本土化,后者则要求高校思想政治教育将中国特色社会主义话语国际化。

一方面,需要将国际话语转化为本土话语,即国际话语的中国化。随着各国之间的学术交流与思想互动越来越频繁,越来越多的学术话语进入了我们的视野当中,有些话语能够解释随着时代发展出现的现象,因此被广为应用,但是这些话语并不能完全适用于解释中国特色社会主义的社会现象,"学术话语体系建设的一个重要任务,就是对我们已接受的西方流行话语进行全面系统的界定,赋予其中国内涵,并将其同中国人的接受习惯结合起来"②。因此,创新国际话语就要对现有的国际话语加以转化,灵活运用。

另一方面,需要提升中国意识形态的国际话语权。"国际话语权本质上是一种国际行为体为改变其他行为体的意志和行动而通过言语表达施加影响的能力,体现出的是一种'多体、一核、两面'的权力关系。'多体'是'国际话语权'

---

① 段鑫星,程婧.思想政治教育的心理视野[M].徐州:中国矿业大学出版社,2016:110-111.
② 葛红兵.思想政治教育话语体系研究[M].北京:中国文史出版社,2016:134.

体现的内容来自政治、经济、文化、生态、军事等各个领域,这是由中国这一话语主体的复杂性所决定的;'一核'是指在国际话语权内容的各个方面中,处于最核心地位的是话语主体的文明价值和精神理念,中国国际话语权就是由当代中国的价值观念贯穿始终的;'两面'则是国际话语权大小、强弱在现实中要表现为两个层面:一个是媒介层面,也就是一国的国际传播能力,如国际媒体的打造、国际话语的生成等等;另一个是形象层面,也就是通过历史的互动和现实的交往,所积累的一个国家在国际行为体中其他主体对它的总体认识。"[①]这就意味着在高校思政课教学场域中需要涵盖政治、经济、文化、社会、生态、军事、外交等涉及综合国力全方位的话语内容,并且这些话语内容的表达方式需要服务于国际话语权,展现"中国声音"的全面性;与此同时,需要重视国家文化软实力的作用,传播当代中国价值观念既要运用中国特色话语,也要将"中国声音"国际化,获得国际认同,增强"中国声音"的吸引力;再者,还需创新与国际传播相契合的中国话语,减少误读风险,增强国家互信,彰显"中国声音"的可信力。

总之,完善高校思政课教学话语,旨在让大学生听得懂、听得进、有共鸣、有收获,在学理性话语、生活化话语、国际化话语等丰富多样的话语方式中获得真知、真情、真意,并最终转化为建设中国特色社会主义事业的实际行动。

(三) 优化高校思想政治教育文化资本的传播路径

当前,高校思想政治教育文化资本主要的传播路径有两类,一类是传统路径,即以高校思想政治理论课为主渠道的传播路径,一类是新兴路径,即以网络技术为基础的高校思想政治教育传播路径,如网络教学平台、传播主流意识形态的网站、自媒体等等。这两类传播路径都能够在一定程度上满足大学生获取思想政治教育文化资本的需要,然而二者也存在着一定的局限性,因此,需要整合传统路径和新兴路径,打造高校思想政治教育文化资本传播网络。

1. 牢固高校思想政治教育文化资本传播的传统渠道

首先,提升高校思想政治理论课的传播效果。高校思想政治理论课是高校思想政治教育文化资本传播的主渠道,但是对于这类课程,不少大学生抱有不同程度的抵触心理。思想政治理论课所经常采用的文化载体(如教材、书本、幻灯片中的文字等等)难以产生足够的吸引力,哪怕有的教师引进新媒体当中的视频作为文化载体,也只能短暂地吸引学生的注意力。因此,要提升高校思想政治理论课的传播效果,其一,教师需要积累足够的文化资本,体现文化优势,

---

① 吴贤军. 中国国际话语权构建:理论、现状和路径[M]. 上海:复旦大学出版社,2017:21.

展现高校思想政治教育文化资本的内在魅力。其二,综合运用多种载体,在具体的教学活动中,各种载体所表达的文化内涵要保持一致性,所承载的应是相同的文化价值,在多种载体的综合作用下实现高校思想政治理论课的传播实效。其三,增强大学生的学习责任感,不断强化大学生对学习责任的认知,增进他们对学习责任的认同,并引导他们积极履行学习责任。

其次,增强高校课外团学活动的实效性。高校课外团学活动是大学生参与思想政治教育的重要渠道,通过课外团学活动,大学生既能够反馈自身的思想动态,掌握国家政治新动向,也能够在参与社会实践活动中发挥思想政治教育文化资本的作用。然而,当前的高校课外团学活动出现了一些流于形式的现象,如用拍照代替真实的活动,用"一言堂"替代"座谈会"等等。然而,思想政治教育传播首先要求达到彼此沟通,才能使得师生之间相互理解、彼此认同[①]。因此,为了保障高校思政课教学场域的文化传播实效性,需要真正地将团学活动落到实处,完善高校课外团学活动的反馈机制,实现高校思想政治教育文化资本传播的沟通效果。

2. 发掘高校思想政治教育文化资本传播的新路径

随着互联网技术的发展,文化传播的载体越来越多元化,高校思想政治教育文化资本传播也面临着越来越多新路径的选择,尤其当新媒体时代到来,文化传播需要关注"高度的媒体融合度""巨大的信息或数据能量""网络化的社会生活""主体的平等性和自由性""形式的多样性与交互性"[②]等传播特性,这些新的传播特性使得高校思想政治教育需要发掘更多的文化传播路径,如网络教学平台、网站(包括主流网站、高校特色网站)及微博、微信等自媒体传播路径等等。因此,发掘高校思想政治教育文化资本传播新路径,首先要完善网络教学平台,并根据各高校的教学需要加以推广,使之成为思想政治教育文化资本传统渠道传播的有益补充;其次,要增强主流网站对于高校思想政治教育文化资本的传播力度,同时也要根据高校特色实现网站传播的校本化;最后,还要运用各种自媒体传播路径,增强高校思想政治教育文化资本传播的针对性,同时也要给予大学生信息反馈的新路径,使传播路径更具沟通性。

3. 打造高校思想政治教育文化资本传播网络

一方面,高校思想政治教育文化资本传播的传统路径虽然具有"正统"地位,并且稳定性较强,但是,通过该路径传播的信息流量较为有限,信息载体也

---

① 孙迎光.思想政治教育新论[M].上海:上海三联书店,2014:28
② 季海菊.论新媒体时代高校思想政治教育的挑战与机遇[J].南京社会科学,2015(5):151-157.

较为单一,而且表现方式缺乏足够的吸引力;另一方面,高校思想政治教育文化资本传播的新兴路径尽管具备强大的信息流量功能、多元的信息载体以及多元化的表现方式,但是,它所传播的信息比较繁杂,也较为碎片化,传播过程难以激发受众对信息的反思。同时,新媒体传播的图像化表现方式容易引发大学生对于抽象思维和理论知识的疏离与偏见。最终导致高校思想政治教育文化资本传播在传统路径与新路径中各自为政,使得思想政治教育文化传播难以产生足够的吸引力,也无法应对互联网技术发展带来的信息化、数字化的冲击,因而必须将传统路径与新路径整合在一起。在教学过程中引入教学智能云平台能够将网络传播路径与传统理论教学有机融合起来[1],有助于高校思政课教学过程中文化资本传播传统渠道与新路径的整合。教学智能云平台能够集成网络教学资源、网站资源及自媒体,在高校思想政治教育过程中应用这一平台,既能够向大学生展示多方面多载体的高校思想政治教育文化资本,也能够运用平台的交流互动及时掌握大学生的思想动态、心理需要、情感需求等等。新路径资源的丰富性与传统路径互动的即时性都能通过教学智能云平台实现,类似的整合方式都将有助于打造高校思想政治教育文化资本的传播网络。

三、激发高校思政理论课教学的主体力量

主体性是主体所具有的属性,"是能够确立人的主体地位的那种属性,因而是主体最为根本的属性"[2]。"人的存在特征在于,他既具有自我意识,又具有对象意识。他把他以外的一切存在物连同他自身都变成了自己认识和改造的对象,从而使自己成为一切存在物的主体。主体性的存在方式是人之所以称其为人的质态标志。人的主体性的存在方式与动物的一般存在方式具有本质区别。"[3]正是人的这一特殊存在方式,使得在具体场域中,行动者能够自主地发挥自身的行动力量,并协同其他行动者共同致力于场域中的实践活动,形成构建场域的凝聚力。因此,要推进高校思政课教学场域的在场性构建,也需要关注置身之中的行动者主体及其主体性。

---

[1] 梁彦红,段振英.智能云翻转课堂教学改革探析——以民法案例教学课程为例[J].河北师范大学学报(教育科学版),2019,21(4):125-128.

[2] 郭晶."主体性"的当代合理性:马克思的主体性思想研究[M].北京:中国社会科学出版社,2015:147.

[3] 袁祖社.意义世界的创生及其为拥有——人的超越性与自由本质探究[J].陕西师范大学学报(哲学社会科学版),2001(1):76-81.

（一）高校思政课教学主体的基本特征

实践性和主体性作为马克思主义哲学关于人与其他物种相区隔的重要概念，二者的关系密不可分。"马克思在《关于费尔巴哈的提纲》中指出，应当从'主体'方面去理解'实践'，表明'实践'与'主体'的内在关联。"[1]"实践性是主体性的基础，主体性是实践性的本质特征。"[2]人不仅因其主观能动地在认识世界改造世界的实践活动中拥有其主体性，并且在反观自身的实践过程中成为自我反思的主体。以实践性与主体性的综合视角来考察高校思想政治教育主体，不难发现，高校思政课教学场域中的行动者，不仅是教育主体或认知主体，还是基于现实生活，构建思想政治教育场域的实践者，即实践主体。"实践活动具有的感性、具体性、历史性和创造性，使实践主体也呈现出现实性、历史性和开放性的特征。"[3]高校思政课教学场域中的实践主体也同样具备这些特征。

1. 高校思政课教学主体的现实性

"从实践哲学范式出发看待主体，我们得到的则是截然不同的一个具有现实性的'主体'。"[4]首先，高校思想政治教育实践主体的现实性体现在对于物质基础的依赖。"第一个历史活动就是生产满足这些需要的资料，即生产物质生活本身，而且，这是人们从几千年前直到今天单是为了维持生活就必须每日每时从事的历史活动，是一切历史的基本条件。"[5]高校思政课教学场域之中的主体同样也离不开生产物质生活，因为生产物质生活本身就是感性具体的，因此高校思政课教学主体也具有感性、具体性。不同的主体所拥有的物质条件各不相同，需求也不尽相同，认识世界的眼光、改造世界的格局都会有所不同，这就要求高校思想政治教育需要针对不同主体的各自特点采取相应的策略，激发各类行动者的主体性。其次，高校思政课教学实践主体的现实性还体现在对于场域内在客观条件的依赖。"这里所说的个人不是他们自己或别人想象中的那种个人，而是现实中的个人，也就是说，这些个人是从事活动的，进行物质生产的，因而是在一定的物质的、不受他们任意支配的界限、前提和条件下活动着的。"[6]同样，高校思想政治教育主体是在高校思政

---

[1] 郭晶. "主体性"的当代合理性：马克思的主体性思想研究[M]. 北京：中国社会科学出版社，2015：138.

[2] 吴育林. 简论"实践主体"及其品质[J]. 哲学研究，2006(9)：23-26.

[3][4] 郭晶. "主体性"的当代合理性——马克思的主体性思想研究[M]. 北京：中国社会科学出版社，2015：139.

[5] 马克思，恩格斯. 德意志意识形态(节选本)[M]. 北京：人民出版社，2003：23.

[6] 马克思，恩格斯. 德意志意识形态(节选本)[M]. 北京：人民出版社，2003：16.

课教学场域的客观因素(包括文化资本、客观关系、国家元场域的需要等等)所决定的基本条件下进行实践活动的,因此,高校思政课教学实践主体是现实性的,需要根据教学场域内在客观条件的具体情况,对行动者的主体性进行引导,以发挥各自的主观能动性。

2. 高校思想政治教育主体的历史性

一方面,主体的历史性意味着高校思政课教学场域内主体的实践需要顺应历史趋势。"人始终是'社会历史发展'的'主体'。人的发展构成了社会历史发展的根本价值追求。换言之,人始终处于自我创造的过程之中,人是生存实践活动的过程,也就是人的自我创造的过程,也便是历史的过程。人是生存实践活动的主体,是自身创造和发展的主体,也是历史的主体。"[①]高校思想政治教育是中国特色社会主义历史发展过程中的重要领域,大学生的发展与国家的历史发展阶段密不可分,大学生不断地进行自我成长以符合社会历史发展的大趋势,将自己置身于新时代的历史格局之下,坚定理想信念,勇于承担民族复兴大任,并为今后步入社会培育相适应的思想政治观念、道德素养及核心价值。

另一方面,主体的历史性也意味着需要通过主体的实践活动才能创造历史。"并不是'历史'把人当作手段来达到自己的目的。历史不过是追求着自己目的的人的活动而已。"[②]高校思政课教学场域中的主体在过去历史境遇中塑造自身,并在所处的社会关系中获得资本、生成惯习,因此,高校思政课教学场域中的实践活动是在历史基础上开展的,场域的构建要充分考虑行动者主体的历史性。同样的,高校思想政治教育的行动者,也进一步在场域实践活动过程中获得创造历史的思想基础、理论知识及精神动力。

3. 高校思想政治教育主体的开放性

"马克思的'实践主体'的个体性已经预示了另一个十分重要的问题,即'主体间性'问题,因为只要'主体'是个体的人,就必然要涉及与'他人'的关系。"[③]高校思想政治教育主体同样作为实践主体,需要面对高校思政课教学场域中的主体性问题。置身场域中的行动者总是处于一定的客观关系之中,如教学关系、监督与被监督的关系。在共同的场域内进行实践活动,每个主体都面

---

① 郭晶."主体性"的当代合理性:马克思的主体性思想研究[M].北京:中国社会科学出版社,2015:142.

② 中共中央马克思恩格斯列宁斯大林著作编译局.马克思恩格斯文集:第一卷[M].北京:人民出版社,2009:295.

③ 郭晶."主体性"的当代合理性:马克思的主体性思想研究[M].北京:中国社会科学出版社,2015:151.

临着主体间性的问题,因此,高校思政课教学场域之中的主体无法孤立、封闭地进行实践活动,必须与其他主体在互动过程发挥各自的主体性,方能形成合力,推动思想政治教育的实践进程。更为重要的是,高校思政课教学主体的开放性还涉及主体自身的可塑性,当主体反观自身,就生成了"人与自己"的关系,置身于这一关系之中,面对如何把握好人与自己的关系这一问题,主体的开放性可以弥补不足、巩固优势。

(二) 塑造高校思政课教学场域中大学生的主体性

人的主体性体现为人是根本、人是主体、人是出发点。"思想本身根本不能实现什么东西。思想要得到实现,就要有使用实践力量的人。"[①]由此可见,主体性对于高校思政课教学过程实施、场域构建、目标达成具有重要作用。"人的主体性是人作为活动主体的质的规定性,是在与客体相互作用中得到发展的人的自觉、自主、能动和创造的特性。"[②]自主性有助于大学生基于自我意愿投入场域,而不是被资本支配卷入场域;能动性有助于大学生自觉自如地投入场域,而不会局限于惯习的作用;创造性有助于大学生更有效地投入场域,而不会落入文化"再生产"的窠臼。因此,自主性、能动性与创造性是高校思政课教学主体充分发挥能动性的关键要素。

1. 塑造大学生在高校思政课教学场域中的自主性

"自主性是行为主体按自己意愿行事的动机、能力或特性,是一个哲学、政治学、伦理学、法学等多个学科领域都涉及的论题。"[③]高校思政课教学场域中的自主性指行动者在教学活动中对自己主体力量的自我掌控,在实践过程中积累起来的一系列知识经验、方法原则、交往技巧与关系状态,是行动力量得以发挥的基本前提。自主性重点强调行动者在场域融入、行动惯习等方面所拥有的彰显自我意识的基本素养和行动技巧,综合表现为自我控制和独立性两类影响因素。

其一,自我控制代表了行动者面对高校思政课教学活动的自主调节性,反映出行动者在教育场域的交互过程中自我意识外化的心理过程。在高校思政课教学场域中,大学生自我控制的匮乏主要体现为即时满足、易受干扰等行为,尤其在行为调适、抗拒诱惑(包括懒惰、享乐、沉迷)等方面的不足更为凸显。因

---

① 中共中央马克思恩格斯列宁斯大林著作编译局. 马克思恩格斯文集:第一卷[M]. 北京:人民出版社,2009:320.

② 郭湛. 主体性哲学:人的存在及其意义[M]. 昆明:云南人民出版社,2002:190.

③ 万志全,杨秀英,吕倜然. 大学生心理健康[M]. 大连:东北财经大学出版社,2016:22-23.

此,塑造高校思政课教学场域之中的主体性,一方面,要将教师与大学生的行动力量置于同等地位,减少教育场域之中的控制方式,为行动者的自主性塑造提供空间;另一方面,应减少教学活动的过度预设,尽量避免高校思想政治教育场域的损耗(包括主体力量、文化资本传播效果、师生关系等方面),发挥教学活动的生成性对于自主性发挥与强化的作用。

其二,独立性表明行动者自觉主动参与实践的精神状态,反映行动者在高校思政课教学场域实践中的主体价值。在高校思政课教学场域中,行动者独立性仍较为匮乏,突出表现为教学过程中依赖与被依赖的关系。要增强行动者的独立性,一方面,教师要转变施教思维,不要将学生的顺从、配合当作是开展思想政治教育的必要条件,因为这种依赖思维会在很大程度上影响高校思政课教师的教育动力。另一方面,应增强大学生的学习自律性,避免出现大学生一旦离开教师监督就脱离高校思政课教学场域的现象。自律有助于他们更加独立自主地进行教学场域内的活动,并有助于增进对高校思想政治教育社会化意义与发展功能的认同,使大学生无论是在社会发展层面还是个人发展层面,都能够产生关于思政课的成就期望。

2. 塑造大学生在高校思政课教学场域中的能动性

能动性即意识能动作用,是指"意识能够能动地反映客观事物,形成主观观念,并且自觉地指导人们进行实践活动,反作用于客观事物"[1]。该定义既涉及人认识世界的意识与行动,也涉及人改造世界的目的与能力。因此,人在认识世界与改造世界的过程中都不可避免地需要发挥其能动性,能动性的发挥"是运用人对世界的已有认识——尤其是对事物本质和规律性的认识来指导人们有的放矢地进行新的思维和实践,并使现实世界按照人的内在需要或社会需要的尺度发生合乎人的目的的变化,使人与世界、人的主观与客观发生交互作用、相互转化的机制和过程"[2]。本研究所涉及的大学生能动性主要是指他们的学习能动性,大学生学习能动性的发挥就是在已有认识基础上,运用所掌握的知识有目的地、主动地进行新的学习认知与学习实践,并在此过程之中实现主观意识与客观事物的交互作用、相互转化,亦即人的社会化与社会世界的"人化"。人的能动性既是对外界或外部的刺激及影响做出积极的、有选择的反应[3],也是实现人的社会目的的关键所在。与此同时,"学习的能动性是一种特别的潜

---

① 王立志.哲学基础知识[M].北京:北京邮电大学出版社,2007:28.
② 傅新禾.论思想政治理论课教师社会责任意识的增强——基于人的主观能动性视角[J].黑龙江高教研究,2013,31(4):82-84.
③ 姚晓华.能动教育的实践与研究[M].长春:吉林人民出版社,2014:6.

能。实际上,它是通过改变自己一般的倾向性而重新塑造自己的一种能力"[1]。故此,在高校思政课教学场域之中,大学生的学习是可塑造的,也需要重新塑造。总而言之,高校思政课教学场域中大学生能动性的塑造,是指引导大学生投入场域,并激发他们在思想政治教育认知和实践过程中的目的性与主动性。

其一,激发大学生对于思想政治教育目的的认同。在当前的高校思政课教学过程中,有的大学生投入场域仅仅是为了获取完成学业、获得文凭等工具性价值,而忽视了蕴含于思想政治教育之中的目的性价值。思想政治教育的目的性价值最主要体现在思想政治教育目的的涵义之中,"我国思想政治教育的目的是用先进的思想意识掌握群众,先进的思想意识是人类对自我内在精神世界的认识成果。通过对其的理解和接受,可以引导人们认识和反思实然的自我和世界,向往和构建应然的自我和世界,实现由实然向应然的跃迁"[2]。因此,增强大学生在高校思政课教学场域中的目的性,要引导他们加深"自我理解",完善"自我筹划",关注"自我发展"[3],以他们自身的自由而全面的发展作为投入思想政治教育场域的最终目的。

其二,激发大学生投入高校思政课教学场域的主动性。大学生在思想政治教育情境中的主动性是以其对于思想政治教育目的的价值认同为基础的,在大学生明确并认同了思想政治教育的目的之后,他们才会以端正的学习态度和浓厚的学习兴趣投入到场域之中。因此,激发大学生在高校思政课教学场域之中的主动性,需要强化他们的格局意识,以国家意识形态、人类发展、社会进步的视野来看待思想政治教育场域之中的实践活动。当然,在具体的施教过程中,激发大学生的求知欲和探究意识,培育他们的思辨能力,提供相应的学习支持等教育策略也有利于提高大学生在高校思政课教学场域中的主动性。

3. 塑造大学生在高校思政课教学场域中的创造性

"创造是新的内容或形式、新的结构或功能的生成,是在人与世界关系中主体本质力量非重复性地外在化、对象化、客体化的过程,同时也是外部世界、对象、客体内在化、观念化、主体化的过程。"[4]高校思政课教学场域中创造性的发挥是指行动者在场域内的实践活动过程中,能够运用新的行动方式、关系结构、

---

[1] 伊斯雷尔·谢弗勒,石中英,涂元玲.学习的能动性是一种特别的潜能[J].福建论坛(社科教育版),2008,6(12):1.
[2] 李颖.基于哲学解释学视角的思想政治教育接受研究[M].杭州:浙江大学出版社,2013:103.
[3] 李颖.基于哲学解释学视角的思想政治教育接受研究[M].杭州:浙江大学出版社,2013:102.
[4] 郭湛.主体性哲学:人的存在及其意义[M].昆明:云南人民出版社,2002:195.

主体功能等等，它强调的是，在高校思政课教学场域中，教师或学生都可以通过未曾尝试过的方式解决当前的问题，能接纳一定的失误，并在此基础上进行反思，最后加以改进。尽管关于创造性的定义众说纷纭，但创造性具有新颖性和独特性的特征已在心理学界达成共识[1]。而高校思政课教学场域之中大学生的创造性主要指的是创造性学习，"创造性学习是创造性思维支配下的与学习主体实际相宜的富有新意和效率的学习行为"[2]。因此，要塑造大学生在高校思政课教学场域中的创造性，需要从增进学习的新颖性和独特性着手。具体而言，需要增强大学生创造性意识，培育大学生创造性思维，强化大学生发挥创造性的意志。

首先，塑造大学生在高校思政课教学场域中的创造性，需要增强大学生的创造性意识。即激励大学生积极地投入高校思政课教学场域之中，激发他们学习投入的动机与提高他们的专注力，如此，才能全神贯注、持之以恒地对学习过程中遇到的问题进行求真和探索，并能够不断发现思想政治教育过程中独特新颖的问题。只有当大学生具备创造性意识，他们才会产生创造性的主体力量并投入思想政治教育的学习过程中，发现和掌握新的知识，不断完善自身的认知结构。

其次，塑造大学生在高校思政课教学场域中的创造性，需要培育他们的创造性思维。创造性思维的核心是发散思维[3]，发散思维涉及四个维度：流畅性、变通性、新颖性、精细性[4]。其一，培育大学生思维的流畅性，需要引导和促进他们广泛涉猎哲学社会科学专著尤其是马克思主义经典著作，积累思想政治教育文化资本，并形成相应的知识体系，如此方能在学习过程中敏锐地捕捉到所需知识，并加以创造性地运用。其二，培育大学生思维的变通性，则需要引导大学生保持开放和包容的心态，尝试不同的学习方式和多样的教育活动。变通性体现了行动者发散思维的勇气和能力，拥有变通性的行动者，在高校思想政治教育过程中能够克服僵化思维、探索新的方向，彰显行动者不甘现状的进取精神，这也是行动者主体力量灵活性的体现。其三，培育大学生思维的新颖性，需要鼓励大学生运用新的思维方式，并引导他们有效控制思想政治教育新情境，

---

[1] STERNBERG R J. Handbook of creativity[M]. Cambridge：Cambridge University Press，1998：3.

[2] 叶茂，吴海银，陈坚. 大学生心理健康教育导论[M]. 武汉：武汉理工大学出版社，2011：75.

[3] GUILFORD J P. Creativity[J]. American Psychologist，1950，5(9)：444-454.

[4] OLIVEIRA E, ALMEIDA L, FERRÁNDIZ C, et al. Torrance Tests of Creative Thinking (TTCT)：Elements for construct validity in Portuguese adolescents[J]. Psicothema，2009，21(4)：562-567.

并对自身状态进行合理调节,随着情境的变化转换学习思路,构建与场域相适应的思维方式。其四,培育大学生思维的精细性,需要建立在以上三种发散性思维的特点之上,因为作为一种补充性概念,精细性是在原有的构想或理念之上增添新的观念,或者新的细节,以及组成相关的概念群。[1] 总之,在高校思政课教学场域之中,要激励大学生表达其创造性的观点,引导他们突破现有的思维定式和思维固化。

最后,塑造大学生在高校思政课教学场域中的创造性,还需强化大学生发挥创造性的意志。"创造性学习是一种艰巨、复杂、持久的劳动过程,其中既有智力因素,又有非智力因素。非智力因素是学习中不可缺少而又十分重要的组成部分,它是创造性发展的动力。"[2]克服学习困难的主观意志是重要的非智力因素之一,因此,在高校思政课教学场域之中,引导大学生坚定创造性意志需要从日常的教育过程中的持续努力与付出出发,培育大学生坚韧不拔、百折不挠的品质,这也是共产主义事业迫切需要的宝贵精神。

综上所述,"自主性"意味着主体力量能够被行动者所拥有,行动者能够占有自身的自我意识,在场域内自觉地进行实践活动,它是主体力量产生与发挥的前提;"能动性"能够衡量行动者发挥其主体力量的驱动性强弱程度,彰显能动性的过程也是主体力量激发的过程;而"创造性"使主体力量更具活力,行动者越具有创造性,就越能够自如地运用行动力量,三者共同铸就了高校思政课教学场域行动者主体力量。在高校思政课教学场域之中,师生之间的教学关系决定了他们在场域之中行动的整体性特征,大学生主体性既受到教师在场域之中行动的影响,同时也会影响教师主体性的发挥,师生二者的主体性会在良性的教学互动过程中更为完善。主体性的有效发挥有助于教师应对教育过程中的挑战,也能够促进大学生更为有效地投入场域之中。总而言之,大学生自主性、能动性、创造性的发挥不仅有益于他们实现高校思政课教学场域的有效在场,并且也有助于他们在步入社会之后更好地投身社会主义事业的建设之中。

(三) 推动高校思政课教学场域中的主体性对话

"没有了对话,就没有了交流,也就没有真正的教育。"[3]高校思政课教学场

---

[1] OLIVEIRA E, ALMEIDA L, FERRÁNDIZ C, et al. Torrance Tests of Creative Thinking (TTCT): Elements for construct validity in Portuguese adolescents[J]. Psicothema, 2009, 21(4): 562-567.

[2] 叶茂,吴海银,陈坚.大学生心理健康教育导论[M].武汉:武汉理工大学出版社,2011:76.

[3] 弗莱雷.被压迫者教育学[M].顾建新,赵友华,何曙荣,译.上海:华东师范大学出版社,2001:41.

域之中的主体性对话旨在追寻教育过程中平等自觉对话关系的建立,促进教育主体之间的互动交流,在对话中实现思想意识、政治观念、道德素养的认知、认同与内化。"交往和对话使人与人之间更加理解、宽容、博爱,交往、对话不仅是道德教育的方式和策略,而且成为人们交往中的一种状态,对话就是共生道德教育本身"①。主体性对话是展现行动者主体力量的重要方面,主体性对话能够促进高校思政课教学场域中的师生关系更加融洽、平等,有益于大学生投入场域并保持良好的在场状态。总而言之,主体性对话能够彰显教育"润物细无声"的深层价值。被教育者"作为与教育者具有同等价值的对话的人,发出自己真的声音,在生命的叙述与倾听中实现自我人格的提升,对话性因此而成为个体生命之价值与尊严的现代性实践形态"②。主体性对话不仅能够反映高校思政课教学场域中的师生关系形态,也体现出学生与自我的对话关系,常常表现为意识形态的价值感性与价值理性在学生的个体价值体系中的碰撞、交汇、融合,即思想政治教育的自我培育。因此,需要从强化主体性对话意识,营造合理言说情境,关注主体差异性三个方面,推动高校思政课教学场域中的主体性对话。

1. 强化主体性对话意识,回归对话本体

"对话的本体性是指存在就是进行对话,对话本身就是目的。从本体性上讲,对话表现为一种关系。这种关系是整体的、直接的和相互的。"③高校思政课教学场域的对话关系意味着对话发生在行动者之间,不仅仅是单一的行动者主体性的体现,对话关系中所有的价值取向都可以被看作是一种互动交融的结果,在主体性对话之外,任何情境都难以充分发挥场域的主体力量。"作为主观能动的受教育者,尤其是个性独立的大学生,他们自身就会对教育内容进行能动的认识与主观的改造。"④基于此,在高校思想政治教育场域之中,教师需要对学生主体性足够重视,这体现在教师对于对话本体的深刻理解与把握,通过主体性对话在师生之间产生知识的探讨、理论的反思、资本的共享、情感的共鸣,激发大学生在思想政治教育过程中的主体性。

首先,树立主体性对话理念。"对话是超越两人、两人之间或通过两人的言

---

① 许锋华.共生道德教育论[M].武汉:华中师范大学出版社,2012:217.
② 刘铁芳.试论对话性道德教育模式的建构[J].高等师范教育研究,2003(5):25-30.
③ 王向华.对话教育论[J].教育研究,2010(9):90-94.
④ 王洋,许赞.交往视域下大学生社会主义核心价值观的培育[J].思想政治教育研究,2015,31(6):10-13.

语(a speech across, between, through two people)。"[①]那么,高校思政课教学场域中的对话则是围绕思想政治教育的师生言语。"尽管对话教育这一概念来自哲学中的'对话',但从本质上来看,教育本身就是一种对话,或者进一步说,教育更是一种对话。"[②]高校思想政治教育同样也不例外,或者可以说,高校思想政治教育中涉及价值导向的教育更应如此,因为价值观的习得并非简单的知识传授,还包括知识认同、反思、内化、外化。在这一过程中,主体性对话能够促使师生以整体视角把握高校思想政治教育的知识体系,以直接的交流表达直观感受与理性思考,在师生的相互探讨之中,使"理"越辩越明。需要明确的是,高校思政课教学场域中的主体性对话方式可呈现出多种形态。"对话教学的方法论要素可大致概括为:主题探究、问答、回话、辩论、对话性讲授、交往性沉默、个人方法。根据特殊情境、对象和内容的需求,将这些要素创造性生成一个有机整体,化为以智慧和民主为核心的教学行动,是重建对话教学方法论的根本目的"[③]。在高校思想政治教育的具体实施过程中,主体性对话要体现出围绕理论知识与价值体系展开探究、问答、辩论、讲授、沉默等对话行为。

其次,明确对话的关系构建意义。"对话从根本上来说不是一种具体的关于提问与反应的交流形式,而是连接它的参与者的一种社会关系。"[④]不同的对话类型映射出不同的关系形态,单向度的对话所造就的关系是以某一方为主体、另一方为客体的不平等关系,而主体性对话能促成平等互助关系的生成。"教育关系本质上是一种互动关系,传统课堂中……表现出来的教育关系实质上是一种异化的教育关系。在这种关系中,教育者单向地向受教育者灌输知识,受教育者单向地接受知识,知识的流动也是单向的。"[⑤]在高校思政课教学场域之中,主体性对话则是围绕着思想政治认知、认同、实践、反思等行动,联结师生之间的教学相长关系。主体性对话意味着在特定的价值观背景和具体情境下,师生之间发生各种形式的、不同程度的相互影响与交互作用,主体性对话是一种平等情境下关乎体验、理解、成长的互动关系的体现。

最后,关注场域对话的主体性。其一,对于高校思政课教学场域中对话主体性的关注,体现在主体的平等性方面,作为高校思想政治教育的核心内容之

---

① MARANHÃO T. The interpretation of dialogue[M]. Chicago: University of Chicago Press, 1990:276.
② 王向华.对话教育论[J].教育研究,2010(9):90-94.
③ 张华.重建对话教学的方法论[J].教育发展研究,2011,33(22):35-41.
④ BURBULES N C. Dialogue in teaching: Theory and practice[M]. New York: Teachers College Press, 1993:19.
⑤ 张祥云,罗绍武.对话的意蕴——基于教育立场的多维理解[J].高等教育研究,2011,32(7):32-39.

一,社会主义核心价值体系本身就蕴含着主体平等的思想。马克思主义也强调主体性对于人的类本质实现的意义,个体对于自身主体性的拥有程度越高,越能与场域中的其他行动者产生辩证关系,而个体主体性,很大程度上来说,需要的是"生成"而非塑造。教师成为"园丁"的比喻,恰是从一个侧面反映了注重"塑造"的教育理念。这样的教育理念难免会产生一种已被普遍认同的教育目的——"人们在进行教育活动之前,在头脑中预先观念地存在着的教育活动过程结束时所要取得的结果,它指明教育要达到的标准或要求,说明办教育为的是什么,培养人要达到什么样的规格"[①]。在高校思政课教学场域中进行预设,并以这种预设作为场域行动的原则,就容易陷入唯目的论的误区之中。当以预设作为高校思政课教学场域中的行动导向时,感情体验、对话过程、理性反思等生成性的行动就会被忽视,主体性对话最终转向目的性对话。然而,"教师与学生不是传统的纵向主体与客体关系,而是共同成为教育主体。师生之间呈现的不是知识和信息的单向传递,而是平等地共同对世界进行探索与实践"[②]。因此,高校思政课教学场域中主体性对话的前提是行动者的主体平等性,没有平等关系作为前提,主体性对话就会不可避免地转化为目的性对话,甚至丧失对话的可能。其二,对于高校思政课教学场域中对话主体性的关注,还应体现在主体的认同方面。高校思政课教学场域中行动者的主体认同,表征着行动者对于自身在场域中角色与地位的认同,这种认同有助于增进行动者之间的主体性对话,促发行动者相互认同,"对话是言说者与倾听者在相互尊重、信任、平等的基础上,以语言和非语言为中介进行的话语、情感、思想等方面的双向交流、沟通和理解,促进主体双方取得更大的视界融合的一种交往活动"[③]。大学生主体自我认同的实现与完善,会在潜移默化中引导他们产生对"国家、社会、个人"三位一体核心价值体系的认同。其三,对于高校思政课教学场域中对话主体性的关注,也应体现在主体的创造性发挥上。然而,在当前的高校思政课教学场域之中,行动者却难以发挥出创造性的主体价值。有些教师往往越俎代庖:"他们或以自己对文本的理解来代替学生自身的领悟,或千方百计地把学生的思维引向自己预设的框架和结论之中,严重窒息了学生的创造活力。"[④]对抑制大学

---

① 黄济,王策三. 现代教育论[M]. 北京:人民教育出版社,1996:214.
② 吴芳,宫宝芝. 对话式教育理论与实践——从弗莱雷到桑德尔[J]. 中国大学教学,2013(10):55-57+75.
③ 王福照. 由灌输走向对话:道德教育的理念转向[J]. 教学与管理,2009(7):38-40.
④ 陈菊,熊宜勤. 论对话教学的交往性特征[J]. 广西师范大学学报(哲学社会科学版),2007(1):110-113.

生主体创造性的现象进行反思,将有助于高校思政课教学场域中学生主体创造性的发挥,并作用于场域的实践过程。"价值观的形成是一个精神生成过程,精神的力量都具有自主性和创造性。因此,在积极培育和践行社会主义核心价值观的过程中,需要全社会的活力和我们每个人的主动性和创造性。"[1]可见,高校思政课教学场域主体性对话不仅有助于思想政治理论体系"内化于心",同样也有助于大学生创造性地践行核心价值体系所蕴含的价值导向。

2. 营造合理言说情境,增强对话生成的持续性

首先,以解放的认知兴趣作为主体性对话的驱动力。"三种认知兴趣——技术、实践、解放,是各自从社会文化生活的三种要素——劳动、语言、权力衍生出来的,而此三种兴趣进而决定了三种科学的研究取向及知识的性质……批判取向的科学(critically oriented science)主要基于解放的兴趣,其目标为反省与批判。这一类的科学包括心理分析,意识形态批判以及具有反省性、批判性的哲学。"[2]高校思想政治教育则属于这一类科学,在我国话语体系受到干扰和冲击的现实条件下,更需要解放的认知兴趣加以驱动,并把这一认知兴趣与现实生活联系起来,从而将实际行动与思想政治教育联系起来,使思想政治教育走向社会现实生活。"把认识过程纳入生活联系,使人们注意到指导认识的兴趣的作用:生活联系即兴趣联系。指导认识的兴趣决定于两种因素:它一方面证明,认识过程产生于生活联系,并在其中发挥作用;但另一方面,也在生活联系中告诉人们,社会重新建立的生活方式的特征首先是通过认识和活动的特殊联系表现出来的。"[3]以解放的认知兴趣作为高校思政课教学的认知驱动力,不仅意味着教学过程是在马克思主义的知识方法论框架下获取知识形式输出的结果,也意味着认知的结果将与其相关的实际行为有机地联系在一起。

其次,在主体性对话场域中营造合理沟通情境。一方面,在高校思政课的教材文本设置中留有反省思考的余地。在文本的整体架构中营造出能引起思辨、可批判的氛围,强调主体性选择的可能,让学生获得沟通行动和理性探讨的空间。应当避免为了保证价值观教育内容的全面和严谨,将对话置于学术研究的语境之下进行,而是要同时兼顾可理解、真理、正当、真诚这四项有效性声称。另一方面,在教学过程中引导学生的批判能力。"培养学生的反思与批判的意识和能力。反思与批判的意识和能力是学生自主性的体现之一。具有此种意识和能力的学生不惟书、不惟上、不惟师,他认为现实是一个过程,一种改造,而

---

[1] 费爱华.社会主义核心价值观传播创新的四个意识[J].青年记者,2018(3):33-35.
[2] 黄瑞祺.社会理论与社会世界[M].北京:北京大学出版社,2005:123.
[3] 哈贝马斯.认识与兴趣[M].郭官义,李黎,译.上海:学林出版社,1999:213-214.

不是一个静态的存在。因此,应该以自己全部的生命去参与、去投入、去探究,并与之进行建设性的对话。"①批判使得言说行动更为有效,从而有助于营造高校思政课教学中的合理沟通情境。

3. 关注主体对话差异性

在高校思政课教学场域之中,主体的差异性决定了主体性对话的差异性。例如,在社会主义核心价值观培育的过程中,对于"富强、民主、文明、和谐""自由、平等、公正、法治""爱国、敬业、诚信、友善"的解读与实践,因个体的具体现实、特殊经验、理想世界、意义世界的差异,呈现出主体的差异性。这种差异性必然会引发教学场域中行动者之间的矛盾,要避免矛盾所引发的对立或者对抗,需要在教育过程中"善于在师师、师生、生生之间展开对话、交流、讨论甚或争辩,在对话、争论、交锋中,教师和学生会亲历困惑,也会有惊讶、惊奇,甚或惊喜"②。因此,对于大学生价值观培育场域中主体差异的认同,正视大学生差异性的存在,能够有效避免冲突性关系,从而有助于教师与学生之间辩证关系的实现。

高校思政课教学并非一蹴而就之事,而是"润物细无声"的过程。社会主义核心价值体系作为高校思想政治教育的重要内容,其本身包含关系性视角的意蕴,高校思政课教学场域的持续生成本身就有赖于价值取向的认同与交融,而主体性对话有益于行动者创造性地发挥其主体性价值,将社会主义核心价值体系内化为自我思想体系,并根据个体特点加以创造性的实践。高校思政课教学场域的行动者,不仅仅是学生,也包括教师,二者之间的主体性对话能够加深对思想政治教育理论知识体系的情感体验与理性思考。而这一获益也是衡量高校思政课教学场域中主体性对话是否实现的重要标准。

四、加强高校思政课教学场域中的惯习引导

"社会结构(场域)和心智结构(惯习)间的对应关系发挥了至关重要的政治作用。"③高校思政课教学场域中的惯习不仅影响着场域中行动者的知觉、评价和行动,而且对于元场域之中的政治认同起着不可或缺的作用。惯习"是一种捕捉(captures),我们是如何在我们自身所身处的历史中周旋,我们又如何把这种历史带入我们当前的境遇,以及由此我们如何选择以某种特定的方式来行动而非另外一种"④。惯习并非是一成不变的,"我们的选择反过来又塑造了我

---

① 联合国教科文组织总部.教育——财富蕴藏其中[M].北京:教育科学出版社,1996:2.
② 陈章龙,卢彪.主体间性视域中的核心价值体系教育[J].江海学刊,2012(2):223-229.
③ 布尔迪厄,华康德.反思社会学导引[M].李猛,李康,译.北京:商务印书馆,2015:12.
④ 格伦菲尔.布迪厄:关键概念(原书第2版)[M].林云柯,译.重庆:重庆大学出版社,2018:65.

们将来的可能性,因为任何选择都关涉一种先前的可选择性,而我们对此作出的选择把我们放到了一条特定的路径上,这样一来,未来关于我们自身以及世界的理解就这样被塑造了。因此,这种习性(即惯习)的结构就不是一种'设定',而是'演进'(evolve)——它们是持久的,具有渗透性的,但不是一成不变的"①。由此可知,高校思政课教学场域中的惯习是可以随着行动者的实践活动而发生改变的,从而更适应场域中的实践。然而,具有转变的可能性,并不意味着惯习就一定能够适应高校思想政治教育的规律、需要和目的,因此,需要对高校思政课教学场域中的惯习加以引导,使行动者能够更加如鱼得水地投入场域之中的实践活动。

(一) 引导大学生完善学习惯习

大学生步入大学之后,尽管面临新的学习情境,但是他们的行为不仅取决于大学生当前现状,而且还深受他们过去观点的影响②。对于大学生而言,高考是个分水岭,之前的学习主要是为了应试,之后的学习显然不仅仅是为应试,学习动机也因此从外驱力向内驱力转变。基于应试学习而塑造的学习惯习,需要在教师或家长的监督之下才能发挥对学习实践的决定作用,当进入高校思政课教学场域这个比较宽松的学习情境,之前的学习惯习就难以起作用,而且可能导致迟滞现象。"布尔迪厄视迟滞为惯习和场域相生相克所导致的必然结果。"③当个人与所处场域都较为稳定,各个层次都井然有序,那么每个个体都"如鱼得水"④,这就意味着惯习与行动者所处场域是相适应的。但是,如果截然相反,行动者脱离场域发展轨迹,使得场域秩序难以维系,那么惯习则难以适应行动者所处场域,在这样的情景下,如何引导大学生的学习惯习适应相对自主的课堂环境,就显得尤为重要。"在思想政治教育场域,教育对象惯习的形成源自其自身主观能动性的作用,受到场域中各种客观因素的制约。因此,我们应从主客观两方面努力,促进教育对象按照符合思想政治教育场域运行逻辑和规则的惯习塑造自己。"⑤引导大学生的学习惯习符合场域的逻辑与规则,需要从学习策略、认知理念与社会情感倾向三个方面着手。

---

① 格伦菲尔.布迪厄:关键概念(原书第2版)[M].林云柯,译.重庆:重庆大学出版社,2018:65.
② 卢因.社会科学中的场论[M].北京:中国传媒大学出版社,2016:74.
③ 格伦菲尔.布迪厄:关键概念(原书第2版)[M].林云柯,译.重庆:重庆大学出版社,2018:159.
④ 格伦菲尔.布迪厄:关键概念(原书第2版)[M].林云柯,译.重庆:重庆大学出版社,2018:160.
⑤ 何祥林,张振兴.思想政治教育实效性研究:基于场域的视角[J].教育评论,2014(8):87-89.

1. 启发学生运用自主学习策略

首先,引导大学生塑造弹性认知策略。在之前的学习生涯中,学生常常是在教师与家长的监督下,运用固定的学习策略进行学习,如复述策略,通常表现为反复地背诵或重复讲解与练习,在中小学的思政课教学过程中这种认知策略是十分常见的,甚至对于思政课,有不少大学生形成了只需死记硬背的刻板印象。因此,在高校思政课教学场域中,需要引导大学生灵活运用各种认知策略以应对不同类型的知识,尤其是对组织策略和精加工策略的运用。因为在高校思政课教学场域中的学习不仅仅是为了获取一个个的知识点,更重要的是建立属于自己的知识体系,而思想政治教育知识体系的建立并非仅仅是复述的认知策略可以完成的,而是需要通过结合知识整合、厘清关系、构建框架、自我提问等组织策略或精加工策略才能实现。

其次,引导大学生自主运用元认知策略。在中小学学习阶段,学习的元认知策略经常由教师或家长"包办代替",尽管这种方式十分有力也很有效,但使得一部分学生失去了将元认知策略融入学习惯习的机会。因此,进入大学学习阶段,大学生需要将元认知策略融入学习惯习。尤其是在高校思政课教学场域之中,大班教学的现象仍比较常见,教师监管常常较为分散而难以生效,这就要求大学生提高运用元认知策略的自主性,通过自我计划、自我监控、自我调节等具体策略,增加学习惯习在高校思政课教学场域的适应性。

最后,在高校思政课教学场域中充分运用资源管理策略。"资源管理策略辅助学习者管理可用的环境的资源,包含了时间管理、学习环境管理、努力状态和寻求支持策略等。"① 在高校思政课教学场域中,有的学生出现了"脱离场域"的现象,这种现象其实是时间管理失序的表现,尽管他们知道哪些事情该做,哪些事情不该做,但是因为学习外驱力大大减少而削弱了自我控制,这就需要大学生将高校思政课教学场域秩序内化于心、外化于行,逐渐激发思想政治教育学习内驱力;在学习环境管理方面,在学校提供利于学习的基本硬件环境——"保持空气流通、温度适宜、光线明亮、色彩和谐"② 的基础上,大学生应提高学习投入水平、加强学习自律,构建和维护良好的思政课教学的实践空间。

2. 引导大学生转变认知理念

"思想政治教育不仅要授之以鱼,更要授之以渔,不仅要告诉人们什么是正确的思想认识,掌握正确的思想认识成果,更要告诉人们怎样掌握正确的思想

---

① 熊楚国.大学生心理健康教育[M].武汉:华中科技大学出版社,2018:118.
② 熊楚国.大学生心理健康教育[M].武汉:华中科技大学出版社,2018:37.

认识方法,获取正确的思想认识。而掌握正确的方法论对于提高人们的认识能力,掌握自我教育的主动权,自觉形成对客观世界的正确的思想认识,推动对客观世界的改造,将具有根本的作用。"①一方面,高校思想政治教育过程中的"知"既涉及提高社会认知水平,包括对社会形态、社会制度、社会本质、社会规范、社会主要矛盾、社会历史演变过程等方面的认知。另一方面,也对大学生认识方法的掌握和运用提出了更高的要求。

"人们的主观认识能否正确地反映客观世界,首先取决于实践的条件。"②场域是实践活动的社会空间,不同的社会实践活动在不同的社会空间中进行。"马克思主义认为,实践是认识的源泉和基础。只有社会实践才能使人们的主观认识和客观世界发生联系,使客观世界映入人们的头脑,形成正确的思想认识。"③因此,深化大学生的社会认识需要在一定的实践条件下进行,高校思政课教学场域则提供了实践的具体社会空间,在场域之中,大学生以所占据的空间位置为前提,在与其他场域行动者的互动过程中,参与或主导各种各样的实践活动,在此基础上才可能推进大学生社会认识的深化。

"人们的主观认识能否正确地反映客观世界,还取决于人们的认识能力……而人们的认识能力主要涉及认识工具和认识方法的问题。"④因此,深化认知这一目的,还包涵掌握社会认识方法论这一要义,而马克思主义理论能为我们提供科学的认识论方法和认识视角。高校思想政治教育为大学生掌握马克思主义唯物辩证法、马克思主义中国化理论成果以及现代先进的认识方法提供了稳定的渠道,只有不断地掌握和运用这一系列的认识工具和认识方法来看待社会现象、理解社会问题、分析社会现状,才能建立和完善更加全面深刻的社会认知体系。"人是社会的成员,大学生是要在社会结构中发展的,因此,大学生的社会认识就是要把大学生的认识当作一种生活产物或社会现象。"⑤而高校思政课教学场域能够为大学生习得、运用、反思这些认识工具与认识方法提供"拟态"的社会结构,大学生在高校思政课教学场域的实践框架下,能够更加贴近现实,避免认知与实践的隔离。

3. 强化大学生的社会情感倾向

社会情感(feeling of community)是心理学家阿德勒个体心理学当中的重要概念,它强调那些心理健康的人具备足够的社会情感,能够对建立更美好的社会作出贡献,它是个人作为社会群体一员所具备的情感倾向。具体而言,社会情感是指"社会成员在从事社会活动、形成社会关系过程中产生的个性化的心理体验和心理感受,是一种特殊的社会心理现象和社会心理过程。它是一个

---

①②③④ 骆郁廷,杨威.论思想政治教育的认识根源[J].江汉论坛,2009(10):126-130.
⑤ 陶淑慧.大学生社会认识与个性成长[M].沈阳:辽宁大学出版社,2010:1.

人适应社会环境、担负社会责任、完成社会工作所必不可少的一种情感形态和情感技能,它是在人的社会化过程中逐步习得的,伴随着一个人的整个成长过程"[1]。如果个人缺乏社会情感,就容易产生对社会价值的否定与逃避,常常表现为个人的社会主体倦怠。置身场域之中,如果行动者缺乏社会情感,则不可避免地会导致其行动力量的弱化,使其否定自身对于教育场域生成与构建的意义,从而逃避责任,甚至拒绝场域之中的教学互动,造成行动者与教育场域脱节的后果。思想政治教育是习得社会情感的重要途径之一,无论是思想层面,还是政治层面,或是道德层面,思想政治教育的亲社会性目标都是十分明确的,尤其是在重视引导大学生树立益于社会发展的人生观价值观,并引导他们在理想信念方面达成与社会理想、共同信念的统一等方面。

其一,激发大学生的家国情怀。家国情怀既是思想政治教育的题中之义,也是社会情感的具体内容。因此,在高校思政课教学场域中,深化社会情感倾向首先要激发大学生的家国情怀。而家国情怀需要建立在认同感、归属感与自豪感等心理基础之上。"认同"(identity)本身具有以下含义:一是身份,是对于"我是谁"这一问题思考的结果;二是一致性,是对于所置身群体的一致性认知。认同是个体与社会之间的纽带[2],故此,对于国家的认同感既包含对"中国人"这一身份的悦纳,也包括对社会制度、政治理念、国家文化等一致性方面的接纳。大学生对于国家的认同感促使他们理性地确认社会身份,而归属感与自豪感更进一步强化了他们对国家的认同,有助于增强民族凝聚力。

其二,在与时代的互动中强化大学生历史使命感。在"新时代"的历史方位下,我国社会主要矛盾已经转化为"人民日益增长的美好生活需要和不平衡不充分的发展之间的矛盾",这一阐释不仅表明了社会生产力的发展要求,也意味着人们关注的目光开始转向人的情感需求和精神生活品质。与此同时,要解决新时代的社会主要矛盾,就要求大学生适应社会环境、承担历史使命、胜任本职工作,这些要求都与大学生的情感态度和情感能力密切相关。因此,强化社会情感倾向需要对时代发展要求做出积极回应。

其三,强化大学生全面发展的自我责任感。社会情感能力是人在成长和发

---

[1] 石义堂,李守红."社会情感学习"的内涵、发展及其对基础教育变革的意义[J].当代教育与文化,2013,5(6):46-50.
[2] WOODWARD K. Questioning identity: Gender, Class, Nation[M]. New York: Routledge, 2004:192.

展的复杂情境中掌握并应用的一系列与个体性发展有关的核心能力[1]。因此，社会情感还关系到人的自由而全面的发展。"关注学生社会情感能力的培养是促进人的全面发展所进行的理论与实践探索。"[2]社会情感能够调节当前个体在社会发展过程中面临的物质需要与精神满足之间的矛盾，也有助于个体完整地理解和把握人类社会发展的最终目的，并且有效地消解高校思政课教学场域中的功利主义和工具理性。因此，强化高校思政课教学场域中大学生全面发展的自我责任感，是发展大学生社会情感倾向的重要方式，同时，也益于大学生学习惯习的塑造与完善。

（二）引导教师转变教育惯习

"思想政治教育习性并不等同于教师开展思想政治教育实际工作时的教育教学习惯。教育者开展思想政治教育工作的习惯是教育者在长期的教学工作中养成的工作方式，具有重复性和机械性。思想政治教育习性具有创新性和再生产性。"[3]这说明高校思政课教学场域中教师惯习的转变既具有可行性，又有必要性。

1. 基于学科特点转化动力策略

"一些思想政治理论课教师存在对课程窄化和简单化的理解问题，缺乏从整体上理解所教课程存在的重要性，他们在'如何教'上缺乏自信。自我怀疑、焦虑、否定乃至恐惧正是自我认同危机的表现。他们在充满变迁的外部环境中缺乏自我连续感，从而忧虑丧失自我意义和价值感。"[4]教师职业自信匮乏和自我认同危机是当前高校思想政治教育亟待解决的困境。面对繁重而重复的教学任务和部分学生"无动于衷"的课堂表现，高校思想政治教育课教师需要更为强大的教育动力，以增强职业自信和自我认同感。

哈贝马斯认为存在三种认知兴趣，即技术、实践与解放，它们"是各自从社会文化生活的三种要素——劳动、语言、权力衍生出来的，而此三种兴趣进而决定了三种科学的研究取向及知识的性质……批判取向的科学(critically orien-

---

[1] OSHER D, KIDRON Y, BRACKETT M, et al. Advancing the science and practice of social and emotional learning: Looking back and moving forward[J]. Review of Research in Education, 2016(1):644-681.

[2] 杜媛,毛亚庆.基于关系视角的学生社会情感能力构建及发展研究[J].教育研究,2018,39(8):43-50.

[3] 杨晓帆,王习胜.思想政治教育实践逻辑的可能——基于布迪厄实践逻辑的视角[J].广西社会科学,2018(5):204-209.

[4] 顾晓英.一身一任:高校思想政治理论课教师主体性研究[M].上海:上海大学出版社,2016:188.

ted science)主要基于解放的兴趣,其目标为反省与批判。这一类的科学包括心理分析,意识形态批判以及具有反省性、批判性的哲学。"①马克思主义指导下的高校思想政治教育显然是批判取向的科学,这不仅体现为马克思主义理论武器本身的批判性,也与思想政治教育内容、方法、目的的唯物主义辩证取向相契合。在当前我国话语体系受到诸多干扰和冲击的时代背景下,更需要解放的认知兴趣来驱动高校思想政治教育,并把这一认知兴趣与现实生活联系起来,从而把实际行为与思想政治教育联系起来,使思想政治教育走向现实生活。"把认识过程纳入生活联系,使人们注意到指导认识的兴趣的作用:生活联系即兴趣联系。但是,这种兴趣联系和社会生活赖以发展的水平一样,不能不依赖于人们的行为方式和知识的固有范畴加以解释。维持生活的兴趣,在人类学的层面上,同由认识和活动决定的有组织的生活紧密相关。因此,指导认识的兴趣决定于两种因素:它一方面证明,认识过程产生于生活联系,并在其中发挥作用;但另一方面,也在生活联系中告诉人们,社会重新建立的生活方式的特征首先是通过认识和活动的特殊联系表现出来的。"②以解放的认知兴趣作为我国思想政治教育的驱动力,不仅意味着在批判的知识方法论框架下达到批判知识形式输出的结果,也意味着思想政治教育的品格训练与其相关实际行为将有机地联系在一起。

2. 基于教学目的转换评价策略

高校思政课教学并不仅仅是为了给予大学生社会意识形态教育,更重要的是为了帮助他们"健康成长,使之成为合格的社会主义建设者和可靠接班人"③。然而,高校思政课教学目的的显现需要漫长的过程,并且常常内隐于大学生的成长过程。如何对高校思政课教学效果进行评价,既关乎大学生对于该课程目的与意义的理解,也将影响教师的教育体验和角色定位。

首先,在高校思想政治教育评价过程中,要注重动机与效果相统一。毛泽东同志在延安文艺座谈会的讲话中说道:"唯心论者是强调动机否认效果的,机械唯物论者是强调效果否认动机的,我们和这两者相反,我们是辩证唯物主义的动机和效果的统一论者。为大众的动机和被大众欢迎的效果,是分不开的,必须使二者统一起来"④。动机是置身高校思政课教学场域的主观意愿或目标

---

① 黄瑞祺.社会理论与社会世界[M].北京:北京大学出版社,2005:123.
② 哈贝马斯.认识与兴趣[M].郭官义,李黎,译.上海:学林出版社,1999:213-214.
③ 顾晓英.一身一任:高校思想政治理论课教师主体性研究[M].上海:上海大学出版社,2016:184.
④ 邓可吾.坚持马克思主义的动机效果统一论——兼论历史人物的功过评价[J].湖南师院学报(哲学社会科学版),1983(3):52-56.

指向,是行动者进行场域内实践活动的出发点,在评价中关注动机有助于激发大学生积极主动地投身高校思政课教学场域。效果是高校思政课教学场域内实践活动导致的客观结果,意味着高校思想政治教育目的的实现程度,通常也是场域行动者最为关注的方面,教师关注的是效果带来的成就,大学生关注的是效果带来的成绩,而管理者和监督者则关注的是效果所表征的教学质量。但是仅仅关注效果,忽视动机,很容易陷入机械唯物主义的悖论和功利主义的逻辑之中,这样很难真正保障高校思想政治教育的实效性和长效机制。因此,在高校思想政治教育评价过程中要坚持动机与效果相统一,把握高校思政课教学场域中的实践规律。

其次,高校思政课教学评价还要注重过程性评价与结果性评价相统一。过程性评价意味着在教学过程中时常关注学生的学习动向,并运用多种方式进行考核验证,各种方式之间相互验证,把握大学生的思想政治教育学习动态和思想动态,及时发现高校思想政治教育过程中的不足,及时解决出现的问题,增强思想政治教育的针对性。然而,仅仅关注过程很难实现较为全面完整的客观评价。因此,还要进行结果性评价,即在思想政治教育实施结束后对大学生的学习结果和教师的教育效果进行总结性的评价,前者一般是通过考试的方式完成,后者则是通过教师的自我评价、督导评教与学生评教的综合形式呈现。只有坚持过程性评价和结果性评价相统一,才能保障高校思政课教学的针对性和指向性,既能及时地调整教学策略,又能客观地把握教学效果。

3. 基于教学需要转变互动策略

师生之间的互动沟通是高校思政课教学场域中不可或缺的环节,如何进行有效并契合思想政治教育的师生互动?这就需要营造高校思想政治教育的理想言说情境(又被称作理性言说情境)。"理想的言说情境既不是一种经验现象,也不完全是一种观念构建,而是我们在参考理性讨论之际不可或缺的相互假定。此一假定可能违背事实,但不必然违背事实,不过即使违背事实,它在沟通过程的运作上,仍然是一个有作用的幻构。因此我认为理想的言说情境代表一种人类的期望,一种预示,此预示本身就保证我们能够将实际上达成的共识和合理的共识关联在一起;同时理想的言说情境可以当作实际上所达成之共识的一个判准。"[①]尽管在现实过程中这一情境难以达到,但对于这一情境的无限趋近将有助于思想政治教育的有效实施。在思想政治教育实施过程中,对于所

---

① MCCARTHY T A, The critical theory of Jürgen Habermas[M]. Cambridge: MIT Press, 1978: 310. (转引自黄瑞祺. 社会理论与社会世界[M]. 北京:北京大学出版社,2005:132)

有参与者而言,只有能够有平等的机会选择与运用言说行动,有相当的机会来承担对话角色,才能减少沟通结构内外的制约,尽可能地增加理性言说情境出现的可能性。在新时代的背景下,百年未有之大变局加速演进,使得多种思潮冲击下的国家意识形态安全维护成为我国思想政治教育绕不开的问题,因此,高校思政课教学应直面这一现实问题,引导大学生运用马克思主义批判性科学方法论,对西方错误思潮进行批判分析,增强大学生对错误意识形态分析与批评的自主性与责任感。在理想言说情境之下,在辩证批判过程中自主领悟,明辨真理,如此才能使得思想政治教育更具效果。

  理想沟通情境除了要排除时空、心理等沟通内外的限制之外,还有一个重要前提,就是参与沟通的人们必须同处于一个话语体系之下[①]。在思想政治教育过程中,一个陈述的具体表达及其解读在很大程度上会受到其所在话语体系的引导与约束。因此,当我国话语体系受到外部话语有意或无意的干扰,原本的权威话语受到冲击甚至质疑,沟通也可能受到有系统的扭曲,原本被认为是真实无疑的陈述在大水漫灌中却变得难以接受,单向传递变得困难并受到排斥,此时解放的认知兴趣的必要性就凸显出来,自我反省与思辨也显得尤为重要。首先,需要在思政课教学文本设置中留有反省思考的余地。在文本的整体架构中营造出能引起思辨、反思的氛围,强调理性选择的可能性,让大学生获得沟通行动和理性探讨的空间。避免为了保证教学内容的满全而将对话沟通置于学术研究的语境下进行阐述,要同时兼顾可理解、真理、正当、真诚这四项有效性声称。当然,也不能忽视思想政治教育的内容,仅仅为了营造情境而忽视教学过程需要充分彰显政治立场和主体作用,这可能造成高校思政课教学主体的缺失和相关价值观的混乱。其次,加强大学生辩证思维能力。"关于是非正误的道德知识及与之一起为做出恰切的道德决策所必需的理智思维构成了认知因素,当面对形形色色的价值观的时候,学生借助其道德是非基本观念及理智思考对价值观做出道德决策,并对符合自己是非观的价值观产生积极的情感,积极的道德情感激发他道德的动机,在特定道德情境下,最终导致道德的行为。反过来,当学生反思自己的道德行为时,也加深了他对自己道德观念、道德思维的认识。"[②]辩证思维使得言说行动更为有效,从而有助于合理沟通情境的营造。"两难问题"的抉择和理性反思增加了辩证思维的可能性,思辨性的知识形式又强化了受教育者的理性反思,从而使思想政治教育的知识内化为大学生

---

  ① 谢立中.哈贝马斯的"沟通有效性理论":前提或限制[J].北京大学学报(哲学社会科学版),2014,51(5):142-148.
  ② 杨超.当代西方学校德育理论与实践新发展[J].中国德育,2015(10):30-36.

的知识体系。

(三) 引导高校思政课教学行动者塑造信任惯习

惯习是"一个开放的性情倾向系统,不断地随经验而变,从而在这些经验的影响下不断地强化,或调整自己的结构"[1]。惯习的稳定性与可变性意味着其在新时代的历史方位中形塑的可能与必要。在高校思政课教学场域中,不仅要关注大学生信任行为倾向的形塑,同时也要重视教师信任惯习的生成。其一,在高校思政课教学场域中形塑辩证思维惯习。"信任是个体在社会交往中习得的一种对他者的预期。"[2]信任不是偏听偏信的迷信,也不是非此即彼的轻信,而是通过自身的辩证思维,对具体问题具体情况进行审视,最终产生的发自内心的信念与期待。其二,在高校思政课教学场域中形塑互动沟通的行为倾向。场域中互动的生成有赖于互动交流情境的营造,师生互动既需要信任作为前提条件,又能够进一步地巩固场域中的信任。其三,在高校思政课教学场域中形塑与时俱进的行为倾向。"思想政治教育本身要与时俱进,根据时代和教育的不同个体的发展而发展,只有这样,才能获得教育者的信赖。"[3]而"新时代"的出场,对高校思政课教学场域中的行动者都提出了"在场"要求。教师需要探寻适应新时代大学生思想政治教育的新理念、新方法、新路径,更需要重塑自身的文化优势以回应时代要求。而大学生要成为"担当复兴大任的时代新人",需要在高校思政课教学场域中学习、理解运用与时俱进的新思想新理论,与此同时也形塑自身与时俱进的行动倾向。

五、增强高校思政课教学场域中的幸福感

"长期以来,高校思想政治教育采取的都是灌输式教育方式,忽视了学生的幸福体验,大学生只能机械地、被迫地接受思想教育,加上思想政治教育的内容空洞、抽象,导致大学生对思想政治教育缺乏积极性和主动性。"[4]忽视高校思政课教学场域之中的幸福感,会在很大程度上影响大学生在场状态,也难以激发大学生在受教育过程中的积极性与主动性。"幸福感是一个人对社会生活满

---

[1] 布尔迪厄,华康德.反思社会学导引[M].李猛,李康,译.北京:商务印书馆,2015:165.
[2] ROTTER J B. A new scale for the measurement of interpersonal trust[J]. Journal of Personality, 1967,35(4):651-665.
[3] 余喜,范碧鸿.试论现代思想政治教育信任机制的构建[J].学校党建与思想教育,2012(18):27-28.
[4] 卢燕.基于大学生幸福感提升的高校思想政治工作研究[J].教育与职业,2014(29):73-74.

意度的基本感觉,直接影响着人的自身生存与发展状态。一个人是否具有幸福感亦即具有怎样的幸福感,反映了社会整体发展的状况,也是衡量一个社会是否全面和谐发展的标准。"①当社会生活化约为场域之中的实践活动时,幸福感则影响着行动者在该场域之中的生存与发展状态,同时也能够反映场域结构是否合理,成为具体场域与社会实践活动是否具有适应性的衡量标准。在高校思政课教学场域中,行动者感受到何种程度的幸福感,不仅关系着大学生的成长成才,也影响着教师的自我认同与职业体验,同时也关系着高校思想政治教育的实际效果与可持续性,进而影响大学生对于社会现状与国家发展的态度。高校思政课教学场域之中的幸福感不仅指涉行动者的个人幸福,更指向整体的社会幸福。增强高校思想政治教育行动者的幸福感,有助于行动者形成对场域的归属感,有助于大学生社会属性的塑造,有助于社会共识的达成,且归根到底是为了实现整个社会群体的共同幸福。

(一) 强化高校思政课教学行动者的马克思主义幸福观

要增强高校思政课教学场域之中的幸福感,首先是作为场域之中行动者的教师与学生要对幸福感具备科学的认识,在马克思主义幸福观的指导下树立正确的幸福观。"马克思主义幸福观要求以他人的幸福为己任,主张主观与客观的统一;物质与精神的统一;享受与劳动的统一;个人与社会的统一。"②高校思政课教学场域中的行动者,无论是教师还是学生,都需要掌握马克思主义理论的基本方法,以马克思主义辩证开放的幸福观武装自身头脑,构建科学合理的幸福价值体系。

首先,引导高校思政课教学行动者树立主观与客观相统一的幸福观。"幸福是主观与客观的统一,是个人对于自身生活状况和生存环境、生活状况等客观存在的一种心理体验。"③主观与客观相统一的幸福观意味着个体在面对主观愿望与客观现实的落差时,能够保持一种积极乐观的心理体验。一方面,高校思政课教学场域之中的行动者需要充分认识主观幸福的客观基础。马克思主义幸福观是以马克思主义辩证唯物主义与历史唯物主义为基础的,人无法脱离具体的物质基础而存在,因此,高校思想政治教育行动者的主观幸福感也不可能脱离具体的场域客观关系与实践条件而存在,而高校思政课教学场域的客

---

① 高文苗.幸福视角下"90 后"大学生网络思想政治教育的若干思考[J].西南农业大学学报(社会科学版),2011,9(10):185-186.
② 房广顺,等.当代大学生人生观教育研究[M].沈阳:辽宁人民出版社,2011:72.
③ 柏路.大学生马克思主义幸福观教育研究[D].长春:东北师范大学,2014:59.

观关系与实践条件又受到国际场域、国家场域以及高等教育场域的约束,因此,要实现幸福的主客观相统一,需要引导教师与学生依据高校思政课教学的客观关系与实践条件,确立与之相适应的教学期望。另一方面,高校思政课教学场域之中的行动者需要反思自身的幸福观。了解并分析在同一场域之中为何会出现教学幸福感的个体差异,在反思过程中实现更好的幸福体验。与此同时,行动者需要积极构建完善高校思政课教学场域,改造这一"社会小世界",在构建与完善的动态过程中实现幸福的主观意愿与客观条件的统一。

其次,引导高校思政课教学行动者树立物质与精神相统一的幸福观。"我们首先应当确定一切人类生存的第一个前提,也就是一切历史的第一个前提,这个前提是:人们为了能够'创造历史',必须能够生活。但是为了生活,首先就需要衣、食、住以及其他东西。"[①]这就意味着物质需要的满足是人类存在的首要前提,离开物质基础,幸福也无从谈起。然而,精神追求才是人与其他动物相区别的重要标志。"有意识的生命活动把人同动物的生命活动直接区别开来。正是由于这一点,人才是类存在物。"[②]因此,高校思想政治教育行动者应该持有物质与精神相统一的幸福观。其一,要重视大学生的物质幸福观教育,引导他们正确认识物质基础对于人的生存、发展以及幸福的意义,并且掌握正确的获取生存与发展物质基础的方法,避免过分强调物质的作用,而陷入实用主义或功利主义的窠臼。倘若以实用主义或功利主义的幸福观去衡量高校思政课教学场域之中的实践活动,就很容易产生"无用论"或"无意义"的悖论,行动者带着消极的体验去参与场域内的实践活动,教育效果可想而知,幸福感也会被大大削弱。其二,需要重视场域之中行动者的精神幸福感教育。"幸福感不仅仅意味着因物质条件的满足而获得的快乐,而且还包含了通过充分发挥自身潜能而达到完美体验。幸福感更多地表现为一种价值感,它从深层次上体现了人们对人生目的与价值的追寻。"[③]引导并鼓励高校思想政治教育行动者积极追求精神价值,培育对于精神世界积极情绪体验的感受性与理解力,领悟高校思政课教学场域之中的精神魅力。

再次,引导高校思政课教学行动者树立劳动与享受相统一的幸福观。劳动既是实现幸福的人类活动,同时也是一种体验幸福的实践活动,"劳动首先是人

---

① 中共中央马克思恩格斯列宁斯大林著作编译局.马克思恩格斯选集:第一卷[M].北京:人民出版社,1995:158.

② 中共中央马克思恩格斯列宁斯大林著作编译局.马克思恩格斯选集:第一卷[M].北京:人民出版社,1995:46.

③ 汤海艳.高校思想政治理论课教师职业幸福感的追寻[J].学校党建与思想教育,2009(22):20-22.

和自然之间的过程,是人以自身的活动来中介、调整和控制人和自然之间的物质变换的过程"①。将劳动的中介、调整和控制作用置于高校思政课教学场域之中,可以发现,此时的劳动即高校思政课教学实践活动,它在行动者的客观关系之间起着至关重要的作用。场域之中的实践是为了将思想政治教育领域的精神食粮转化为场域内行动者生存与发展的精神能源,这些精神能源不仅能够促进行动者在思政课教学场域中积极参与,发挥自身的主体力量,而且有助于他们在其他的社会场域之中转变惯习,灵活变通地发挥主体性。"幸福不是他人给予的,而是自己劳动创造的,学生的幸福来源于认真的阅读、深刻的思考、潜心的研究、灵活的运用。"②高校思政课教学场域中实践活动所带来的主体力量的展现与发挥,本身就能促发教师与学生的幸福体验。而场域内实践活动所创造的教育成就与思想成果,将激发行动者的获得感与成就感,从而实现享受幸福与劳动幸福的统一。

最后,引导高校思政课教学行动者树立个人与社会相统一的幸福观。"社会关系作为人的本质存在和表现形式,包含着人的存在和发展所需要的一切社会条件。"③因此,社会化个体的个人幸福与社会幸福是具有内在一致性的,而社会化本身就是高校思政课教学的题中应有之义。其一,应当正确认识个人幸福与社会幸福之间的关系,在社会幸福的目标框架下,寻找师生个人幸福之间的最大公约数,以此来指引高校思想政治教育实践活动的方向。其二,坚持社会幸福的价值导向和信念引领作用。对于伟大复兴中国梦的追寻就是对于社会幸福的追寻,"从心理层面讲,个人层面的'中国梦'就是西方心理学界强调的'幸福观'"④。只有将个人幸福融入追寻社会幸福的过程才能更好地理解和创造个人幸福与社会幸福,实现二者的辩证统一。而在高校思政课教学场域之中,行动者的个人幸福只有与场域幸福相融合,才能实现场域之中个体幸福的最大公约数,提升高校思政课教学场域之中的整体幸福感。

(二) 注重高校思政课教学行动者需要的正当性

"没有一种幸福的具体形态是与某种需要的满足相分离,也没有一种痛苦

---

① 中共中央马克思恩格斯列宁斯大林著作编译局. 马克思恩格斯选集:第二卷[M]. 北京:人民出版社,1995:177.
② 梅冬贵,丁玲. 构建充满幸福感的政治课堂[J]. 中学政治教学参考,2015(34):32-33.
③ 闵绪国. 马克思主义幸福观论析[J]. 高校理论战线,2010(2):60-63.
④ 卢燕. 基于大学生幸福感提升的高校思想政治工作研究[J]. 教育与职业,2014(29):73-74.

的具体形态与需要的缺失无关联。"①由此可见,高校思政课教学场域的内在需要与行动者幸福感之间存在着必然联系,甚至从某种意义上来看,需要的类型决定了行动者幸福观的基本内涵②,进而对行动者的幸福感产生深刻的影响。因此,高校思想政治教育行动者需要对所置身其中的场域内在需要进行充分把握,区分欲望与需要,厘清外部需要与内在需要,既关注理性需要又关注感性需要,既重视整体需要也重视个体需要。

"在正当性的前提下,需要和欲望是人生健康成长和幸福生活的必要条件和积极因素。需要是人所感受到的一定生活和发展条件的必要性,欲望同愿望、意志一样,也是需要的一种表现形式,是被认识到了的需要动机。"③由此可见,只有在正当性的前提下需要和欲望的作用方向才能共同指向幸福。在高校思政课教学场域之中,正当性是围绕"立德树人"而言的,一切益于思想政治教育目标的活动自然也就具有场域之中的正当性。而有悖于这一正当性的欲望则可能减损场域之中的幸福感。随着智能手机的普及,大学生几乎人人都具备在教学活动过程中获取互联网资源的可能,倘若在教学场域之中大学生的娱乐欲望战胜了学习的欲望,那么高校思政课教学场域的正当性就会被忽视,这将引发场域内在关系的疏离、实践目的的架空、主体力量之间的冲突,甚至可能导致场域名存实亡,难以维系。例如有的学生在思想政治理论课上玩手机游戏,教师告诫他必须停下,但他却说还没有玩够,仍不停止。这就是当前高校思政课教学场域之中欲望脱离正当性的典型表现,该行为不仅会影响作为场域行动者的该学生应体验到的个体幸福感,也将影响场域之中的整体幸福感。因此,当前高校思政课教学场域之中的正当性亟需凸显,以增强教师与学生的幸福感。

(三)增强高校思政课教学行动者的自我效能感

"主观幸福感的产生在于需要的满足和目标的实现。其中目标必须是与个人的内在动机和需要相一致的,并且内在的价值目标要比外在的价值目标更能激起主观幸福感。"④幸福感不仅与客观条件有关,而且还受到主体主观能动性

---

① 王鲁宁.西方幸福论若干经典命题之分析[J].哲学分析,2011,2(4):66-78+197.
② 李水石.马克思幸福观及其当代价值[D].大连:大连海事大学,2014:15.
③ 吴碧君.洞悉需要[M].北京:中国宇航出版社,2012:151.
④ CARPI A, RONAN D M, FALCONER H M, et al. Cultivating minority scientists: Undergraduate research increases self-efficacy and career ambitions for underrepresented students in STEM [J]. Journal of Research in Science Teaching, 2017, 54(2):169-194.

的影响。而自我效能感是主观能动性的一个重要方面①,它是一种关于个人行动效果和行动能力的判断。自我效能感是关于"一个人处理预期情况的行动过程中所需能力的判断"②。当行动者自我效能感水平较高时,场域投入也会呈现出较高的水平,不易出现消极的心理脱离现象。自我效能感高的个体倾向于投入更多的精力和时间进行工作或学习③。那些认为自己在应对环境要求方面效率低下的人,将被困在"不可能"的自我设限之中,最终认为将无法克服所面临的困难④。简言之,行动者的自我效能感会影响其参与场域活动的心理状态及行为表现,从而影响其身处场域之中的幸福感。

首先,在高校思政课教学场域内设置合适而具体的实践目标。"当人们的行动有了明确目标,并能把自己的行动与目标不断地加以对照,进而清楚地知道自己的行进速度以及与目标之间的距离,人们的行动的动机就会得到维持和加强。"⑤在具体的教学活动中,教师要根据教学场域之中大学生的思想状态、学习能力、心理需要等进行目标设置,而不能围绕着千篇一律的教育目标进行教学安排。与此同时,大学生也需要根据具体的教学内容设置学习目标,既不自我设限,也不好高骛远,在不断的适当目标的实现过程中提升自我效能感。

其次,引导高校思政课教学行动者进行合理归因。"合理的归因方式是在分析成功的时候更多地归因于自我努力,在分析失败的时候更多地归因于自己不够努力。"⑥显然,这一归因方式能够激励行动者不断提高行动的动机与能力,积极参与场域之中的实践活动。因此,在高校思政课教学过程中,既要求教师在教学评价过程中反映学生的努力程度与行动能力,也要引导大学生理性看待场域内实践活动的得失,激发他们参与高校思政课教学场域内实践活动的能动性。

自我效能感表征着大学生面对思政课教学情境时,对于自身能力的自信状态。"自我效能感,即相信个人成就取决于个人行动。当一个人看到别人顺利

---

① LISBONA A, PALACI F, SALANOVA M, et al. The effects of work engagement and self-efficacy on personal initiative and performance[J]. Psicothema, 2018, 30(1):89-96.

② BANDURA A. Self-efficacy mechanism in human agency[J]. American Psychologist, 1982, 37(2):122-147.

③ DISETH A. Self-efficacy, goal orientations and learning strategies as mediators between preceding and subsequent academic achievement[J]. Learning & Individual Differences, 2011, 21(2):191-195.

④ CARPI A, RONAN D M, FALCONER H M, et al. Cultivating minority scientists: Undergraduate research increases self-efficacy and career ambitions for underrepresented students in STEM[J]. Journal of Research in Science Teaching, 2017, 54(2):169-194.

⑤⑥ 瞿珍. 大学生心理健康[M]. 上海:华东理工大学出版社,2018:79.

解决了问题时,就从中学会了树立远大的抱负,为取得成功而努力,这时候,他就形成了自我效能感。"[①]高校思政课教学场域中的自我效能感是在教育关系中形成的应对教学活动的反应能力。通过这种能力,行动者将认知的、行为的、交往的各种技能整合成实际的行为过程,有助于其主体力量在场域中的发挥。由此可见,自我效能感是行动者主观能动性的内在驱动因素,增强自我效能感能够促进大学生投入场域,获得较强的意义感体验,从而提升在场域之中的幸福感。

[①] BANDURA A. Self-efficacy and health[J]. International Encyclopedia of the Social & Behavioral Sciences,2001:13815-13820.

结　语

2018年5月2日,习近平总书记在北京大学师生座谈会上的讲话中说道:"每一代青年都有自己的际遇和机缘……广大青年既是追梦者,也是圆梦人。追梦需要激情和理想,圆梦需要奋斗和奉献。广大青年应该在奋斗中释放青春激情、追逐青春理想,以青春之我、奋斗之我,为民族复兴铺路架桥,为祖国建设添砖加瓦。"这既是习近平总书记寄予青年大学生的厚望,也是国家对于青年大学生的期待。如何引导大学生成为勇担民族复兴大任的时代新人,这既是事关国家发展战略的关键问题,也是当前高校思想政治教育的重要命题。高校思政课教学场域是国家意识形态工作的主阵地,无论国家发展到哪个阶段,无论社会发生什么样的变化,思想水平、政治素质、道德修养都是大学生成长成才不可或缺的方面。"青少年是祖国的未来、民族的希望。我们党立志于中华民族千秋伟业,必须培养一代又一代拥护中国共产党领导和我国社会主义制度、立志为中国特色社会主义事业奋斗终身的有用人才。在这个根本问题上,必须旗帜鲜明、毫不含糊。""青少年阶段是人生的'拔节孕穗期',最需要精心引导和栽培。我们办中国特色社会主义教育,就是要理直气壮开好思政课。"[①]习近平总书记曾多次强调高校思想政治工作的重要地位与关键作用,并强调在新时代做好思想政治工作需要充分认识新时代的新情况、新趋势,把握思想政治教育的新要求、新方法,关注大学生的思想动向和精神需求,回应时代的召唤,发挥高校思想政治理论课在中国特色社会主义建设事业中的重要作用。

投入是把握在场性的关键所在,在以往的场域之中,学生的投入很少受到干扰,然而,随着国际形势、国家元场域以及高等教育场域的变迁,高校思政课教学场域的外部因素与内在结构都发生了一系列变化,面临着国际局势多变、社会转型以及高等教育改革等多方面的影响,场域内的客观关系呈现疏离倾向,行动者的惯习出现"迟滞"效应,高校思政课教学所具有的文化资本不再具有绝对优势。同时,随着文化资本获取路径的多样化,大学生在获

[①] 习近平.用新时代中国特色社会主义思想铸魂育人 贯彻党的教育方针落实立德树人根本任务[EB/OL].(2019-03-19)[2022-08-21]. http://cpc.people.com.cn/n1/2019/0319/c64094-30982234.html.

取知识的"情境化""自主性""去中心化"等方面的主体意识逐渐增强,并容易受到功利主义、享乐主义等西方思潮的裹挟,而忽视马克思主义思想武器的作用,使得高校思想政治教育面临巨大挑战。特别是在思想政治理论课堂上,有些大学生虽身在其中,却心在事外,这种现象反映了场域结构与教学实践存在诸多不相适应、有待调整的方面。因此,构建高校思政课教学场域是为了顺应社会发展要求、应对时代的变化、适应当前大学生的学习特点,同时也是为了增强高校思想政治教育的实际效果。本研究的调查数据也提示,大学生在思想政治教育过程中,总体上学习投入水平中等偏上,大部分学生具有较强的学习动机、学习精力与学习专注,但在思想政治理论课堂上仍然存在着一定程度的心理脱离现象,这就需要引导大学生遵循场域内在需要的正当性,合理发挥自身的主体力量,塑造与大学课堂学习相适应的惯习。与此同时,需要进一步增强思想政治教育文化资本的吸引力,转变教育惯习,教师在关注学生主体性的同时也增强自身的主体力量。当前高校思政课教学的出发点与落脚点都是"立德树人",是为了培养担当民族复兴大任的时代新人,是为了更好地满足大学生的中国特色社会主义事业所需的社会化要求。最终是为了实现个人幸福与社会幸福的统一。

总而言之,高校思政课教学场域,并非如同布尔迪厄所研究的那些场域一般,为了将大学生囿于教育场域之中进行场域的"再生产",而是旨在引导大学生在思想政治教育过程中塑造和完善自身惯习,"场域就好比一个棱镜,根据内在的结构反映外在的各自力量"[1],以适应即将步入的更为复杂多变的社会场域。场域究竟是什么,取决于行动者,而行动者是什么样的,也取决于场域。因此,高校思政课教学场域的在场性构建,取决于行动者是如何运用主体力量实现相互关系的辩证统一,如何改进和塑造惯习,如何获取和运用文化资本,如何在场域实践过程中达成对幸福的共识。"在大学生思想政治教育场域中,随着教育活动的进行,大学生逐渐形成'社会化'了的一整套性情倾向,并通过内化形成了正确的世界观、人生观和价值观。"[2]由此可见,高校思政课教学场域也在很大程度上决定大学生成为何种程度的社会化个体,他们是否自主自律?是否自觉自强?是否具有高度的历史使命感?能否在新时代的历史方位中发挥主体力量,为社会幸福作出自己的一份贡献?是随着"新时代"的浪潮随波逐流,还是发挥自身的主体力量顺势而为?这些是所有大学生在当下历史方位之

---

[1] 布尔迪厄,华康德.反思社会学导引[M].李猛,李康,译.北京:商务印书馆,2015:16.
[2] 王晓庆.学生思想政治教育社会化分析——基于布迪厄场域、惯习理论的探析[J].现代教育科学,2008(3):131-134.

中所面临的抉择,这些是非抉择将会受到包括高校思政课教学场域在内的诸多场域因素的影响。因此,构建高校思想教育场域的"在场",无论对于大学生的幸福,还是对于社会的福祉都具有重要的意义,有必要在今后的研究中进行更为深入的探索。

参考文献

[1] 中共中央马克思恩格斯列宁斯大林著作编译局.马克思恩格斯选集:第一卷[M].北京:人民出版社,1995.

[2] 中共中央马克思恩格斯列宁斯大林著作编译局.马克思恩格斯选集:第二卷[M].北京:人民出版社,1995.

[3] 中共中央马克思恩格斯列宁斯大林著作编译局.马克思恩格斯选集:第四卷[M].北京:人民出版社,1995.

[4] 中共中央马克思恩格斯列宁斯大林著作编译局.马克思恩格斯文集:第一卷[M].北京:人民出版社,2009.

[5] 列宁选集:第二卷[M].北京:人民出版社,2012.

[6] 毛泽东选集:第一卷[M].北京:人民出版社,1991.

[7] 毛泽东选集:第二卷[M].北京:人民出版社,1991.

[8] 习近平谈治国理政:第二卷[M].北京:外文出版社,2017.

[9] 钱民辉.教育社会学专题研究选集:社会学视野中的教育与现代性[M].北京:人民日报出版社,2016.

[10] 高宣扬.布迪厄的社会理论[M].上海:同济大学出版社,2004.

[11] 倪愫襄.思想政治教育元问题研究[M].北京:中国社会科学出版社,2014.

[12] 汪智平,汪睿君.据形说汉字[M].郑州:河南人民出版社,2013.

[13] 张章.说文解字:上[M].北京:中国华侨出版社,2012.

[14] 楚江亭.法拉第和物理知识[M].太原:山西教育出版社,2015.

[15] 林娜,等.高职院校创新人才培养体系中的思想教育研究[M].合肥:合肥工业大学出版社,2013.

[16] 陆庆壬.思想政治教育学原理[M].上海:复旦大学出版社,1986.

[17] 孙喜亭.教育原理[M].北京:北京师范大学出版社,1993.

[18] 鲁洁,王逢贤.德育新论[M].南京:江苏教育出版社,2010.

[19] 李合亮.思想政治教育探本:关于其源起及本质的研究[M].北京:人民出版社,2007.

[20] 陈万柏,张耀灿.思想政治教育学原理[M].北京:高等教育出版社,2007.

[21] 韩巧霞.大学生思想政治教育接受问题研究:基于文化资本分析方法视角[M].北京:知识产权出版社,2018.

[22] 孙琳.重构场域:出场学场域十论[M].北京:人民日报出版社,2014.

[23] 朱国华.权力的文化逻辑:布迪厄的社会学诗学[M].上海:上海人民出版社,2016.

[24] 倪志安,等.马克思主义基本原理教学疑难问题研究[M].重庆:西南师范大学出版社,2011.

[25] 阎亚军.中国教育改革的逻辑:对改革开放以来我国基础教育改革的反思[M].杭州:浙江大学出版社,2016.

[26] 韩锋.高效教学过程的优化策略[M].重庆:西南师范大学出版社,2014.

[27] 张彦.思想政治教育主体性研究[M].广州:广东人民出版社,2006.

[28] 周向军.高校思想政治理论课教学改革与创新[M].济南:山东大学出版社,2011.

[29] 王新举.后现代背景下的高校思想政治教育[M].北京:知识产权出版社,2016.

[30] 吕梁山.马克思主义哲学原理[M].沈阳:辽宁民族出版社,2003.

[31] 杨芳.马克思的社会分工理论及其当代意义[M].西安:陕西人民出版社,2008.

[32] 陈艳宇.文化冲突与多元文化导论[M].北京:中国民主法制出版社,2017.

[33] 孙大为.思想政治教育视野下的大学生网络民主参与发展研究[M].北京:知识产权出版社,2015.

[34] 郑杭生,李强.社会运行导论:有中国特色的社会学基本理论的一种探索[M].北京:中国人民大学出版社,1993.

[35] 辽宁大学马克思主义学院.思想政治理论课教育教学探索与改革[M].沈阳:辽宁大学出版社,2010.

[36] 郝朝晖.疏离与回归:社会转型期高校师生冲突及调适[M].武汉:华中师范大学出版社,2017.

[37] 廖策权,梁俊.教育心理学[M].长春:东北师范大学出版社,2018.

[38] 高文,徐斌艳,吴刚.建构主义教育研究[M].北京:教育科学出版社,2008.

[39] 王帆.大国外交[M].北京:北京联合出版公司,2016.

[40] 代黎明.高校思想政治教育实效性研究[M].北京:北京理工大学出版社,2018.

[41] 刘生全.教育成层研究[M].北京:教育科学出版社,2011.

[42] 梁庆婷.新媒体语境下思想政治教育话语体系建构研究[M].徐州:中国矿业大学出版社,2017.

[43] 段鑫星,程婧.思想政治教育的心理视野[M].徐州:中国矿业大学出版社,2016.

[44] 孙迎光.思想政治教育新论[M].上海:上海三联书店,2014.

[45] 郭晶."主体性"的当代合理性:马克思的主体性思想研究[M].北京:中国社会科学出版社,2015.

[46] 姚晓华.能动教育的实践与研究[M].长春:吉林人民出版社,2014.

[47] 黄济,王策三.现代教育论[M].北京:人民教育出版社,1996.

[48] 黄瑞祺.社会理论与社会世界[M].北京:北京大学出版社,2005.

[49] 顾晓英.一身一任:高校思想政治理论课教师主体性研究[M].上海:上海大学出版社,2016.

[50] 张耀灿,徐志远.现代思想政治教育学科论[M].武汉:湖北人民出版社,2003.

[51] 沈壮海.思想政治教育有效性研究[M].武汉:武汉大学出版社,2008.
[52] 崔岚.高校大学生思想政治教育实践创新研究[M].成都:电子科技大学出版社,2017.
[53] 黄德林,邱杰,徐伟.思想政治教育若干前沿问题研究[M].北京:中国社会科学出版社,2017.
[54] 雷志成.高校思想政治教育面临的时代性问题研究[M].长春:东北师范大学出版社,2018.
[55] 张红霞.高校思想政治教育实效性研究:以文化多样化视角[M].北京:光明日报出版社,2011.
[56] 汪广荣.虚拟生存与人的主体性发展[M].合肥:合肥工业大学出版社,2013.
[57] 常佩艳.文化视野下高校思想政治教育实践研究[M].北京:九州出版社,2018.
[58] 郭湛.主体性哲学:人的存在及其意义[M].昆明:云南人民出版社,2002.
[59] 李颖.基于哲学解释学视角的思想政治教育接受研究[M].杭州:浙江大学出版社,2013.
[60] 许锋华.共生道德教育论[M].武汉:华中师范大学出版社,2012.
[61] 房广顺,等.当代大学生人生观教育研究[M].沈阳:辽宁人民出版社,2011.
[62] 卢因.社会科学中的场论[M].北京:中国传媒大学出版社,2016.
[63] 布尔迪厄,华康德.反思社会学导引[M].李猛,李康,译.北京:商务印书馆,2015.
[64] 布尔迪厄.实践感[M].蒋梓骅,译.南京:译林出版社,2012.
[65] 包亚明.文化资本与社会炼金术——布尔迪厄访谈录[M].上海:上海人民出版社,1997.
[66] 格伦菲尔.布迪厄:关键概念(原书第2版)[M].林云柯,译.重庆:重庆大学出版社,2018.
[67] 瑞泽尔.当代社会学理论(双语第3版)[M].北京:北京联合出版公司,2018.
[68] 库利.人类本性与社会秩序[M].北京:中国传媒大学出版社,2016.
[69] 费尔克拉夫.话语与社会变迁[M].殷晓蓉,译.北京:华夏出版社,2003.
[70] 夸美纽斯.大教学论·教学法解析[M].任钟印,译.北京:人民教育出版社,2006.
[71] 巴克利.双螺旋教学策略激发学习的动机和主动性[M].古煜奎,顾关,唱飞镜,邵曦瑶,译.广州:华南理工大学出版社,2014.
[72] 布罗菲.激发学习动机[M].陆怡如,译.上海:华东师范大学出版社,2005.
[73] 滕尼斯.共同体与社会:纯粹社会学的基本概念[M].林荣远,译.北京:商务印书馆,1999.
[74] 哈贝马斯.认识与兴趣[M].郭官义,李黎,译.上海:学林出版社,1999.
[75] 吉登斯.现代性与自我认同:现代晚期的自我与社会[M].赵旭东,方文,译.北京:生活·读书·新知三联书店,1998.

附 录

Ⅰ 高校思政课教学场域中的大学生投入问卷

亲爱的同学：

您好！本问卷针对您在高校思政课教学活动当中的状态或感受进行调研，结果没有好坏之评价标准，请按照您的实际情况回答以下问题，谢谢。

一、基本信息(请在符合您个人情形的选项上打√)

1. 性别：

 A. 男　　　　　B. 女

2. 年级：

 A. 大一　　　　B. 大二　　　　C. 大三　　　　D. 大四

二、学习投入量表(请选择符合您个人情形的选项)

1. 学习时，我感到精力充沛。（　　）

 A. 从来没有　　B. 几乎没有　　C. 很少　　　　D. 有时
 E. 经常　　　　F. 十分频繁　　G. 总是

2. 我觉得学习很有价值和意义。（　　）

 A. 从来没有　　B. 几乎没有　　C. 很少　　　　D. 有时
 E. 经常　　　　F. 十分频繁　　G. 总是

3. 学习时，我觉得时间过得很快。（　　）

 A. 从来没有　　B. 几乎没有　　C. 很少　　　　D. 有时
 E. 经常　　　　F. 十分频繁　　G. 总是

4. 学习或上课时，我充满活力。（　　）

 A. 从来没有　　B. 几乎没有　　C. 很少　　　　D. 有时
 E. 经常　　　　F. 十分频繁　　G. 总是

5. 我对学习感兴趣。（　　）

 A. 从来没有　　B. 几乎没有　　C. 很少　　　　D. 有时
 E. 经常　　　　F. 十分频繁　　G. 总是

6. 学习时,我很专注,以至于忘记了周围的一切。　　　　（　　）
　　A. 从来没有　　B. 几乎没有　　C. 很少　　　　D. 有时
　　E. 经常　　　　F. 十分频繁　　G. 总是

7. 学习能够激发我的求知欲。　　　　　　　　　　　　（　　）
　　A. 从来没有　　B. 几乎没有　　C. 很少　　　　D. 有时
　　E. 经常　　　　F. 十分频繁　　G. 总是

8. 早晨一起床,我就充满学习的力量。　　　　　　　　（　　）
　　A. 从来没有　　B. 几乎没有　　C. 很少　　　　D. 有时
　　E. 经常　　　　F. 十分频繁　　G. 总是

9. 专心学习时,我体验到了快乐。　　　　　　　　　　（　　）
　　A. 从来没有　　B. 几乎没有　　C. 很少　　　　D. 有时
　　E. 经常　　　　F. 十分频繁　　G. 总是

10. 我对自己的学习感到满意。　　　　　　　　　　　（　　）
　　A. 从来没有　　B. 几乎没有　　C. 很少　　　　D. 有时
　　E. 经常　　　　F. 十分频繁　　G. 总是

11. 学习时,我专心致志。　　　　　　　　　　　　　（　　）
　　A. 从来没有　　B. 几乎没有　　C. 很少　　　　D. 有时
　　E. 经常　　　　F. 十分频繁　　G. 总是

12. 我能充满活力地连续学习很长时间。　　　　　　　（　　）
　　A. 从来没有　　B. 几乎没有　　C. 很少　　　　D. 有时
　　E. 经常　　　　F. 十分频繁　　G. 总是

13. 在学习上,我喜欢探究新问题。　　　　　　　　　（　　）
　　A. 从来没有　　B. 几乎没有　　C. 很少　　　　D. 有时
　　E. 经常　　　　F. 十分频繁　　G. 总是

14. 学习时,我达到了忘我的境界。　　　　　　　　　（　　）
　　A. 从来没有　　B. 几乎没有　　C. 很少　　　　D. 有时
　　E. 经常　　　　F. 十分频繁　　G. 总是

15. 在学习过程中,即使精神疲惫,我也能很快恢复。　（　　）
　　A. 从来没有　　B. 几乎没有　　C. 很少　　　　D. 有时
　　E. 经常　　　　F. 十分频繁　　G. 总是

16. 学习时,我能集中注意力,不易分心。　　　　　　（　　）
　　A. 从来没有　　B. 几乎没有　　C. 很少　　　　D. 有时
　　E. 经常　　　　F. 十分频繁　　G. 总是

17. 即使学习进展不顺利,我也能精力充沛地坚持下去。　　　　　(　　)
　　A. 从来没有　　　B. 几乎没有　　　C. 很少　　　D. 有时
　　E. 经常　　　　　F. 十分频繁　　　G. 总是

三、心理脱离量表(请选择符合您个人情形的选项)
(注意！请依据您在思想政治理论课上的状态填写)

18. 上课时,我常常忘了听讲。　　　　　　　　　　　　　　(　　)
　　A. 非常不同意　　B. 不同意　　　C. 有些不同意　　D. 有些同意
　　E. 同意　　　　　F. 非常同意

19. 上课时,我一点也不想听课或学习。　　　　　　　　　　(　　)
　　A. 非常不同意　　B. 不同意　　　C. 有些不同意　　D. 有些同意
　　E. 同意　　　　　F. 非常同意

20. 上课时,我远离课堂和学习。　　　　　　　　　　　　　(　　)
　　A. 非常不同意　　B. 不同意　　　C. 有些不同意　　D. 有些同意
　　E. 同意　　　　　F. 非常同意

21. 在课堂上,我常常做一些与上课无关的事情。　　　　　　(　　)
　　A. 非常不同意　　B. 不同意　　　C. 有些不同意　　D. 有些同意
　　E. 同意　　　　　F. 非常同意

四、总体幸福感量表(请选择符合您个人情形的选项)

22. 你的总体感觉怎样(在过去的一个月里)?　　　　　　　　(　　)
　　A. 好极了　　　　B. 精神很好　　C. 精神时好时坏　D. 精神不好
　　E. 精神很不好

23. 你是否为自己的神经质或"神经病"感到烦恼(在过去的一个月里)?
　　　　　　　　　　　　　　　　　　　　　　　　　　　　(　　)
　　A. 极端烦恼　　　B. 相当烦恼　　C. 有些烦恼　　　D. 很少烦恼
　　E. 一点也不烦恼

24. 你是否一直牢牢地控制着自己的行为、思维、情感或感觉(在过去的一个月里)?　　　　　　　　　　　　　　　　　　　　　　　(　　)
　　A. 绝对的　　　　B. 大部分是的　C. 控制得不好　　D. 有些混乱
　　E. 非常混乱

25. 你是否由于悲哀、失去信心、失望或有许多麻烦,而怀疑没有任何事情值得去做(在过去的一个月里)?　　　　　　　　　　　　　(　　)
　　A. 极端怀疑　　　B. 非常怀疑　　C. 有些怀疑　　　D. 略微怀疑
　　E. 一点也不怀疑

26. 你是否正在受到或曾经受到任何约束、刺激或压力(在过去的一个月里)？ (   )

 A. 相当多 B. 不少 C. 有些 D. 不多

 E. 没有

27. 你的生活是否幸福、满足或愉快(在过去的一个月里)？ (   )

 A. 非常幸福 B. 比较幸福 C. 满足 D. 比较不满足

 E. 非常不满足

28. 你是否有理由怀疑自己曾经失去理智,或对行为、谈话、思维或记忆失去控制(在过去的一个月里)？ (   )

 A. 一点也没有 B. 只有一点点 C. 有些,不严重 D. 有,比较严重

 E. 是的,非常严重

29. 你是否感到焦虑、担心或不安(在过去的一个月里)？ (   )

 A. 极端严重 B. 非常严重 C. 有些 D. 很少

 E. 无

30. 你睡醒之后是否感到头脑清晰和精力充沛(在过去的一个月里)？

(   )

 A. 天天如此 B. 比较频繁 C. 不多 D. 很少

 E. 无

31. 你是否因为疾病,身体的不适、疼痛或对患病的恐惧而烦恼(在过去的一个月里)？ (   )

 A. 所有的时间 B. 很多时间 C. 较多时间 D. 偶尔

 E. 无

32. 你每天的生活中是否充满了让你感兴趣的事情(在过去的一个月里)？

(   )

 A. 所有的时间 B. 很多时间 C. 较多时间 D. 偶尔

 E. 无

33. 你是否感到沮丧和忧郁(在过去的一个月里)？ (   )

 A. 所有的时间 B. 很多时间 C. 较多时间 D. 偶尔

 E. 无

34. 你是否情绪稳定并能控制住自己的情绪(在过去的一个月里)？

(   )

 A. 所有的时间 B. 很多时间 C. 较多时间 D. 偶尔

 E. 无

35. 你是否感到疲劳、过累、无力或精疲力竭(在过去的一个月里)?
（　）
A. 所有的时间　　B. 很多时间　　C. 较多时间　　D. 偶尔
E. 无

36. 你对自己健康关心或担忧的程度如何(在过去的一个月里)?（　）

不关心 12345 非常关心

A. 1分　　B. 2分　　C. 3分　　D. 4分　　E. 5分

37. 你感到放松或紧张的程度如何(在过去的一个月里)?（　）

松弛 12345 紧张

A. 1分　　B. 2分　　C. 3分　　D. 4分　　E. 5分

38. 你感觉自己的精力、精神和活力如何(在过去的一个月里)?（　）

无精打采 12345 精力充沛

A. 1分　　B. 2分　　C. 3分　　D. 4分　　E. 5分

39. 你忧郁或快乐的程度如何(在过去的一个月里)?（　）

非常忧郁 12345 非常快乐

A. 1分　　B. 2分　　C. 3分　　D. 4分　　E. 5分

至此,问卷答题已完成,谢谢!

Ⅱ 高校思政课教学场域中教师"在场状态"访谈提纲

敬爱的老师：

您好！我们正在进行一项调查研究，了解当前高校思政课教学过程中教师的有关状况。请您根据真实情况作答，访谈内容仅作本研究的分析，不会泄露您的任何私人信息，敬请放心，衷心感谢您的支持！

一、基本信息

1. 您的性别　　　　　　　　　　　　　　　　　　　　　（　　）
   A. 男　　　　　B. 女
2. 您的年龄　　　　　　　　　　　　　　　　　　　　　（　　）
   A. 20～30 岁　　B. 31～40 岁　　C. 41～50 岁　　D. 50 岁以上
3. 任教高校层次　　　　　　　　　　　　　　　　　　　（　　）
   A. 一本　　　　B. 二本　　　　C. 三本　　　　D. 大专
4. 工作类型　　　　　　　　　　　　　　　　　　　　　（　　）
   A. 专任　　　　B. 兼职
5. 从教年限　　　　　　　　　　　　　　　　　　　　　（　　）
   A. 1 年以下　　B. 1～5 年　　C. 6～10 年　　D. 11～15 年
   E. 15 年以上
6. 班级规模　　　　　　　　　　　　　　　　　　　　　（　　）
   A. 50 人及以下　B. 51 人～80 人　C. 81 人～100 人　D. 100 人以上

二、主要问题

1. 在教育过程中，您认为与学生间良好的教学关系是什么样的？哪些因素有利于促成良好的教学关系？哪些因素不利于促成良好的教学关系？
2. 在教育过程中，学生的投入程度如何(a. 很高；b. 较高；c. 一般；d. 较低；e. 很低)？学生的学习动机强烈吗？学习精力旺盛吗？具有专注的学习品质吗？您认为哪些因素会影响学生的学习投入状态？
3. 当学生投入地参与到教育过程中时，您的感受如何？当他们脱离教育活动时，您的感受如何？
4. 在高校思政课教学过程中，您投入的程度如何(a. 很高；b. 较高；c. 一般；d. 较低；e. 很低)？投入的程度与学生的表现有关吗？同时还与哪些因素相关？

5. 您认为新时代下高校思想政治教育面临哪些机遇和挑战？如何把握这些机遇？如何应对这些挑战？

6. 您是否会运用固定的教育策略？如果会，该策略在应对不同的学生群体时，教育效果如何？如果不会，您是如何灵活地运用教育策略的？

7. 在教育过程中，您是否具有本学科的文化资源优势？与其他知识获取渠道相比，您是否具有优势？您认为该如何增强自身的文化优势？

8. 您认为大学生在教育过程中应承担什么责任？他们在教育过程中具有哪些积极作用？

9. 在高校思政课教学过程中，您认为学生的学习体验重要吗？您会如何满足他们的学习体验需要？您认为教师的教育体验重要吗？可以在哪些方面提升教师的教育体验？